国家社科基金项目"演示类叙述的数字化传播特征及价值内涵研究"
（18CXW022）阶段性成果

中国符号学丛书　◎　丛书主编　陆正兰　胡易容

人的日常生活
都浸泡在符号的意义活动中
没有不追求意义的意识
没有不表达意义的生活

符号学：我们的生活

Semiotics: Our Life

胡一伟　著

四川大学出版社

项目策划：徐　燕
责任编辑：陈　蓉
责任校对：吴近宇
封面设计：墨创文化
责任印制：王　炜

图书在版编目（CIP）数据

符号学：我们的生活 / 胡一伟著 . — 成都：四川大学出版社，2022.2
（中国符号学丛书）
ISBN 978-7-5690-5250-3

Ⅰ . ①符… Ⅱ . ①胡… Ⅲ . ①符号学－应用－社会生活 Ⅳ . ① D691.9

中国版本图书馆 CIP 数据核字（2021）第 272179 号

书　名	符号学：我们的生活
	FUHAOXUE:WOMEN DE SHENGHUO
著　者	胡一伟
出　版	四川大学出版社
地　址	成都市一环路南一段24号（610065）
发　行	四川大学出版社
书　号	ISBN 978-7-5690-5250-3
印前制作	四川胜翔数码印务设计有限公司
印　刷	郫县犀浦印刷厂
成品尺寸	170mm×240mm
插　页	2
印　张	15.5
字　数	270千字
版　次	2022年3月第1版
印　次	2022年3月第1次印刷
定　价	62.00元

◆ 版权所有 ◆ 侵权必究

◆ 读者邮购本书，请与本社发行科联系。
　电话：(028)85408408/(028)85401670/
　(028)86408023　邮政编码：610065
◆ 本社图书如有印装质量问题，请寄回出版社调换。
◆ 网址：http://press.scu.edu.cn

四川大学出版社
微信公众号

年轻人的趣味，年轻人的学问
——序胡一伟《符号学：我们的生活》

赵毅衡

近年来，学问家开始注意向普通人传递知识，谓之普及。不过普通人不太喜欢读太费脑子的书，要转换渠道。所以电视大学、网络讲课、老年大学、亲子教育等雨后春笋般涌现；另一种办法是出书"趣味化"，不是五六十年代七零八碎的《十万个为什么》，而是把系统的专业课程讲得深入浅出。

这个潮流可能是日本人领的头，他们什么东西都能画成漫画；21世纪初，美国开始出现"傻瓜书"（for dummies），开始好像是严肃题目，什么《给傻瓜看的尼采》《给傻瓜看的弗洛伊德》等，我读过，比原作更难懂，不知道好在哪里；此后就改变了路子，主题大多集中在电脑软件、电子产品中任何一个新东西，一旦出现马上有一本"傻瓜书"；最近似乎走向形而下，出了《傻瓜学冰壶》《傻瓜学做菜》《傻瓜学化妆》，如此之类。

十年前这些书被大量译成中文出版，后来就发现不必，我们的教育家自己能做，而且做得更好，因为我们的傻瓜比他们的傻瓜聪明。于是有各种"阿呆""阿瓜""阿衰"，只是题材内容多为少儿设置。另一个系列来自学问家，而且出现不久：《趣味符号学》是鄙人所著，2016年出版；傅修延教授的《趣味叙述学》正在印刷装订，令人期待；胡易容教授正在写《趣味传播学》，等待让人头白。现在呈现在我们面前的这本《符号学：我们的生活》，是南昌大学胡一伟所著，是一本非常特殊的学问普及性著作。它与先前的各种"趣味"系列有什么不同呢？

它与其他书最大的不同，是此书的对象：不是自称"傻瓜"的老先生，而是还在求知与求职的年轻人。这点非常重要，因为这个时代的年轻人不是傻瓜，而是心灵百窍、聪敏绝顶的未来世界的主人。我自己是老朽之人，因为是教书匠，不得不经常面对年轻人。每次遇到年轻人，我心里紧张：闲说上两句，我知识浅薄，手脚笨拙，满耳新名词，一说三不知。在知识上、技能上、关心面上差异太大，知识"代沟"越来越宽。幸好是我在讲台上，他们在课桌前，我可以捡我懂的陈旧知识讲，我知道我应该多联系他们的新世界新事物，但是要冒充年轻人，力不从心。这就是胡一伟这本书最大的成绩：她自己是年轻人，她不用冒充年轻人，不用"联系"年轻人，她用的就是他们的语言。

符号学这门学问，实际上很明白，符号学研究的是"意义的形式"。一般人觉得太深奥，因为对此形式，理论上只能找出抽象的规律。但是意义是我们的生活浸泡于其中的东西，我们就像鱼一样生活在符号的海洋中，一口口吞下各种携带意义的符号，才能呼吸，才能生活。

因此，符号学虽难，讲起来特别方便：随手可以举出许多例子加以说明。问题在于这些例子是否生动有趣。我讲课时也举例，只是例子太老一些：贾宝玉的玉，林黛玉的泪，阿Q的辫子，高老先生的长袍；孟子或王阳明如何说，柏拉图或尼采如何讲。我自己也觉得语言无味面目可憎，把学生都带老了。

看了胡一伟的《符号学：我们的生活》，才豁然开朗——符号学还能如此讲：各种"套路"（整蛊、撩人、酸醋）；各种"尬"（"尬舞""尬聊""尬酒""尬C位"）；符号学论辩上最纠缠的"镜像"问题，被转化为现实生活中的"照骗""海马体"；符号学理论上让人糊涂的"片面性原理"，被幽默转化成年轻人更担心的减肥、美容、美甲；符号的演化象征的发展，变成了各种地方戏的昨日与今日。

这才是年轻人的符号学，面对满堂年轻的眼睛，与其声嘶力竭地说符号学重要，不如"撩"一句：你知道符号学能帮你进行"身体管理"吗？与其列举各种哲人的思考，不如轻声说一句：各种让人馋涎欲滴的菜名，原来是符号的无限衍义；与其将黑板敲得震天响，不如说一句"土味情话梗"，才鞭辟入里。

那么为什么我做不到，而胡一伟轻而易举呢？因为这不是"我的生活"，而是"他们的生活"。我们作为人类，生活固然浸泡在符号意义中，但是生活与生活不一样。胡一伟与她的学生生活在同一水域，他们在类似的符号大海中畅游，吞吐同样成分的意义形式。这就是为什么我说这是一本年轻教师写的给年轻人看的书：用同样时尚的语汇，讲同样有趣的故事，虽然背后可能讲出了这门学问中共同的原理；我的课上的"阿呆""阿瓜""阿衰"，在胡一伟的书中，就变成了好友、闺蜜、分享悄悄话的游伴。

这篇序言写得满是酸酸醋醋羡慕妒忌，但我看到后浪澎湃而上时，场景之宏伟，的确令人叹服，不服不行。

赵毅衡
2022 年 2 月

目 录

导　言……………………………………………………………（ 1 ）

第一编　符号的基本类型

第一章　像似符号……………………………………………（ 7 ）
　第一节　感官像似的符号……………………………………（ 7 ）
　第二节　品牌标识背后的故事………………………………（ 14 ）
　第三节　回忆与原型：像似的一个源头……………………（ 18 ）

第二章　指示符号……………………………………………（ 23 ）
　第一节　指与被指……………………………………………（ 23 ）
　第二节　取名说………………………………………………（ 27 ）
　第三节　被遮蔽的指示符号…………………………………（ 31 ）

第三章　规约符号……………………………………………（ 35 ）
　第一节　且谈规约……………………………………………（ 35 ）
　第二节　交流之"尬"…………………………………………（ 40 ）
　第三节　都是套路惹的祸……………………………………（ 44 ）

第四章　镜像符号……………………………………………（ 48 ）
　第一节　谁是真实的自己……………………………………（ 48 ）
　第二节　应运而生的"镜像服务"……………………………（ 51 ）
　第三节　无处不在的追逐……………………………………（ 53 ）

第五章　空符号………………………………………………（ 56 ）
　第一节　不在场皆空…………………………………………（ 56 ）

1

第二节　"可见"的空符号……………………………………（59）
　　第三节　"空"的时空………………………………………（63）
第六章　演示符号…………………………………………………（72）
　　第一节　作为物－符号的戏剧演出媒介……………………（72）
　　第二节　"带表情的"演示媒介符号…………………………（78）
　　第三节　"行走"的表情符号…………………………………（83）

第二编　地方文化符号

第一章　美食符号…………………………………………………（91）
　　第一节　名实说………………………………………………（91）
　　第二节　味觉的记忆版图……………………………………（96）
第二章　名人符号…………………………………………………（102）
　　第一节　治水的"许仙人"……………………………………（102）
　　第二节　哭之笑之话朱耷……………………………………（106）
第三章　名物符号…………………………………………………（111）
　　第一节　瓷与戏………………………………………………（111）
　　第二节　物与愿………………………………………………（114）
第四章　民艺符号…………………………………………………（117）
　　第一节　采茶戏之花开五朵…………………………………（117）
　　第二节　似戏非戏之江西傩…………………………………（121）
第五章　古迹符号…………………………………………………（125）
　　第一节　也说万寿宫…………………………………………（125）
　　第二节　家家户户戏登台……………………………………（129）

第三编　新媒体符号现象

第一章　符号场域…………………………………………………（139）
　　第一节　近在微信与远在天边………………………………（139）
　　第二节　"群体"的出演………………………………………（141）

第二章　演示平台 (144)
第一节　翩然而至的 Vlog (144)
第二节　暂替书写的抖音 (147)

第三章　交流过程 (151)
第一节　"不停歇"的谣言 (151)
第二节　梳毛行为 (156)

第四章　流行话语 (161)
第一节　"土味"情话 (161)
第二节　人们缘何爱"鸡汤" (164)

第五章　演示人格 (168)
第一节　网红人格即媒体人格 (168)
第二节　"戏精"是一种怎样的存在 (170)

第四编　影视艺术符号

第一章　演示文本 (177)
第一节　文本内外的电影彩蛋 (177)
第二节　论"表演"的谱系 (182)

第二章　多媒介编码 (185)
第一节　盛行的改编之风 (185)
第二节　爱互动的"影"与"游" (188)

第三章　演示时空 (191)
第一节　时间的空间化结构 (191)
第二节　被"延展"的影像 (194)

第四章　浸入体验 (197)
第一节　被卷入场景的方式 (198)
第二节　情感浸入的临界点 (200)

第五章　框架叙述者 (203)
第一节　谁在讲故事 (204)
第二节　叙述者如何显身 (206)

第六章　符号物语……………………………………………(214)
　　第一节　被标出的口罩………………………………(214)
　　第二节　被选入的冰箱………………………………(219)
参考文献………………………………………………………(235)

导 言

一、符号之定义

提到"符号"一词,大多数人首先想到的是标点符号、表情符号。其实,人们表情达意、审视自我、寻找存在感均需要符号,即符号是无处不在的。但是,定义这无处不在的符号概念,让很多符号学家望而却步。曾有位符号学家试图定义符号,在文末却以没有必要为"符号"定义而收尾。尽管如此,我们还是有必要对这一概念进行界定,因为一切的讨论都将基于此概念。赵毅衡先生曾给"符号"下了一个定义:

> 符号是携带意义的感知:意义必须用符号才能表达,符号的用途是表达意义。[①]

该定义清晰明了,十分受用。在强调符号的表意性与可解释性时,也揭示了意义与符号之间的关联——符号既是表意的载体,又是意义显现的条件。由这一符号概念可以看出符号学是研究一切关于意义活动的学说,它不仅包括与人有关的一切活动,还涉及了"有灵"生物的认识活动。因此,本书在探讨有趣的符号现象,触及与我们息息相关的意义活动之时,均是以此定义为基础的。

二、日常生活符号之范畴

人类使用符号表达意义为的是显示以及证明自身的存在,怀特海就曾说过

[①] 赵毅衡:《符号学:原理与推演》,南京:南京大学出版社,2011年版,第1页。

"人类为了表现自己而寻找符号,事实上,表现就是符号"①。为了表现"我"之思想,更为了作为日常生活中的人而存在,人们需要使用符号,即符号是人存在的本质条件。而通过人们使用符号表达意义的一些具体行为或符号现象,我们可以反观每个符号背后的"思想",反观人自身。这便触发了本书对人们日常符号行为的关注。

从定义符号概念到建立符号学理论体系,再将理论践行于日常生活中,符号学原理呈现了它的普适性与接合性,这与其发展的历程是不无关系的。具体可以从符号学发展历经的四个模式和三个阶段来看。(见表1)

表1 符号学发展四个模式与三个阶段

	模式（学派）	代表人物		阶段	年代
1	语言学模式	索绪尔	1	奠定期	20世纪上半期
2	逻辑—修辞学模式	皮尔斯	2	确立期	20世纪六七十年代
3	文化符号论学派	卡西尔	3	多模式开放期	七十年代中期至今
4	莫斯科—塔尔图学派	洛特曼			

由其发展历程可以见得符号学与其他学科的交叉性与互动性,其中"诗学、艺术学、美学、传播学、认识理论、心理学、人工智能甚至生理学都为20世纪符号学的兴起提供了思想资源"②,即符号学本来就是众多学科汇合的产物。赵毅衡先生有言,符号学是人文学科的公分母,人类文化的各部门都涉及意义活动,因此都是符号学的用武之地,可以说,没有一个文化部门没有受惠于符号学。③ 如今我们所见的关于广告、时尚、名人、游戏、戏剧、电影、经济、仪式、民俗、庆典、生态等方面的符号学研究便是一个最好的说明。此时,门类符号学的深入性研究也在不断丰盈符号学的理论体系,这使21世纪更像是打开了符号学的新纪元。

理论体系在推进之时,也需要反哺于助其推进的人类社会,即探究如何发

---

① Alfred North Whitehead, *Symbolism: Its Meaning and Effect*, Cambridge: Cambridge University Press, 1928, p. 62.
② Winfried Noth (ed), *Handbook of Semiotics*, Bloomington: Indiana University Press, 1990, p. 11.
③ 赵毅衡:《符号学:原理与推演》,南京:南京大学出版社,2011年版,第17页。

挥符号学理论的社会价值也是该学科发展的题中应有之意。尤其是在新文科建设的背景之下,如何让符号学理论真正地与日常生活实践相融合,如何体现出文科的人文趣味性,是我们需要考量的。由此,本书选择从日常趣味的角度出发,在符号学基础、艺术符号、地方文化符号与新媒体这四个领域中,挑选了一些人们在日常生活中会碰触到的符号现象展开分析,尝试为趣味符号学的普及做一次接力。

第一编 符号的基本类型

第一章　像似符号

像似符号，顾名思义，指符号与对象之间有着某种像或似的关联。这类关联可以被理解为某种理据性的存在，可以是视觉上或听觉、味觉、触觉上的某种理据性效果。皮尔斯对此类"本有的"关联进行了深入的研究，并且根据符号与对象的关系，划分出了三类符号：像似符号（icon）、指示符号（index）、规约符号（convention），其中前两种是有理据性的符号。[①] 本书第一章将会涉及上述三类基本的符号类型，同时也会谈到镜像符号、空符号、演示符号这三类特殊且随处可见的符号类型。

第一节　感官像似的符号

像似符号似乎容易一眼看出，因为符号与对象之间仿佛有着某种看似自然而然的关联，这一关联可以让一个符号替代另一个。至于如何关联，则可从诸多方面体现出来。只要能找到其理据性或关联性，便可被视为一种像似符号。然而，符号与对象之间的关联是需要被感知到的——"任何感知都有作用于感官的形状，因此任何感知都可以找出与另一物的像似之处"[②]，即任何感知都是潜在像似的前提，它将符号与对象通过某种关系连接起来。本书认为，既然任何感知都是其存在的一个前提，那么从感知渠道入手讨论像似符号应是再适合不过的。

[①] 参见赵毅衡：《符号学：原理与推演》，南京：南京大学出版社，2011年版，第78页。
[②] Ernst H. Gombrich, *Art and Illision*, London: Phaidon, 1968, p. 12.

1. 视觉像似符号

在电影、摄影、肖像画、风景画等文本中，符号因与对象轮廓一致呈直接像似关联。在日常生活中，人们的自拍照、为某一景或物拍摄的照片都与被拍摄对象构成了视觉上的像似，即对象与被拍摄对象构成了最简单、最常见的一类视觉像似符号。另一种寻常的像似理据更倾向于神态像似，譬如，演员周××的凝望神情和小黄鸭的五官特征神似，歌手杨××在微博上贴出的十多张宠物狗照片分别对应歌手李××的不同表情，其表情神似到李××本人发出了"哪来这么多狗"的疑问。又如，"囧"字因与人们尴尬、困窘时的表情状态神似，从2008年开始便在网络社群间成为一种流行的表情符号。此时，本义为光明的"囧"字因视觉像似作用被赋予了"郁闷、悲伤、无奈、尴尬、困窘"之意，而与其像似的表情包也应运而生。

符号与像似的对象之间是可以互相转换的，以曾被热议的表情包符号为例，原本表情符号是以人的表情为对象，呈现一种"被模仿"的符号，但后来竟然因为表情符号被普遍应用，进而兴起了一波模仿表情符号拍照的热潮，这些热门姿势可以让人们的朋友圈呈现出大片既视感。

图 1-1　模仿表情符号拍照①

由于与表情包像似而在社交网络上"火"了一把的例子十分常见。一个老爷爷在地铁上眉头紧皱、撇嘴看手机的表情，因与微信表情图神似而被网友捕捉下来贴到网络平台上，引发了大家的关注。后来，地铁老爷爷的表情被制作成表情包图片，专用以表达不解、困惑、厌恶以及反感等复杂情绪。网络平台

---

① 图片由南昌大学广播电视编导专业 2019 级学生张屈同提供。

的传播效应使地铁老爷爷的照片经历了像似表情包、成为表情包的过程，即由"像似"视觉像似符号转为像似符号本身。

视觉图像与视觉图像相关联是最直接的一种像似情况。更多时候，视觉渠道会与其他感官渠道相互转换，形成视觉符号与其他感知符号的像似性关联。比如，取暖器广告词"冬天里的一把火"，通过"一把火"来比喻取暖器，广告画面亦是通过一团橘色的火光，凸显了给人温暖这一特点。温暖的感觉瞬间由视觉向触觉传递。麦当劳广告词"24小时都是你的能量灯"，则通过展现麦当劳薯条包装盒与插座结合后亮灯的视觉效果，向人们传递着带来光明般的力量感。再如，沃更糖果广告词"你含着的是月光般的韵味"，体现了味觉与视觉之互通——尝到糖果就像感受到月光的纯净与美好一般，此刻人们的感受从单纯的味觉逐渐向视觉与触觉延伸。

2. 听觉像似符号

像似符号并非全部以视觉图像呈现出来，它可以是任何感觉上的。听觉像似符号就是其中一种。象声词、拟声词属于最典型的代表。

单音节：乒、乓、咪、唰、哗、轰、嘭、砰、嘘、咻、飕、当、嗳、叮、吱、啪

双音节：啦啦、哗哗、汪汪、咚咚、呀呀、呼呼、嗖嗖、潺潺、嘘嘘、咻咻、嘎嘎、铃铃、滴滴、答答、飕飕、得得、瑟瑟、冽冽、刺刺、沥沥、哼哼、叨叨、隆隆、呜呜、嘶嘶、嗡嗡、嘟嘟、喋喋、呜呜、咯咯、咩咩、关关、嘤嘤、嗷嗷、铿铿、啾啾、啧啧、喳喳、咕咕、叽叽、唧唧、渣渣、呱呱、啪啪、喔喔、嘀嘀、呼呼、沙沙、吱吱、哇哇、儵儵

AB型：乒乓、扑哧、扑通、咔嚓、咔嗒、滴答、叮当、布谷、知了、哧溜、啪嗒、哗啦、呼噜、噼啪、呢喃、轰隆、喵呜、呼啦、啁啾、吱呀、吧嗒、咕嘟

AAA型：呜呜呜、嘻嘻嘻、呵呵呵、哈哈哈、啦啦啦、嗡嗡嗡、呱呱呱、达达达、轰轰轰、喃喃喃、嘟嘟嘟、咕咕咕、笃笃笃、咚咚咚

AAB型：叮叮当、滴滴答、咚咚锵

这些拟声词说明听觉像似符号非常普遍。它也经常出现在古诗词之中，给

9

人带来全方位的感官体验。白居易诗中的"大弦嘈嘈如急雨,小弦切切如私语"(《琵琶行》),"霜草苍苍虫切切,村南村北行人绝"(《村夜》);杜甫诗中的"花隐掖垣暮,啾啾栖鸟过"(《春宿左省》),"留连戏蝶时时舞,自在娇莺恰恰啼"(《江畔独步寻花》);僧贯休诗中的"蟋蟀切切风骚骚,芙蓉喷香蟾蜍高"(《杂曲歌辞·夜夜曲》);李白诗中的"挥手自兹去,萧萧班马鸣"(《送友人》);等等,便属此类。儿童诗、歌谣使用拟声词、象声词的频率也十分高。有一则搞笑帖《当古诗词撞上萌萌的拟声词》将拟声词带来的形象生动的效果和体验更加直观地凸显出来:

柴门闻犬吠 汪汪汪汪汪——@此人智商高达100
几处早莺争暖树 啾啾啾啾啾啾啾——@渡边鱼子酱
两岸猿声啼不住 嗷呜——@半甲千羣
一骑红尘妃子笑 哈哈哈哈哈哈哈——@早睡早起咩咩咩
唯闻女叹息 哎哎哎哎哎——@一剪春花秋月都没了
归来饭饱黄昏后 嗝嗝嗝嗝嗝嗝嗝——@苏比
世人笑我太疯癫 略略略略略略略——@云柯_君莫辞
今朝有酒今朝醉 吨吨吨吨吨吨吨——@coolwwind
恰似一江春水向东流 哗啦哗啦哗啦啦——@茗煎冰下水_kiku的领带夹①

网友找出古诗词中需要借助想象作用传递出声音的词汇,在其后连缀上拟声词以及丰富的表情包。这不仅加强了诗句表达的情状,还带上了一种现代意味,在"涨知识"的同时极富娱乐效果。除此之外,象声词在广告中的运用频率也是较高的,如雀巢产品"Kit Kat"。

---

① 参见百田圈圈互动社区网:《当古诗词撞上萌萌的拟声词》,http://qq.100bt.com/topic-20004721-1.html,2017-12-06。

图 1-2 笔者在北美超市购买的 "Kit Kat" 产品

3. 味觉像似符号

味觉像似符号时常与某种心情或精神状态联系起来。譬如，在寒心酸鼻、醋海翻波、透骨酸心、甘之如饴、津津有味、甜甜蜜蜜、甘若蜜汁、卧薪尝胆、苦不堪言、毛焦火辣、鼻头出火等分别代表酸甜苦辣的词语中，可以体会到人们由此萦绕开来的特殊感受，放在具体语句中，我们也会发现这些词语中生动的像似意味。

清·文康《儿女英雄传》第五回："她自己心中，又有一腔的弥天恨事，透骨酸心。"①

宋·真德秀《送周天骥序》："非义之富贵；远之如垢污，不幸而贱贫，甘之如饴蜜。"②

宋·李昌龄《乐善录·刘贡父》："晚年得恶疾，须眉堕落，鼻梁断坏，苦不可言。"③

---

① 蔡向阳、孙栋、艾家凯主编：《汉语成语分类大辞典》，武汉：湖北辞书出版社，2008年版，第54页。
② 谭龙曼主编：《中国典故》，合肥：黄山书社，2012年版，第52页。
③ 李翰文、冯涛主编：《成语词典 第2卷》，北京：九州出版社，2001年版，第1017页。

> 白居易《村居苦寒》：乃知大寒岁，农者尤苦辛。①

　　味觉渠道的像似符号可以指向听觉感受（甜言蜜语），可以指向视觉感受（甜甜的笑容），可以是某种精神体验（心里甜丝丝的），甚至可以是某种好处（尝到甜头）。时下流行用柠檬图表达"我酸了"，属于味觉像似符号的一种典型运用。人们把吃柠檬时获得的酸爽口味与内心酸溜溜的状态联系在一起，以至于一看到柠檬也会产生此类感受。由味觉像似符号向其他感觉渠道过渡的例子在广告中也有集中体现。譬如，兰薇儿睡衣的广告词"兰薇儿给你，温柔多情的夜，甜蜜温馨的梦"。此处，"甜蜜"属于味觉词，却被用来形容睡衣的柔软舒适，易于安睡入美梦，瞬间将味觉与触觉联系起来。

4. 触觉像似符号

　　当我们接触某物，但无法找到准确词汇形容那种触感时，经常会用其他相似的触觉感受符号代替，这种代替就形成了一种触觉像似。这是一种单纯的以接触对象的触感像似另一种触摸感受的方式，正如躺在这条暖暖的毛毯上仿佛回到了母亲的怀里一样。触觉比拟在广告中亦有频繁运用，以 Galaxy Note 系列手机的 S Pen 触控笔广告为例展开说明。S Pen 广告由三个部分组成，围绕着流畅顺滑的特点展开：首先上场的是呆萌的企鹅，趴在如 S Pen 的雪地上滑啊滑，在这一片冰天雪地里玩嗨了无法自拔，结果滑过头了，撞到了大熊身上；接下来出场的是小鱼儿，随着 S Pen 的顺滑笔力，一不小心滑到了猫先生身旁，变成了猫咪的盘中餐；最后上场的是英姿飒爽的鹦鹉，踩着如 S Pen 顺滑的滑板，迎着风，开心地高速向前，没想到的是前方居然设下了笼子陷阱，鹦鹉瞬间成为笼中物。这一组广告围绕 Galaxy Note 20 系列配备的 S Pen 做的创意，通过三个有趣的小动物故事，构建系列"滑"的场景，将触控笔之顺滑表现得淋漓尽致。这里，广告将动物们过于顺滑的触觉感受，与人们使用 S Pen 的顺滑感受相关联，试图传递真实笔触的使用感受。

　　德芙巧克力广告"德芙新感受，此刻尽丝滑"也是一例。由于可可脂对热度非常敏感（其融化温度跟人的体温非常接近），巧克力放入口中慢慢融化，给人带来丝滑、流动、香甜的美妙感受。广告画面中，巧克力入口之后，人物

---

① 霍松林：《霍松林古诗今译集》，西安：陕西师范大学出版社，2018年版，第123页。

端坐的长椅由平衡到失衡的滑动过程暗示了巧克力开始融化的状态；因长椅倾斜，分坐两端的两人由分隔到贴近的状态暗含着恋人心中的羞涩与甜蜜，这与巧克力的香甜又有着某种像似性关联。

其实，平面呈现的符号文本为了增强体验感，需要调动受众各种感官功能，这使广告宣传经常利用触觉像似的作用，通过连接多重感官渠道，让人们想象某种触感。譬如，强生婴儿爽身粉的广告之柔软的芳香气息，雪碧广告之酷爽轻盈等也均利用了触觉感官上的像似关联，让人们通过视觉与听觉渠道想象某种"感触"。

5. 嗅觉像似符号

嗅觉像似符号与触觉像似符号一样，可以单纯地用一种其他关联的像似符号呈现某种无法比拟的、莫可言状的嗅觉感受。汤姆·提克威（Tom Tykwer）执导的电影《香水》可以作为嗅觉像似符号的一个最佳诠释。其中，主人公让-马普蒂斯特·格雷诺来到大广场上，将滴有香水的手帕一挥，其调制的完美香水迷惑了所有人，香水前调、中调、尾调所散发的香气占据了整个空间，勾起了在场所有人的情绪——一开始人们感天动地膜拜他，而后迫切迷恋这香味直至快晕厥，最后群体着魔、脱衣乱伦。香味调动了人们的情感体验，并触发了他们的种种行为。这里不仅揭示了嗅觉像似符号与对象之间的关联性，还将嗅觉像似符号的施行作用发挥得淋漓尽致。

从上述五类像似符号中，我们可知，像似符号并不局限于视觉，它可以是任何感觉上的。并且，同一种感官渠道的像似符号，其关联性较为直接，而不同感官渠道的像似符号大部分需要经过通感这一环节关联起来。值得注意的是，像似符号与对象之间并没有固定的先后关系，也可以先有像似符号，再出现这个关联起来的对象。正如皮尔斯所说："像似符号可以不必依靠对象的实在性；其对象可以是纯粹的虚构的存在。"[①]

[①] Charles Sanders Peirce, *Collected Papers*, Cambridge Mass: Harvard University Press, 1931-1958, vol. 4, p. 531. 参见赵毅衡：《符号学：原理与推演》，南京：南京大学出版社，2011年版，第79页。

小　结

符号与对象的像似关联可以借由人的五类感觉渠道细分，并且在通感的联觉作用之下，这五类像似关联可以发挥出意想不到的效果。

第二节　品牌标识背后的故事

现代营销学之父菲利普·科特勒（Philip Kotle）曾将人们的消费行为分为三个阶段：

第一阶段，量的消费阶段。这一阶段商品短缺，人们通常会追求量的满足。

第二阶段，质的消费阶段。这一阶段商品数量猛增，人们开始在众多产品中追求高质量的那款。

第三阶段，情感的消费阶段。这一阶段同质化产品较多，不同品牌的商品在质量、性能等方面已难分高下，消费者不再追求质量或数量，而是追求情感上的满足或自我形象的展示。[①]

消费行为渐进的过程说明商品的逐渐丰裕使人们的消费需求发生了极大变化。在感性消费阶段，人们消费的往往是精神符号，而并非只有作为使用物功能的符号。或者说，人们是从一种显性的消费过程，即对产品使用价值的功能性消费，过渡到对产品符号内涵的文化-社会性消费这种隐性的消费过程当中的。[②] 由此，让·鲍德里亚（Jean Baudrillard）提出了"符号消费"这一概念，他认为商品不仅具有马克思所说的使用价值、交换价值，还具有符号价值。其中，与商品有关的广告、品牌标识或隐或显地揭示出符号消费现象。如今，人们也身处这样一个消费符号的时代，各种品牌标识是随处可见的，电视剧、地方新闻也经常会被植入某一品牌标识。此类情况在动画短片《商标的电

[①] 陈凡：《疯狂文案：让销售翻10倍的爆款文案从何而来》，北京：当代世界出版社，2019年版，第29页。

[②] 参见王宁：《从苦行者社会到消费者社会：中国城市消费制度、劳动激励与主体结构转型》，北京：社会科学文献出版社，2009年版，第501页。

影》（Logorama）中有着形象生动的表现，因为它短短16分钟的片长却囊括了两百多个世界知名商标。

图1—3 《商标的电影》中众多商标的截图画面

该片由尼古拉斯·施默金（Nicolas Schmerkin）制作，于2009年出品，曾荣获斯德哥尔摩电影节最佳短片奖和奥斯卡最佳动画短片奖。片头显示熙熙攘攘的海滨城市里正悄悄酝酿着一场混乱：某快餐店的门口停着一辆警车，两名米其林轮胎警察正坐在车里聊天，突然，他们发现了警方正在通缉的要犯罗纳德（麦当劳叔叔），两人便迅速调转车头逼近，而狡猾的罗纳德也快速钻进他的红色卡车，与警察在车来车往的公路上展开惊险刺激的追逐战。一时间城市布下天罗地网，罗纳德走投无路，劫持人质闯入快餐店与警察对峙……米其林轮胎警察和麦当劳小丑的枪战、追车大战由此展开。

图1—4 《商标的电影》的剧情截图画面

本片的创意堪称一绝，所有的角色、背景、物品均由形形色色的商标组成,像极了一出超级版的广告植入大片,且广告植入方式异常巧妙、浑然天成。观众在看到众多活灵活现的商标以及品牌人物之际,想必会"脑补"很多情节。例如,某品牌标识背后的故事、广告宣传、自己的体验等。接受者想到的品牌故事以及种种感受体验都可以被视为建构符号与对象关联性的过程。换言之,品牌的标识符号对应着品牌文化、品牌故事,二者可以体现出一定的像似性关联。其实,在设计品牌标识之时,设计师也常会考虑到符号像似的作用。因为像似性的形象是各种规则和结构组成的错综复杂的粗略概括,即品牌形象所关涉的是各种感官要素和概念的集合体。所以在创制品牌标识之时,设计师往往会尤为注意视觉、听觉、触觉、味觉等各种感觉器官共同作用所形成的关于某种事物的整体印象,而这些被触发的、被再现的和被唤醒的关联感觉便会影响消费者的认知。正因如此,很多人会将品牌形象划分成两个大类——显性形象与隐性形象。显性形象是指可通过视觉、听觉、触觉得到的形象,包括品牌名称、品牌标识、品牌形态、品牌包装、广告语及品牌的展示环境等。隐性形象一般指人们的情感,展示人们身份、地位、心理等个性化需求,这种需求更多的是表现精神文化,体现其深刻独特的品牌魅力。[①]

  本节认为,这两类形象之间是存在某种像似关系的。从企业发展的立场来看,无论是品牌标识还是品牌广告语,设计者都希望让人印象深刻,进而打造出品牌良好的第一印象,以便慢慢扩大影响力。因此,在设计品牌标识之时,设计者会着重于某些能给人最直观感受的内容。比如,好的名字可以让人快速记住,好的寓意容易让人想起。像"旺旺"这类品牌也更容易深入人心,并且在逢年过节之时,它还借中国人传统祝福词——"过年要旺""你旺我旺大家旺"来提高知名度。显然,"旺旺"广告侧重于从听觉渠道引发关联作用。珠宝品牌蒂芙尼则从视觉渠道触发人们对商品的关联,其广告和包装都采用了独特的蓝绿色,这种颜色被人们称为"蒂芙尼蓝",它可以给人一种持久、有内涵的感觉,进而凸显品牌经典与优雅的特性。

---

① 参见刘扬、代玥、周行:《品牌形象策划设计》,重庆:西南师范大学出版社,2013年版,前言。

图1-5 Tiffany广告截图画面

从用户体验的立场来看，当看到某品牌标识的时候，人们立马会想到使用者的身份。当我们在选购某品牌产品之时，也会根据一些固有情感、体验感等因素进行衡量。比如，因为对某老字号品牌产生的某种情感（恋旧等）而被持续吸引，因为可以拥有奢侈品品牌所赋予的某种高贵感、时髦感而被吸引，或者完全是因为好奇新品牌标识背后的种种故事以及全新的体验感而被吸引。星巴克曾火爆一时的猫爪杯便属于此类典型案例。2019年，星巴克官方发售樱花主题系列杯，其中一款造型独特的"猫爪杯"赚足了网友们的眼球。"猫爪杯"在当日一经发售，就被哄抢一空，甚至有一些顾客因为抢夺"猫爪杯"在星巴克店里大打出手。面对"猫爪杯"爆红的场面，星巴克官方有些始料不及，当日便通过官方微博宣布"猫爪杯"正在加急补货，并即将登陆星巴克天猫官方旗舰店。随即关于星巴克"猫爪杯"的话题在各类新媒体平台上迅速发酵，连续几日占据微博实时热点排行榜并"霸屏"微信朋友圈，被网友们戏称为星巴克的"圣杯战争"。"猫爪杯"，其实就是猫爪造型的杯子，因其内部造型为透明的猫爪形态，有颜色的液体一经倒入，杯子里就会浮现出猫爪的形状。争抢"猫爪杯"的人们，所抢夺的并不是这具象的猫爪形象，而是与这一形态关联着的某种情感诉求和体验。它指向了"吸猫"文化，指向了以猫为主体的"萌"与"可爱"。也就是说，人们对星巴克"猫爪杯"的抢夺与追逐，与其背后所投射的含义有着密切关系。

"猫爪杯"事件经各类新媒体平台发酵之后，又衍生出了另外一层炫耀需求。限量版"猫爪杯"在星巴克官方渠道售罄之后，在淘宝上依然可以看到其身影，价格则高达官方售价的五倍。这显然远远高于其使用价值，但我们依然可以看到其可观的销售量。面对官方已售罄但在黄牛手中价格虚高的"猫爪杯",市场消费热度依然不减,购买者还会通过抖音、小红书等平台晒出自己的战利品。这类通过购买价格远高于其实际使用价值的商品,向他人展示自己的金钱能力和财富地位,从而得到某种心理满足的群体被称为有闲阶级。他们需要的不是其使用价值,而是商品背后的社会价值——通过展示商品的社会价值来达到展示其阶层地位和社会声望的目的,满足自身的"炫耀性"消费心理。人们对"猫爪杯"的狂热追求便是如此。

疯狂的符号消费行为在当今网络媒介构建的拟态环境之下颇为盛行,因为符号背后的关联性含义可以满足消费者的情感需求和欲望,这也会使消费者愿意为虚高的价格冲动买单。特别是在网络直播带货掀起的消费浪潮中,人们可能都来不及思考物品本身的使用价值,而是跟随快节奏的直播宣传(如"买它,买它""怎么这么好用"等)和宣传者对产品品牌注入的符号含义(如"前男友面膜",意为使用之后让你的前男友后悔莫及),展开一波又一波的疯狂抢购。

品牌标识背后的故事是符号与对象之间某种关联性的体现,它通过品牌标识在消费者感知中的某种联想记忆、欲望或需求持续作用在对物的消费上。同时这也为山寨品牌提供了温床,像"咏动""雷碧""Hike"这类在包装、标识上与知名品牌十分相似的产品纷纷冒了出来。这些模仿甚至仿冒知名品牌的厂商利用人们在不经意间极有可能错认的特点,诠释出"山寨又见山寨"背后的像似性作用。

小　结

品牌标识与品牌背后的故事内蕴具有像似性关联,它可以勾起消费者感知品牌标识时的某种联想记忆、欲望或需求。

第三节　回忆与原型:像似的一个源头

每隔一段时间复古风潮总会汹涌袭来,从流行老物件到复古设计风格,遍及人们的衣食住行。并且,只要加上"复古"二字,任何事物或多或少会被赋予较高的符号价值。那么究竟何为复古?本书认为,复古是一种代表时间的元素,它没有固定的能指,因为它本身是一个非常宽泛的概念,随着时间的流逝，它会衍变出不同的内容与形式。这也就不难理解为什么某一复古潮流很容易在沉寂了多年以后，又以新的形式流行起来。它的流行一方面是因为当代艺术家、设计师出于对旧事物、旧感觉的怀念，热衷于把自己的复古情怀抒发在作品中；另一方面则可能是因为复古已然变成了一种生活态度，特别是对于当代青年来说，复古不仅是对故去时光的一种致敬，也代表着人们对当下和未来的情感寄寓。因此，复古的物件呈现出来的既可以是对某段时光或年代的一种回忆，也可以是一种复古的生活态度，其所呈现的符号物与对象之间依靠这种回忆、情怀与态度联系在一起，属于一种怀旧的像似符号。

符号中蕴含的怀旧情结激发了诸多商业潜力，这使得复古元素被广泛运用到商品设计中，设计者们通过重组充满年代感的视觉元素，借助勾起某种情绪的像似符号营造复古氛围，引发集体共鸣。比如，有些艺术品中就充分展现出新艺术运动中源于自然形态的曲线风格，或是具有繁荣明亮色彩的中世纪风格，等等。至于日常装扮，几乎人手一双的老爹鞋、透明鞋、透明包、透明帽子等，这波复古风潮相信大家再熟悉不过。同时，这股复古怀旧风还体现在了美食、网红店等方面。图1-6是一度火爆的本土饭馆"老三样"及其部分菜品，每日排队前来品尝的人非常多，从它的一些菜品（凉拌藕片、鸭肠等）到店内古旧物件的呈现来看，同样是走怀旧复古风路线的。

图1-6　南昌火爆的"老三样"餐馆及其部分菜品[①]

　　承载了历史文化价值与情感回忆的老字号品牌，也属于典型的怀旧符号。每当我们看到古色古香的牌匾或某一类特定的标识，就容易联想到老字号品牌及其背后的传统工艺、民俗情怀与故事。这是因为老字号品牌形成于传统的文化背景中，带有浓厚的历史文化色彩。就拿老字号品牌经营者自身来说，他们以前大多是文人，其所信奉的仁、义、礼、智、信等儒家文化思想在一定程度上会影响老字号的品牌形象、价值取向等。这些蕴藏的传统文化因素在以后的发展过程中持续积淀，影响着经营理念和经营的呈现形态，而那些逐步形成的各具特色的字号、屋额、摇联等像似符号便是最好的说明。若从"老字号"（一种是堂斋馆坊，如同仁堂、荣宝斋、瑞蚨祥等；一种是反映社会发展观念的名称，如民生、申新、永安等）来看，店名都具有鲜明的中国语言文字特点和突出的民族特征，有时还会暗含经典的儒家文化思想。各地的"老字号"品牌形象也会保留独特的地方性审美情趣。例如，采用传统吉祥纹样，如云纹、钱纹、龙纹等。尽管老字号品牌标识形色各异，但是这类符号均投射出民族特色和传统文化的发展轨迹，也寄寓了人们对美好生活的向往与对风调雨顺的祈愿等。

　　除了以某种情怀回忆为理据，神话原型也是符号像似的一个依据，或者说，原型符号也是一类典型的像似符号。譬如，我们非常熟悉的耐克、范思哲等品牌标志便像似了神话原型符号。耐克标志源自卢浮宫"镇宫三宝"之一的带翼希腊胜利女神"Nike"。胜利女神常带有翅膀，拥有惊人的速度，其所到

[①]　图片来源于大众点评网：http://www.dianping.com/shop/79256196/review_all。

之处，胜利也紧跟而来，因此耐克公司就选用了这个带有吉祥寓意的名字。耐克简洁有力、醒目易记的"√"符号标识也容易让消费者产生飞速、胜利等心理暗示，即消费者一看到这个名字，就自然联想到速度和爆发力。达芙妮品牌标识则源自希腊神话故事：达芙妮是神界第一大美女，在执行父亲指令射杀一个妖怪之时，无意惹怒了爱神丘比特。于是，丘比特射出了两支箭，第一支让人陷入爱情的金箭射向了阿波罗，第二支让人厌恶爱情的铅箭射向了达芙妮。此后，不管阿波罗怎么追求达芙妮，达芙妮总是设法逃避。在阿波罗即将追上达芙妮之际，达芙妮在树神的帮助下变成了月桂树——其秀发变成了树叶，手腕变成了树枝，两条腿变成了树干，脚和脚趾变成了树根，深深地扎入土里。阿波罗看到后懊悔万分，此后，他的发冠便用月桂树的枝叶编造。所以，西方文化中的月桂桂冠（Laurel）象征着荣誉，只有成就斐然的人才能佩戴。而神话故事的浪漫色彩被融入品牌标识，传达出这样一种信号：每一个穿了达芙妮鞋的女性，都将找到真正的自己，找回自信。

每天一杯星巴克已成为很多人的一种生活方式，但大部分人都会忽视星巴克标识上女子的"真实身份"——希腊神话中人首鸟身的海妖塞壬（Siren）。塞壬常飞降于海中礁石或船舶之上。她的"捕食利器"便是那天籁般的歌喉，相传她用歌声诱惑过路的航海者，使其变成她的腹中餐，而她在忽然沉默寂静之际，又会营造出某种瘆人的氛围。因此，当我们提到塞壬的歌声（Siren's singing）时，立马想到的就是"致命诱惑"这个含义。星巴克选择塞壬形象的图标，与其诞生地西雅图有关：西雅图曾是有名的航海港口城市，创始人就选择了与海洋主题相符的塞壬作为标识，而其咖啡之香醇也确实诱惑着人们。大名鼎鼎的范思哲品牌标识也与诱惑有关，标识中的女子便是希腊神话中的蛇发女妖美杜莎（Medusa）。传说她是一个美丽的少女，眼神极具诱惑力，海神波塞冬受其诱惑化身为骏马，与她在雅典娜的神殿中偷情。雅典娜一怒之下便把美杜莎变为妖怪——长着天鹅的翅膀，头上只有盘绕扭动的蛇，可即便这样，她的美貌也难以被掩盖。凡是看过她眼睛的人，都会被她的美丽和魔力吸引，失去灵魂后变成一尊石像。由此，美杜莎替代了诱惑含义，范思哲用美杜莎头像做品牌标识无疑在传递范思哲具有难以抗拒的诱惑力这一含义。

除了商品品牌，国家文化标识也体现出了符号与对象的像似关系。譬如，因玉猪龙与其似月的造型巧妙同构，寓意龙的传人千年登月梦，中国探月标识的设计理念便出自红山文化"C型"玉猪龙原型。中国文化遗产标识亦是如此,当我们看到中国文化遗产标识(造型源自成都金沙的"镇馆之宝"商周"太阳神鸟"金饰)就会想到"金乌负日"的神话故事及其深邃的精神内核与人文情怀。当然,原型像似符号的类型还有很多,它们共同指向了构成像似性的两类可能:一是形式构造的像似,它既可以是某种图形或视觉上的像似,也可以强调各部分关系的结构同型。二是比喻式或隐喻式像似,它已经脱出符号的初级像似,可以是思维上的、感觉上的像似,仪式像似符号便是其中一例。

小 结

建立像似关联的基本途径有二:形式构造的像似与比喻式或隐喻式像似。前者侧重于空间构造上的像似,后者侧重于感觉、思维上的像似。

第二章　指示符号

与像似符号一样，指示符号也是随处可见的。指示符号的缺失会造成秩序的混乱，我们也可以想象十字路口没有红绿灯、厕所没有性别标识所带来的困扰。打开微信，随意点开朋友圈或是通讯录，指示符号便映入眼帘：每个人的微信头像和微信名就指向与本人相关的信息，它们体现出了一个指与被指的关系。

第一节　指与被指

本书在讲述像似符号时曾提到，体现理据性的第二种符号便是指示符号（index），它是"以对象为原因"（really affected）而形成的，这里的"以对象为原因"指的是：

> 符号与对象因为某种关系——尤其是因果、邻接、部分与整体等关系——因而能互相提示，让接收者能想到其对象，指示符号的作用，就是把解释者的注意力引到对象上。指示符号的最根本性质，是把解释者的注意引向符号对象。[1]

皮尔斯更是生动形象地指出了这类符号的共同特点："指示符号只是说：'在那儿！'它吸引我们的眼睛，迫使目光停留在那里。指示代词、关系代词，几乎是纯粹的指示符号，它们指出对象而不加描写；几何图形上的字母亦然。"[2]

---

[1] 赵毅衡：《符号学》，南京：南京大学出版社，2012年版，第82页。
[2] 赵毅衡：《符号学》，南京：南京大学出版社，2012年版，第83页。

艾柯则对指示符号进一步细分,他认为指示符号还可以被分为:

踪迹(trace)——从因果推到并非实在的邻接,例如猎人看到足迹而知道野兽的走向,它有时也被称为"印迹"(imprint),如复写、镜像、现场转播等;

指示(index)——从邻接推到因果相依关系,称为指示,例如巴甫洛夫实验中的条件反射形成后,铃声与唾液邻接。[①]

艾柯区分出的这两类指示符号经常缠绕在一起。因为很多时候,一个指示符号可以从邻接推到因果相依的关系,再从因果推到非实在的邻接。并且,人们在不同文化语境中对符号的阐释是不同的,正如格尔兹从人类学视角论述"深描"与"浅描"的作用一样。

既然均体现出了一定的理据性,都是符号与对象的某种关系,那么像似符号与指示符号最显著的差别在哪里呢?本书认为,指示符号所体现出的某种关系具有一种方向性,这种方向性并不依据特意找出的某种规律或关系而存在,并且这种方向性会赋予对象一定的秩序,换言之,正是被给出的秩序,为接收者的阐释指出了一个方向,它可以使对象形成某种空间上的关联结构,并通过这些关联结构确定其意义所在。图书馆书架上贴着的索引分类标签、十字路口的红绿灯信号指示灯均说明了指示符号具有的方向性作用。并且,交警指挥交通、红绿灯颜色切换会使对象跟着遵循一定的秩序,公交车上不同颜色的座位可将老弱病残孕与青壮年区分开来,图书馆书架上的索引标记会让不同类目的书籍形成相对整齐的顺序。有时,商家还会运用指示符号带来的某种秩序感推出一些购买优惠活动。譬如,图 2-1 中这家店的橱窗处贴出特惠活动,而这家品牌店的对面恰巧是阿迪达斯与耐克,从所贴出的语词来看,只要去对面两家店购买商品,就可以获得彪马品牌店里的商品,即彪马品牌店贴出的促销活动将消费者指向了它对面的两家门店。值得玩味的是,从广告的前两行看,彪马品牌店打出广告的意义似乎并不在于售卖自己的产品,而是为了提高对面两家门店的销售量,但广告词第三行中的问号又会吸引人进店看看彪马产品是不是会有更多惊喜。

---

① 参见赵毅衡:《符号学》,南京:南京大学出版社,2012年版,第83页。

图 2-1　笔者拍摄的彪马品牌门店宣传广告

我们每天使用的微信，也呈现了指与被指的关系。微信头像便是十分典型的一例，即微信头像图片的使用与个体的性格有着某种可能的因果联系：头像是美颜后的自拍或艺术照，指向期望别人的关注与赞美，自恋或者害怕在人前出丑；头像是风景照片，指向成熟稳重，不轻易表露内心；头像是情侣照片，指向幸福的热恋；头像是卡通图片，指向内心像善良天真的小孩，想象力和创造力强；头像是证件照，指向认真负责、按部就班；头像是远景特写，指向防御心理较强；头像是生活照，指向内心随意简单，向往自然质朴；头像较为抽象的，指向年龄可能偏大，含蓄隐忍、成熟老练；头像较为具体的，指向年龄或者心理年龄偏小，率性直接、简单纯粹；头像色彩明亮，指向随和易于接触；头像色彩暗淡，指向特立独行、不苟言笑；而经常换头像的人，指向多变的情绪或性格，反之则较为沉稳；等等。

文艺作品中的指示符号，也颇具趣味。丹麦诗人亨里克·诺德布兰德（Henrik Nordbrandt）的《回家》一诗中就充满了指示符号，围绕诗句中的指示性，赵毅衡先生曾就这首诗做过这样的阐述："究竟家是什么？是生锈的路牌？是门前的大槐树？是与记忆中'家'联系在一道的各种东西？这些起提示作用的事物，都是'家'的指示符号。回家是不可能了，因为原先与家邻接，或有部分整体关系的各种标记，包括父母、姐妹、邻居、城市，已经全部消失。当所有的指示符号都被岁月剥落，家也就消失了……这不是夸张，这是我们实实在在的情感方式。当鲁迅发现他'竟与闰土隔绝到这地步了'，他的故乡也就令人悲伤地消失了。"① 这段话听起来有种悲凉之感，但它也说明了指示符号的重要性在于它是事物存在的一个证明，即使这一实物或者说实实在在存在的实体消失了，只要指示符号存在，这个意义存在，事物就可以被识别出来。尽管实体的住宅、古旧物件等已然消失殆尽了，但只要指示符号存在，其所指向的情感存在，它依旧存在，只是很可能换了一种存在的方式。

电影作品更是直接形象地体现出了指示符号的重要性。譬如，在悬疑侦探片中，被寻找的证物和线索往往具有指示性的作用，它们一起指向了背后的凶手。更有意思的是，导演经常利用指示符号明确的指向性作用，在影片结尾制造反转，即借用一些指示符号（证物、指向性线索）建立其与犯罪嫌疑人的关系，再将被遮蔽的符号信息一一"抖出"，逆转之前"被勾连"的指与被指的关系。而在影片的拍摄过程中，影像画面的呈现效果、某些情节场景的勾连，也都需要考虑指示符号给出的方向性。具体表现在利用运动镜头或动势连接前后两个镜头。摄像机的运动，前后镜头中人物、交通工具等的动势具有一定的方向性，它可以指向下一个场景，因此经常作为场景或时空转换的手段。利用承接因素转场有时也需要用到指示性符号，它表现为上下镜头之间的造型和内容上的某种呼应、动作连续或者情节连贯的关系，以便使得段落过渡顺理成章。比如，上一段落主人公准备去车站接人，当他说"我去车站了"这句话，镜头立即承接这一意思切换到车站外景，开始下一段落，此处"我去车站了"这句话是个指示符号，指向了车站外景。

指示符号在日常生活中随处可见，我们需要它来维持一定秩序，明确具体的坐标和定位。当然，它有时也会具有一定的反向作用。对身份等级的过度强调、对成绩排名的过度要求、对年龄阶层的排序，等等，在一定程度上会影响人的成长经历。

小　结

指示符号可以明确坐标定位，以维持一定的社会秩序。被过度强调的指示符号有可能会反作用于良性的秩序。

---

① 赵毅衡：《趣味符号学》，重庆：重庆大学出版社，2015年版，第68页。

第二节　取名说

为了区别于其他对象，万事万物皆需有名。而名字就是最典型的一类指示符号，对象是拥有该名字的人，解释项是寄托在名字背后的某种愿景或观念。取名有很多讲究，它同时也指向了不同时代的文化特征。下面我们可以通过人名、微信名、店名等名字来看其背后的某种观念和思维方式。

1. 人名

在中国，为刚出生的孩子取名是头等大事，它携带着重要的意图意义。因此，有人根据父母对孩子的祈愿，将可作为名字的字词归类。比如：蔼、仁、容、德、轩、贤、良、伦、正、清、义、诚、直、道等字有仁道之意；颖、灵、睿、锐、哲、慧、敦、迪、明、晰、维、悟、析、文、书、勤等字有博学之意；俊、威、英、健、壮、帅、秀、武、巍、婵、娟、婷、姿、媚、婉、丽等字有俊秀之意；达、耀、兴、荣、华、旺、盈、丰、余、昌、盛等字有富足之意；安、静、顺、通、坦、泰、然、宁、定、和、康等字有安康之意；毅、独、刚、强、衡、韧、恒、坚、力、决、定、立等字含有为之意。《人民日报》曾根据大数据总结出 500 位新生儿名字中最普遍的名字。其中男孩名字排前三的是"子轩""浩然""嘉轩"，女孩名字排前三的是"梓涵""梓萱""子萱"。名字之普遍与流行说明某一年代的父母在思维观念上的共性，该共性在每个年代都可以体现出来，这也就造成了新中国成立前后四大重名时期。[①]

其一：1949 年之前。这批人生于新中国成立之前，名字中常带"英、秀、玉、珍、华、兰、桂、淑、文、明"等字。

其二：1949 年—1966 年。这批人生于新中国成立后到"文革"前这段时间，名字中使用"华、国、建、民"等字的频率远高于其他三个时期。使用频率较高的名字是："建华、建国、爱华、国华、建民、志强、新民、新华……"其中，有些名字还反映当时时政热点，如"抗美、援朝、保国、跃进、超

---

① 20 世纪 80 年代中国社会科学院语言文字应用研究所汉字整理研究室与山西大学计算机科学系合作进行了抽样综合统计，按照大众起名字的套路划分出了四个时期，每个时期都有各自的特色。参见：https://mp.weixin.qq.com/s/f47NpARar5HE6OtF50SnHQ。

美"等。

其三：1966年—1976年。这批人生于"文革"十年之间，名字中"红、梅、军、东、立、斌、卫、兵"等字的使用频率要远高于其他时期。

其四：1976年—1982年。这批人生于"文革"结束后至1982年人口普查前，名字中"彬、婷、磊、昕、妍、璐、妮、莹、蕾、娜"等文雅字大量涌现，"伟、海、波、涛、毅、飞、宇、锋、巍"等气魄字也有较多使用。

如今，取名越来越复杂化、个性化，笔画从简单到繁复，有时在发音上也颇有考量。这些特别有存在感的名字也引发了大众的"围观"。譬如，在点名时，尤其是第一节课上，名字特殊的同学（如魏来、吴语、杨不悔、索以然、宋元明清、姚舜雨、夏商周、郑夏雨荷）很容易第一个被抽起来回答问题。此外，繁复的名字往往给使用者答题带来困扰，其他同学可能已经开始做题了，而拥有"柳林忘繁、余龚移山、金风玉露、程门立雪、蔡缘冰丽"这类名字的同学可能还停留在写名字的阶段。

2. 微信名

翻开微信通讯录，我们也会发现有迹可循的指向性，它们共同诠释了"名字就像一出戏"这句话。譬如，微信名以大写字母A开头，甚至还会加上手机号的，一般是微商、中介等各种有商业目的的人，主要是为了让自己始终在对方通讯录的最前端，甚至还加上了可以排在A之前的特殊表情。微信直接用真名、实名的，一般是公司老板等有重要身份的人，实名是为了方便交流，提高可信度。若不是如此，也多是成熟、自信、靠谱的人。微信名用自己名字的全拼，一般是为了方便朋友辨识，他们往往比较真实、有主见。微信名只使用一个字母，他们多为喜欢简单、与世无争的人，也很享受自己的生活。微信名用英文名，他们可能是留学生、外企员工、涉外人员，也可能是个性独特的人。微信名字只有表情符号且时常换微信名的，一般较为情绪化，微信名为英文名+表情符号的，大多是拥有"魔法棒"的"小仙女们"，如果表情符号非常多，那么此人有可能是个"零零后"。微信名为吉祥话、植物等，大多是父母叔叔阿姨等长辈。譬如，"茉莉花""自在逍遥""知足常乐""顺其自然""一生幸福""春暖花开"等，而且微信头像大多是自己拍摄的风景照。微信名看起来如一句话那般长，其性格很可能比较幼稚，比如叫"爱咬吸管的女孩"

"在那个夏天我们说了再见"。微信名若带有"宝宝"二字,譬如"××宝宝",其性格估计就像个小孩子。

3. 店名

公司名和店铺名亦常体现某种观念和想法,或为了令人记忆深刻。譬如:

(1) 用吉利词起名。吉利语可讨个好彩头,故以前"兴""隆""源""茂"等字在店铺招牌上经常出现,又如老字号"月盛斋"就有"月月兴盛"的意思。

(2) 用雅词起名。受儒家思想传统影响,人们的重文抑商观念作用于商业性场所的命名,因此出现以"斋""阁""轩""居""园"等字命名的商业场所。

(3) 用谐音起名。运用这种方法取名,独出心裁,如一位上海老板取店名为"郁良心药店",从语音上恰好与"有良心"谐音,即表达该店不赚昧心钱的诚意。

(4) 用俗语起名。俗语较为口语化,易于被大众接受。"王麻子""狗不理"等老字号都属于这一类。

(5) 用外文名起名。这类起名方式一方面源于中国人对外来文化的接受及吸纳,另一方面源于国内产品走出去的需求。

(6) 用相关术语取名。它们好记且有意思,但有时会因取名不谨慎而引起一些不必要的麻烦。譬如,"今日说发""人民发愿""非发走丝"等理发店店名、"叫了个鸡"等饭店店名曾经就被点名整改。

(7) 用具象词汇取名。上海的鱼脸互动创意公司用"鱼脸"这一具象词汇取名,它传递出的理念是,像鱼脸(鱼最好吃的精华所在)一样,做互联网创意公司中的精华。北京的芝麻西瓜公司则选择"芝麻"与"西瓜"这两个具象名词,表示做营销要有抓西瓜的策略,也要注重芝麻大的细节,大事小事两手都要硬,如此才能对得起客户。

(8) 用典籍词句命名。上海的有门互动公司借助佛教《法华经》的"有门"一词,寄寓不被束缚,任何时候都有一扇为你而开的门。广州的三人行广告公司名字来源于"三人行必有我师焉",这三人可以指合伙人、同行、客户、广告公司、消费者等。

不论是采用俗语、谐音还是吉利词等方式取名，均指向了店家、公司的某种经营理念或所寄寓的文化含义。

4. 影视剧剧名

影视剧的名字非常重要，因为它会直接影响关注度。有几类电视剧剧名，人们一听名字就可以直接判断是什么类型的电视剧。譬如：《恶魔少爷别吻我》《奈何boss要娶我》《微微一笑很倾城》《亲爱的，公主病》《一起来看流星雨》《恶作剧之吻》《我在大理寺当宠物》等，听名字就知道是"玛丽苏"剧情的电视剧。这些剧名一般都比较长，有5~7个字甚至更多，名字也基本是"4+3"（状态+动作行为、人物+动作行为等）的类型。传闻当年《无间道》，最初名叫《无间行者》，正因为有"高人"指点该片宜用三字片名，才有了《无间道》的诞生。为求好名，请"大师"算上一卦已经不是什么新鲜事儿，因为片名是电影的第一张名片（易于传播、有经济价值），会直接影响电影的卖座率。虽说影视剧片名茫茫如海，但我们可根据其共性将其分为以下四类：

（1）用人物、事件、地点等剧情要素来命名。这是影片最普遍的取名方式。以影片主人公或电影的主要事件命名，有直接点题、介绍影片简要内容的功能。《战狼》《李娜》《神探蒲松龄》《孔子》《关云长》《叶问》《志明与春娇》等直接以人物名字（名号）来命名，观众就能第一时间获知影片主角；《流浪地球》《红海行动》《湄公河行动》《唐人街探案》《捉妖记》等以事件命名，则直接点明了影片要义。不过，并不是什么人名都适合拿来作片名。不具备广泛知名度的人名，不仅不易传播还容易产生歧义，比如《杨善洲》《秋喜》之类，相信大多数人听闻此名都是一脸困惑，更不要说达到卖座效果。

（2）用四字词语或古诗词等命名。早期的国产电影片名多取自古诗词，比如《一江春水向东流》《野火春风斗古城》，还有张艺谋的《满城尽带黄金甲》、许鞍华的《明月几时有》等。四字词语在片名里的使用频率更高，如姜文的《让子弹飞》《一步之遥》《邪不压正》，韩寒的《后会无期》《乘风破浪》《飞驰人生》等。

（3）用谐音为电影命名。谐音朗朗上口，便于记忆，谐音命名一旦运用得好，会有意想不到的宣传效果，最典型的如《心花路放》《驴得水》；但在当下的国产电影市场，"谐音梗"似乎成了烂片的代名词。

(4)用"之"字句型命名。这类取名方法多见于续集影片,但此类命名方法容易陷入两个极端,一种是像《西游记之大闹天宫》《西游记之孙悟空三打白骨精》《北京遇上西雅图之不二情书》等热门 IP 的续集,由于有 IP 本身的影响力或之前积累的知名度,即使用"之"字句的片名太长,也无伤大雅。另一种如《二代妖精之今生有幸》(原名为《一代妖精》,后改名《二代妖精》,最终定名为《二代妖精之今生有幸》),从其改名过程可以看出其续集意图,但并不能起到吸引受众的作用。

总的来看,似乎好片、卖座的片子很多都是三到五字片名,或者说片名不是较为简短就是颇有意味。在这些较为简短的片名中,与影片故事信息直接相关的片名出现频率较高,如《流浪地球》《红海行动》《捉妖记》《唐人街探案》等片名,让观众在第一时间对影片内容有大致印象。除了简明扼要,很多人还会依据喜好为影片取名,它是受众与影片的一个纽带。因为很多人更倾向于选择自己熟悉或喜欢的人或事(情感相似或经历相似),它们会直接影响人们对影片的选择。如《我不是药神》《我是路人甲》《无名之辈》等影片名字,相较而言更容易触动个体观众,勾起观众的同理心。还有一类小众文艺片,不仅抓住了这类原理,还深谙市场营销法则,紧抓核心受众市场。《地球最后的夜晚》便是一例,该片名"地球""最后"等字眼容易调动观众情绪,《后来的我们》《从你的全世界路过》《后会无期》亦是如此。可以说,一个简短好记、符合影片气质的片名可以起到重要的指示性作用——有助于影片传播,反哺票房成绩。但是,它只能作用于观众挑选影片、产生观看期待之时,真正决定票房高低的还是整个符号文本的整体呈现效果,或者说,需要依靠诸多指示符号连接起来的镜头作用。

小 结

名称是最典型的一类指示符号,该符号的解释项或表现了名字拥有者的某些性格特征,或寄托了名字背后的某种愿景、观念。

第三节 被遮蔽的指示符号

被遮蔽的指示符号大多存在于两类情况中,一类是由于指示符号的某种指向性、方向性过强，被使用者有意略去；另一类则是因为符号的像似性或规约性作用太强，进而遮蔽了符号本身具有的指向性作用，即符号本身就具有像似性、指示性、规约性，只是在不同阶段其像似性关联与社会规约的作用遮蔽了其指示性作用。举例来说，出于对富贵身份的追求，有人会用一些象征非富即贵的奢侈品品牌包装自己，甚至做出通过拼二手名牌丝袜换着穿、拼高级酒店下午茶、拼豪车环游一小时，再发朋友圈伪装成上流社会人士的夸张行为。而对于某些具有符号"减值"效应的品牌来说，人们可能会根据其特性进行改装（如把众泰车标"塑金身"改成保时捷，在奔驰车上装个铁三角改装成迈巴赫），通过遮蔽或改装其具有指示性的标识达到增值的作用。较为典型的例子是取掉华晨宝马车标上的"华晨宝马"字样。华晨宝马是非常有代表性的合资车，在很多消费者看来，作为合资车，其自然无法与进口宝马相比，一些买了华晨宝马的人就会将汽车尾部的四个字取掉，再添加上其他个性化装饰来修饰车子，被遮蔽掉"华晨宝马"标识的车子自然就显得"大气磅礴"了一些。有意思的是，围绕如何更好地去标，人们还总结出了一系列的方法，这在一定程度上说明了去标的意义——在马路上显示光鲜身份。去掉"华晨宝马"字样的车标显然属于通过削弱或遮蔽部分指示符号，以达到拥有者想要呈现的效果。

其实，众多符号与对象之间均能体现出像似性、指示性、规约性关联。在演艺界经常会出现这样一类情况：演员因出演某一角色而深入人心，以至于他在演出其他角色时，仍旧被观众以深入人心的角色称呼。这种情况呈现了符号的像似性、指示性关联。以青年演员彭昱畅出演《风犬少年的天空》中的"老狗"一角来说明，彭昱畅在该剧中出色的演技令人印象深刻，以至于在他的新戏中部分观众在弹幕里会直呼彭昱畅"老狗"。"老狗"这一符号既具有像似性，又具有指示性，它像似彭昱畅所塑造的形象（剧中形象或日常生活中的某一形象），又指示着彭昱畅本人或扮演着角色的彭昱畅。用人物表情制作而成的配有词句的表情包也能体现出其多重性——出于某种像似性理由截图或拍摄人物的某一表情，为加强该表情传递的内容或为了制造出搞笑效果，人们还会添上一些具有指示性的词句，这便集中了表情包或表情图符号的像似性与指示性作用。

但是，在不同语境中，符号与对象之间的关系可能会向某一类关联倾斜，或者说人们会跳过符号的指示性作用，只注意到符号本身的像似性或规约性作用。我们知道，洗手间门口需要有指示性别的符号标识，它可能具有一定的像似性，通过像似某一性别为使用者指出方向。但是很多设计者别出心裁，让这一指示符号"出逃"了其指示性，甚至引发了一些误会或反感。曾经就有一家餐厅的老板在洗手间门口设置了男性趴在门上方偷窥女性的符号标识，遭到了女性消费者的反感。老板自以为是的幽默意图却使大家关注该符号的像似意义而不是指示意义，进而遮盖了符号的指示性作用。

  符号的像似性或规约性作用太强，也会遮蔽符号本身具有的指向性作用，即符号本身就具有像似性、指示性、规约性，只是在不同阶段其像似性关联与社会规约的作用遮蔽了其指示性作用。如各个粉丝社群中的粉丝就经历了由指示符号向规约符号倾斜的过程，譬如，演艺人员易烊千玺的粉丝在进行自我呈现或创作表达时均以"千纸鹤"代表自己的"易烊千玺粉丝"身份，这是因为"千纸鹤指代易烊千玺粉丝"成了特定群体内部所遵守的一种规约，尽管这种规约起初可能并无目的（仅是一个指示符号），只是粉丝群体内部自我认同所建构的共同指称，但久而久之，其他人也便以此指代他们（形成了一个规约）。2020年七夕节爆火的七夕青蛙和布谷鸟也可以为例——"呱呱呱"的叫声是属于青蛙的一个指示符号，人们模仿青蛙叫声发出的"呱呱呱"声成为听觉像似符号，七夕前夕该叫声的谐音"孤寡"成为新的像似符号。"孤""寡"二字具有单身的含义，使这一新词打破了约定俗成的表达框架，在七夕节的特殊背景下，"孤寡"青蛙便理所当然地成为单身年轻人自嘲的一种形象化表达。类似于青蛙的"孤寡"，布谷鸟的"不孤"顺应而生，于幽默中透露出一丝自我安慰。当越来越多的年轻人将"孤寡"的青蛙或"不孤"的布谷鸟与单身进行联系和表达时，对他们这一群体而言，"孤寡"青蛙和"不孤"布谷鸟逐渐变成了一种规约符号。①其实，与情人节有关的礼物也经历了由像似符号、指示符号向规约符号滑动的情况。例如，红玫瑰因其颜色艳丽让人立马就想到了炽热的爱，巧克力那丝滑香甜的味觉感受也指向了甜美爱情，这两件物品在社会规约的影响下，逐渐成为情人节的必备礼物。特别是临近情人节，超市里热卖的各式巧克力、花店批量定制的玫瑰花等现象也有力地说明了指示符号滑向规约符号的情况。值得注意的是，有些指示符号正是因其规约性的加强才得以存

---

① 该例由南昌大学新闻学专业黄盈同学提供。

在。比如早期部分西方国家将衣架或弯曲的细铁丝作为一种"自行堕胎"("D. I. Y. Abortion")的工具，衣架由阴道深入子宫内剔除胎儿的手段极其痛苦且危险，也是所有女性在万不得已之际才会有的绝望选择。随着堕胎有罪与否这一争议引发了人们的关注，"衣架"也由此与"堕胎"含义联系起来，它由一种指示符号变成了规约符号，以至于到现在，西方国家的反堕胎运动中依然随处可见"衣架"标识的身影。

由此可见，在不同的符号场域之中，符号的功能会有所转换。其中，符号的指向性会被遮蔽，或被符号的规约性取代。

小　结

被遮蔽的指示符号大多存在于两大类情况中，一类是由于指示性符号的某种指向性、方向性过强，被使用者有意略去；另一类则是因为符号的像似性或规约性作用太强，进而遮蔽了符号本身具有的指向性作用。

第三章　规约符号

规约符号，是一类不需要理据性关联的符号，它靠社会约定符号与意义，即符号与对象之间是没有必然的理据性关联的。那么，是不是说像似符号、指示符号与对象之间的联系和社会约定没有关系？本书认为，任何符号与对象之间的联系，最后还是需要社会约定保持其相对稳定的对应关系。也就是说，规约性是大多数符号多少要有的品质，否则无法保证符号表意的效率，而理据性只是一部分符号具有的程度不同的品质。[①]既然要给接收者一个确定的解释意义，就需要社会文化规约，即所有的符号都具有普遍的规约性。

第一节　且谈规约

为什么 apple 是苹果的意思？为什么本书前面提到的拟声词的发音就要对应那些字？

为什么铁汉形象对应的不是抹着胭脂画着红唇的样子？为什么古代水墨画勾勒男子面部着重于鼻子，女子则着重于嘴唇？

为什么烟斗和高跟鞋图形分别指向男女？为什么情人节送给恋人的礼物普遍是玫瑰和巧克力？

诸多问题的答案都指向了符号的规约性。仅以花为例说明，我们在送花的时候往往会根据不同的场合、情境以及赠送对象，来判断什么花适合什么花不适合，还会参考花语。表 3-1 就列出了不同种类的玫瑰花所代表的含义，表 3-2 则列出不同数量的玫瑰所代表的含义。这些含义是社会约定俗成的。

---

① 赵毅衡：《符号学：原理与推演》，南京：南京大学出版社，2011 年版，第 86 页。

表 3—1 14种玫瑰所代表的含义

种类	含义	种类	含义
红玫瑰	热烈的爱	紫玫瑰	浪漫、真情
粉玫瑰	感动、诱惑、初恋	靛玫瑰	珍贵与珍惜的爱
白玫瑰	天真、纯洁、尊敬	橙黄玫瑰	青春气息、美丽
黄玫瑰	祝福、妒忌、褪色的爱	橙红玫瑰	初恋的心情、友情
绿玫瑰	纯真简朴、青春长驻	双色玫瑰	矛盾或兴趣较多
蓝玫瑰	神秘、妖娆、个性	淡绿玫瑰	纯真、赤子之心
蓝色妖姬	温柔相守	黑玫瑰	挑战、憎恨

表 3—2 不同数量的玫瑰所代表的含义

数量	含义	数量	含义
1	我的心中只有你	16	多变不安的爱情
2	世界只有我俩	17	绝望而无可挽回的爱
3	我爱你	18	真诚与坦白
4	至死不渝	19	期待长久
5	由衷欣赏	20	赤诚之心
6	互敬互爱互谅	50	邂逅、不期而遇
7	偷偷爱着你	99	天长地久
8	感谢关怀及鼓励	100	百分百的爱
9	天长地久	101	最爱
10	十全十美	108	求婚
11	一心一意	144	爱你生生世世
12	对你的爱与日俱增	365	天天想你
13	暗恋着你	999	天长地久
14	骄傲	1001	直到永远
15	对你感到歉意	1314	爱你一生一世

除此之外，其他花朵的花语也是由于社会文化的规约性逐渐固定下来的。譬如，紫罗兰代表请相信我、永恒的爱；吊兰代表朴实、天真；龙舌兰代表为

爱付出一切；蝴蝶兰代表高雅；剑兰代表用心、坚固；君子兰代表宝贵、君子之风；石斛兰代表父爱之花；等等。这些被明确了的含义，说明了普遍规约性的存在，不管是像似符号还是指示符号，都需要这样一个确切的符号意义维持某种秩序。

虽然是普遍的规约性，但是这个规约因不同社会、不同时代而不同，它们是不能通用的。譬如，关于颜色，不同国家的定义和理解是不同的。

> 在俄罗斯文化中，蓝色和西方人眼中的天空蓝是不同的类别，就像蓝色和绿色之于美国人一样，这种差异不是因为俄罗斯人和美国人视觉系统存在固有的结构差异，而是文化差异导致了习得颜色的概念不同。只是俄罗斯人从小就知道浅蓝和深蓝是不同的颜色，它们有不同的名字。这些颜色概念已经被植入他们的大脑中，因此他们感觉到了7种颜色。①

现代人赋予某种颜色特殊的意义，和原始人的看法也是不同的，比如，

> 对潘格威人来说，白色决不意味着是纯洁的颜色，相反却是邪恶的颜色，其证据是它在"不吉的"拜月仪式中起重要的作用，但同时白色又被当成一种很美丽的颜色。紧接着白色的是黑色，这是"夜的颜色，是一切不如意的、恐怖的颜色"。喜气洋洋的红色则象征着生活中所有美好的事物。潘格威人诸部落又把紫色当做死的颜色，所有开淡紫色花的植物在当地名称中都含有 Kun 和 bokun 一词，意为"灵魂"。树的淡蓝色阴影是死者心爱住宅的标志。美丽常和"邪恶的"白色连在一起，人们不艳美鸟类五颜六色的羽毛，但朴素的白鹭（Bubulcus ibis）却以"不可抗拒的美"使他们心醉。与潘格威人相反，对葡属东非的阿特华伯人来说，阴沉的黑色则是"愉快的颜色"。②

不同代际在颜色上的不同认知，在真人秀节目中也有直接的呈现。譬如，在国内首档夫妻婚礼筹备观察纪实类综艺《婚前21天》中，演员刘泳希和李嘉铭准备去挑选婚纱，在婚纱店里刘泳希看中了一套黑色婚纱，想要在婚礼上

---

① 莉莎·费得曼·巴瑞特：《情绪》，周芳芳译，北京：中信股份有限公司，2019年版，第185页。

② 利普斯：《事物的起源》，汪宁生译，兰州：敦煌文艺出版社，2000年版，第41页。

穿，却遭到了双方父母的反对。在年轻的小情侣看来黑色婚纱时尚、神秘且端庄，但是在长辈们看来黑色在大喜之日显得不太吉利。可见，中式传统的规约符号对于年轻时尚的一代人来说，似乎并没有起到这种理据性效应。

饮食上也是如此，很多味觉像似符号在不同国家、不同时段呈现出的味觉感知也是不同的。譬如，酸味在汉语中有7个隐喻含义，而其中"嫉妒"这一层含义在其他语言文化体系中很少见。汉语将"酸"与"嫉妒"联系在一起最早出现于唐代小说《朝野佥载》之中。书中记载，唐太宗为房玄龄纳妾，其妻卢氏违抗圣旨，宁愿喝下"毒酒"（实则是醋），即由卢氏善妒引发的"虚惊一场"使"嫉妒"与"醋"和"酸味"联系在一起。后世明清小说中也开始涌现"争风吃醋""拈酸吃醋"这样的用法，"酸味"与"嫉妒"两词的关系逐步被强化，直至确立"酸"与"嫉妒"之间的隐喻关系。"辣"与"残忍"两词之间的隐喻关系亦然。辣味在各国语言中都有大量隐喻含义，最早在汉语中"辣味"本义指葱姜蒜之味，直至16世纪南美洲的"辣味"（辣椒）传入中国，该词的含义开始发生改变：东汉的《通俗文》中有载"辛甚曰辣"，即辛和辣是同一种味道。而"辛"在《说文解字》中有犯罪、受刑、处罚的含义，受刑之苦和辛辣之味均会给人带来相似的刺激性感受，渐而汉语中辣便有了形容人手段残忍的意思，如"心狠手辣""毒辣"等。但是，在受汉语影响较小的泰国和西方国家，其文化语言体系中"辣味"一词就没有这层含义。①

此类文化规约上的差异性，即便在同一个国家也随处可见，譬如，在东北本地菜名字前面大都会有一个"笨"字。不知情的南方人会觉得很诧异，实际上这个"笨"字指的是本地本土的（如图3-1）。在南方，本地本土的产物中就有"土鸡""土鸡蛋"等。这就是一类受地域文化规约影响而造成的符号现象。

---

① 参见郭愿志、闫志英：《文化对味觉隐喻的塑造》，2019-02-26，http://www.cssn.cn/zx/bwyc/201902/t20190226_4836740.shtml?from=groupmessage。

第一编　符号的基本类型

图 3-1　黑龙江早市、内蒙古街边可见的"笨"字食物名

总而言之，无论是像似符号、指示符号还是规约符号都表现出了一定的规约性，正如很多符号多多少少都有指示性一样，指向了某个意义，因此这三者

有时候也经常混合，一经约定，规约符号实际上也有可能带有像似性、指示性，或直接关联对象，或直接指向对象。只是它们都经常表现出以其中某种品质为主导。比如，像似更强调生动直观的呈现，指示更强调指向性和秩序，规约则强调约定与确切表意。当然，它们也可以互相结合，就像戏剧舞台上大量的程式化动作一样，既是像似符号，又是指示符号，同时也是被固定下来的规约符号。

小　结

任何符号的使用与传播都表现出某种程度的规约性，正如很多符号多多少少都有指示性一样，指向某个意义。规约符号实际上也有可能带有像似性、指示性，或直接关联对象，或直接指向对象，只是它们都经常表现出以其中某种品质为主导。

第二节　交流之"尬"

每到年底总会出现十大年度网络热词之类的总结帖，特别是在新媒体平台愈加丰富多样之后，很多字词的用法溢出了原先被文化规约固定下来的意义。"尬"字便是这么一例，它日渐从网络中泛化到大众的日常生活中，且形成了一系列词语，"尬舞""尬聊""尬酒""尬C位"等。"尬"族词体现了当下网络受众追求新奇独特的语用心理、从众心理，其传播广泛，强大的能产性在某一层面上也揭示了当代规约符号发展变化的过程。

那么，"尬"字是如何被"翻新"出来的？与其同时出现的一系列词是否也有其渊源呢？

除了"尴尬"一词，含"尬"字的网络词汇，最早是"尬舞"，有"斗舞""比舞"等含义。因受闽南语发音的影响（闽南语中"较"的发音与普通话中的"尬"读音相似），"尬舞"被用来表示"斗舞"之义，诸如此类的还有"尬车""尬美""尬酒"等。此时，"尬"具有"较量""比赛"之含义，但也仅在小范围内使用，并没有广泛流行起来。随着少女魔幻剧《舞法天女朵法拉》的热播，"尬舞"一词才迅速蹿红。剧中乏味的剧情和"雷人"的"舞戏"（一群人在毫无征兆、毫无缘由的前提下跳起了舞）让人倍感"尴尬"，暴走漫画官方主编评价其创造了一个新的舞蹈派系——"尬舞"。其中"尬"不再是"较量"之义,而是"不自然、尴尬"之义。之后,"尬"族词油然而生,并衍生出了尬聊(明明不会聊天,却强行进行,使气氛陷入冰点)、尬唱、尬喝等词。神奇的是,不自然的尬聊、尬舞、尬唱等行为并不会瞬间打断符号的交流行为,反而可能开启或延续当前的交流互动过程。这一点我们可以通过比对"尬"字在不同阶段的含义来看。

"尬"字由来已久,但多连用为"尴尬",偶见"不尴不尬"或"尬尬",单用的情况极为少见。《汉语大字典》中"尬"条释义转见"尴"条,"尴"字的释义则是对"尴尬"一词的整体解释。"尴尬",又为"尲尬",有处境困难或事情棘手、神色不正常、鬼鬼祟祟、不安全、危险等含义。该词本是联绵词,不能拆开来解释,文献中的用法多是如此。但"尴尬"一词与其他的联绵词又不同,其含义更多地受到字形的影响。正是因为尲尬(尴尬)的词义和字形相关,才有了后来拆分开来组成新词的可能。《太平御览》中(记载《神农经》和《本草经》的部分内容)就提到了"研尬"和"尬气",它们都具有气不顺畅的意思,再由气不顺衍生出事情不顺,但是它与网络热词的含义没有太大关联。

元朝俗文学的流行让"尴尬"的使用频率大大增加,譬如:

再休将风月檐儿担,就里尴尬。(马致远《夜行船·帘外西风飘》)①
伤怀,我哥哥忒毒害,闪得我不尴不尬。(徐㰍《杀狗记》)②
刀名剑利大尴尬,唬碎闲人胆!(王仲诚《越调·斗鹌鹑》)③

这时"尴尬"词义和网络语言"尬"字意义已有关联,均有处境困难、事情棘手以及气氛不融洽之含义,不仅如此,它还衍生出了"危险,不安全"的意思。

明清阶段,"尴尬"一词的使用频率更高,意义也在衍生。这一阶段还可以看到"尬尬""不尬不尬""尴尴尬尬"等不同形态的使用方式,甚至还出现

---

① 周振甫主编:《唐诗宋词元曲全集(全元散曲第1册)》,合肥:黄山书社,1999年版,第110页。
② (元)柯丹丘等:《五大南戏》,张桂喜校点,长沙:岳麓书社,1998年版,第363页。
③ 周振甫主编:《唐诗宋词元曲全集(全元散曲第1册)》,合肥:黄山书社,1999年版,第264页。

了"尬异"这样的词语。

> 平日间和这两位康姑太太也有些不尬不尴的首尾。(《九尾龟·第一百二十二回》)①

> 挹香尴尴尬尬的说道："如此就是西书房去。"(《青楼梦·第四十四回》)②

> 想来此书房乃一向旧居,并无尬异之事,有此祥瑞,定然周英之异。(《后宋慈云走国全传》)③

如今,"尬"族词的词义大致表现在三个方面:表示尴尬;表示争斗、竞赛;表示丑陋。

表示尴尬的例子有:

> 《非诚勿扰》上演"最尬相亲"——"小胖子"逆袭成型男,全程"尬聊"引女嘉宾喜爱,不经意间将一对闺蜜同时选为终选女生。④

> 最火"捂脸"!表情包界万金油——一个表情包终结尬聊,"微笑"表情背后可能有微词。⑤

表示争斗、竞赛的例子有:

> 95后"老戏骨"同场"尬"戏 史上最纯青春片先睹为快。⑥

> 外国友人长城脚下"尬酒"。⑦

表示丑陋、不好的例子有:

> 《演员的诞生》被称为"话题的诞生",实在不算冤枉。从章子怡扔鞋"发飙",到表演有争议的郑爽进入第二轮,再到黄圣依复出"尬演"等,都成功形成了话题关注。⑧

---

① (清)张春帆:《九尾龟》,北京:华龄出版社,1999年版,第691页。
② (清)烟水散人:《中国古典文学名著》,呼和浩特:远方出版社,2006年版,第236页。
③ 傅璇琮主编:《中国古代小说珍秘本文库3》,西安:三秦出版社,第536页。
④ 《〈非诚勿扰〉上演"最尬相亲"》,《河南商报》,2017-08-11,第a14版。
⑤ 《最火"捂脸"!表情包界万金油》,《汕头特区晚报》,2017-12-11,第7版。
⑥ 《95后"老戏骨"同场"尬"戏 史上最纯青春片先睹为快》,《拉萨晚报》,2017-05-09,第14版。
⑦ 《外国友人长城脚下"尬酒"》,《北京娱乐信报》,2017-08-21,第04版。
⑧ 《真人秀被撕开怎样一个口子》,《烟台晚报》,2017-12-16,第a15版。

"尬亡"也被称为"社会性死亡",形容某人在很多人面前出丑,尴尬得想找个地缝钻进去的状态。生活中,我们经常会遇到各种各样的"尬亡"瞬间,比如"在200人的微信大群里,集团董事长安排工作,我手残点了两下他的头像,显示'我拍了拍董事长'",又如"本想向好友吐槽同事的各种问题,却误将信息发送给被吐槽的同事,一激动点成删除,再也撤不回来"……网友们的"尬亡"瞬间可谓是五花八门、无奇不有。①

电视剧《我的莫格利男孩》中两名律师为了争取更多诉讼案件,就在墨子投资公司李总面前"尬演"了一场。

图3—2 电视剧《我的莫格利男孩》中使用"尬演"二字的场景截图

"尬"字流行并成为一种社会规约符号,是有其缘由的,主要表现在四个方面:

首先,新媒体平台可加速人们对"尬"字现象的认知与理解。自媒体的迅猛发展为各民族语言文化的交流、传播提供了一个快捷、开放的平台。一旦有独特表达效果的词汇被发掘,它就会立即在网络媒体中迅猛发展盛行。

其次,人们对新奇独特的事物总是有强烈的求知欲,这种求知欲加速了"尬"字现象的传播。而受周围人的影响,越来越多的人会在潜移默化中趋同。

再者,"尬"字本身能够简单、准确地反映当下受众的心理感受。它不仅反映出了"90后""00后"的心理诉求,还可以为生活节奏快、压力大的人

---

① 《尬亡》,《今晚报》,2020-12-20,第08版。

们减负，起到轻松、诙谐的效果。

最后，"尬"字作为模标，具有超强的能产性。"尬"字可以通过汉语语言的类推机制造词，而源源不断地出现的"尬"族词是"尬"字现象能够持续火爆的原因之一。

不论是尬聊、尬唱还是尬喝等，均属于符号传播、表意过程中的一种特殊现象，这一现象并不会因为尴尬的境况打断符号传播的过程，反而还会将这种交流的状况持续下去。因为尬聊、尬唱、尬喝更强调放飞自我，不在意他人的眼光与看法，尴尬却又继续快乐着的行为。而"尬"组词汇意义变化的过程，说明了社会规约在不同阶段对符号含义的不同影响。

小　结

时代、阐释社群等因素影响着社会规约，它可以使符号与对象在不同阶段衍生出新的理据关系。

第三节　都是套路惹的祸

套路可以是日常生活经验中产生的实用技巧，也可以是武术运动或戏曲表演的一种形式，即一种"演法"，旧时称"套子"或"套"。在武术运动中，它一般由4段或6段组成，应有起势与收势。现行的竞赛套路类型有国标武术套路、传统套路及对练套路等。现在"套路"一词泛指成套的、精心策划的技巧、程式、方法等。网络流行的"套路"还带上了"你这个人不简单，会算计人"的意思，因此，有人曾调侃道：自古深情留不住，唯有套路得人心。该词在2016年被列入网络十大流行词语，体现出十足的趣味性，幽默又"整蛊"。下面来看看时下流行的一些娱乐段子套路。

> 整蛊类：
> 问：为什么白头发拔一根长十根？
> 答：因为黑头发发现周围的亲人被人连根拔走，脸都吓白了。
> 甲：给你讲个故事，从前有个傻子，别人问他什么他都说"没有"，比如问他你吃饭了吗？他说"没有"；问他你叫什么？他说"没有"。唉，对了，你听过这个故事吗？

乙：没有。

撩拨类：
男：我刚想说什么来着。
女：你想清楚再说。
男：我大脑很混乱，我没有在想清楚，我都在想你。

男：问你个事？
女：怎么了？你说。
男：假设你现在一个人孤零零地待在一个没有门、没有窗的地方，你会感到害怕吗？
女：肯定会怕了。
男：别怕，那是你在我心里。

上述段子套路主要有以下特点：

（1）模糊重点，而听者一旦抓不住重点就很容易跳进坑里。譬如，一个人想知道对方是不是真的喜欢自己，故意抛出一个梗——"我今天吃药的时候看了一个新闻"，就看对方更关注"新闻"，还是更关注"我吃药"。这个梗所表达的重点是十分模糊的，第一反应问"什么新闻"的人，会被说"你居然不关心我为什么吃药，只关心是什么新闻，你不爱我了"，而问"吃什么药"的人，同样可以被说"你太不关注我是因为什么要吃药"而惹发问者生气。对于此类模糊的梗，回答任何一个选项可能都不正确，而绕开它直击发送者的说话意图是解决问题之关键。

（2）借用谐音和思维定式，让你在不经意之间掉入其中。前面列举的整蛊类套路多使用这种方法。这一特性在当下人们爱听的郭德纲、岳云鹏的相声合集和脱口秀段子中比比皆是，脱口秀选手王建国就曾因酷爱在段子中使用谐音梗而被李诞吐槽没有"技术含量"。

（3）通过相关字句或问话，将原本不相关的或意想不到的内容联系在一起，浓重而直接地表达某种情感情绪。土味情话大多就属于这一类，而"小红书"App上面也遍布用这种方法提升情侣亲密度的攻略帖。

换言之，这些套路的规律很好把握，人们可信手拈来。但有时候，过于套路化反倒让人觉得不真诚，也就出现了"套路"与"反套路"的现象。

本节想说的是，这里的套路体现出了现代人的一种交流逻辑，它是逐步被规约成型的一类符号文本。尽管很多人直呼现在套路被"玩"坏了，觉得人与人之间愈发不真诚了，但这并非套路惹的祸。因为原本的套路并不是现今在网络上流传或是日常生活中用来娱乐的语言游戏，而更多的是一种程式，一种艺术的套子。就拿戏曲程式来说，程式是戏曲演出中逐渐沉淀下来的独特的表演"格式"。唱、念、做、打，一招一式，皆有程式，通过它还可察看演员之功力。常见的戏曲程式有：

（1）自报家门。它是戏曲中主要人物出场时的自我介绍，由引子、定场诗、坐场白组成。其中，引子指剧中主角第一次上场时，半念半唱的韵文词句，它一般概括性地表达人物心情、处境、身份、经历、性格等；念完引子之后便要念四句定场诗，主要介绍剧中的特定情景和人物思想；坐场白则在引子与定场白之后出现，主要介绍人物的姓名、籍贯、身世以及事件过程、心理活动等。

（2）程式动作。跑龙套，指戏曲中穿特殊龙套衣的随从人员在舞台上呈现的程式排场及队形变化，它可虚拟千军万马，起烘托声势的作用；搭架子指幕后答话的声音效果，常在剧本上标以"内答""内应"或"内打更介"等舞台提示；打背躬则需要两人以上同时在场，其中一人在暗自思考或评价对方言行时，需用唱、念或表情、身段来表现其内心活动，此时演员通常平举一手，以衣袖从旁遮住脸部，面向观众进行表述，假装同台其他人物未曾听见；抄过场属于戏曲舞台调度程式，指在戏剧情节不中断的情况下，另用两组戏剧人物各自从上下场门分头出场，自舞台两侧经台口交叉疾走，再同时分头下场；亮相指剧中人在上下场或一段舞蹈动作结束之时的短暂停顿，它常伴有节奏强烈的打击乐；起霸乃由很多动作和技巧组合成连续的舞蹈，可充分展示武将的威风气概，烘托渲染战斗气氛；抬轿则属于戏曲表演的身段程式，起轿时，轿夫两臂弯曲平于双肩头，缓缓站起，走抬轿步，上坡时前者直立，后者屈腿走矮步，下坡时换作对应动作，表现路段坎坷时，抬者下蹲以示轿体大幅度地起伏晃动。诸如此类的程式还有档子、对子等武打表演程式。

中国画也讲究程式，它是画家在感受对象之时提炼加工出的绘画语汇，是服从意、理、法、趣指令而塑造出某形象群的单元画法。绘画程式重取形之比与取意之兴，见诸比的程式受到理（物理、生理）、法（笔法、墨法、章法）的调度，见诸兴的程式受到意趣（神韵）的指挥。比之于西方，中国画的程式在讲求规律之时，更强调一种形色、章法、意味的模糊性，讲究笔简意繁、得意忘形。

总之，戏剧、绘画、武术等体裁中的程式是必需的，它可以让这些艺术活动、艺术作品的形成过程有章可循，它也是传统文化的一种指示符号，没有这些程式的存在，很可能无法体现中国传统艺术的特征，无法区别不同类型的艺术特征。但同时，也强调了避免过度程式化，陷入被僵化的程式化过程当中。被玩坏的套路也是这样，表意是否真诚并不在于它本身，而是取决于是否被过度使用。

小　结

形成套路的表意是否真诚并不在于套路本身。被规约化的风格体裁亦是如此，过度程式化进而陷入僵化的程式化过程并不利于体裁风格的发展。

第四章 镜像符号

人们对镜像符号的追逐,既实现了期待自我的符号化,也体现了人们不断找寻自我价值的过程。因此,本章会谈到一种特殊且有趣的符号类型,即镜像符号。

第一节 谁是真实的自己

早在2001年,《中国青年报》曾报道过,在某市招聘会上,出现了一波携带写真集求职的女大学生。它标示出了一个风向:求职招聘对外貌的要求,还需要通过照片体现出来。电视剧《周末父母》(2017年由湖南卫视首播,王为执导,刘恺威、王鸥、张萌、朱泳腾领衔主演的都市家庭情感剧)中就有一个关于写真集的片段。视频中的王鸥扮演的赵佳妮正在求职,就因为没有写真集而被冷落一旁:

赵佳妮:您好,您好,我叫赵佳妮。

招聘方:下一位。(直接将其简历一丢)

赵佳妮:不是,您还没看呢。

招聘方:有意向我们会通知你的。

赵佳妮:可是您至少看一眼吧。

(旁边插入另一位身着白衣、体态偏胖的投简历者)

白衣女:我的,我的。

(赵佳妮被挤到一边)

白衣女:这是我新出的影集,你看一下。

(招聘方认真地看白衣女的资料和影集)

赵佳妮:来找工作还要带写真集啊。

白衣女：当然要带写真集啦，你看多好看啊，多漂亮啊（随后拿起写真集向赵佳妮展示）

　　赵佳妮：（一脸疑惑）这是你吗？

　　白衣女：当然是我啦。（然后将写真集给招聘方说）您再看一下。

　　赵佳妮：（小声嘀咕）都修成这样。（转而对招聘方说）先生，那麻烦你，如果你们有意向，尽快给我打电话。谢谢啊！

　　该视频片段说明，在一些人看来，写真集比见本人真面目还重要，哪怕与本人颜值差异甚大，依旧极具吸引力。该片段也体现出一定的反讽效果，即本人与镜像符号之差异所造成的反讽效果。

　　这类镜像符号的作用在近期发生的直播事件中有了更直接的体现。曾有一则网爆热帖《网红乔碧萝殿下直播翻车现场录像曝光榜一：没坐票了 我买站票走》很好地诠释了其作用。事件是由网红声优在直播间发生的"惨案"引发的。我们知道，网红声优平时直播是不露脸的（如用可爱的二次元图片遮住脸部），依靠有魅力的声音征服了一大批的追随者。这个网红声优声音甜美，之前放言，达到十万订阅量就露脸，但在跟其他主播连线时却出现了意外——遮脸图片没显示出来，真人上镜显示竟然是一个中老年女性，追随已久的粉丝全线崩溃，"榜一"（即大金额刷礼物的神秘粉丝）在看到真人后愤怒销号。那位不小心暴露真实长相的女主播就是"翻车"的"乔碧萝殿下"，平时她发布的自拍照是一位高颜值的美少女。直播"翻车"确属意外，很多男粉丝看到她是皮肤黝黑的中老年女性后瞬间崩溃。有意思的是，连线"乔碧萝殿下"的直播是持续了很长时间的，因为她并没有发现直播间出现了问题。尽管对面女主播故意问她是"萝莉"还是"大妈"，"乔碧萝殿下"也并未察觉异样，但在看直播的粉丝已然抓狂。事后，"乔碧萝殿下"为挽回局面，不断发布自己化妆美颜后的视频，证明自己颜值还在线。纵使如此，也失去了很多拥趸。各大直播平台上都有不少靠"照骗"吸粉的主播，只不过这些主播都没有"乔碧萝殿下""翻车"翻得这么严重。目前各大视频直播平台上的主播，基本上都会使用美颜工具进行美颜，区别只在于美颜的程度，因为有些主播本身外形条件并不算差，而有些主播则使用堪比"换头"程度的美颜，甚至直接遮住脸，留给粉丝极大的"想象空间"。

　　上述日常生活中的符号现象都集中指向了一个问题：谁才是真正的自己？

应聘者既然上门找工作,为何还要提供照片甚至写真集?为何越来越多的人沉醉于网上直播和自己的精修照片中,甚至忘记了寻常生活中的自己?要解答这些疑惑,需要先从镜像符号说起。

镜中之"我"、拍照抓取到的影像、视频直播中的影像均属于镜像符号。镜像符号,有时又被视为"同一符号"(identical sign),它包括闭路电视、现场转播等情况下发送的符号,二者可以跨越长远距离而同时出现,完全在场。当然,这里的"完全在场",并不是指对象的整体完全在场。受到片面化感知的影响(符号的片面化原则),携带意义的符号都有框架套出对象的一部分,即用部分代表整体。镜像符号是一类较为特殊的符号,它实现了发送者-符号文本-接收者三者合一、同时在场的情况。在这种情况下,谁才是真正的自己呢?前文提到的电视剧中微胖白衣女子与其镜像符号(写真集)同时在场,她自己认为写真集中的就是真实的、漂亮的自己,尽管女主角赵佳妮不这么认为。视频直播中的主播与自己的影像同时在场,同样认为视频中的影像就是自己(这种行为可以视为扮演自己与他人互动交往),尽管网友花钱与其本人面对面时,却大失所望。

在辨识真实的自己、讨论镜像符号这个问题上,不得不提到拉康著名的"镜像阶段"理论。拉康曾提出无自我(selfless)的幼儿,看到镜子中的影像,幼儿不会认为他正是镜中成像的原因,他在镜中发现自己时,会"错认"(misrecognition)。他以为所看到的镜像是另一个小孩。然后,他发现了在自我与镜中之人之间有奇特的配对行为:幼儿冲着镜子皱眉,玩伴也皱眉;幼儿吐出舌头,玩伴也做出同样的举动;幼儿伸手去触摸玩伴,玩伴似乎也在触摸着幼儿。玩伴生硬、不真实的触摸让其开始明白所看到的不是另一个幼儿。这个过程是一个试错的过程,也是一个不断解释、不断纠正解释、不断认识自我的过程,有了人生第一次自我否定的经验,"我"作为接收者得出对镜像的合理解释,从分裂到合一。艾柯也曾就这个问题展开讨论,他认为幼儿应当有一个"照相阶段"(photograph stage),从半岁起幼儿开始逐渐认识镜中之我,而彻底弄清照片中旁人的形象,则要到5岁左右,这是由符号距离造成的认知困难所导致的。有意思的是,如今拍照自带美颜效果,拍出在旁人看来并不像自己的照片,自己却反而笃定身份,非美颜效果的照片(正常拍照情况),反倒不觉得是自己。直播亦是如此,有些主播只认可视频中的自己是真真切切的。这也就造成了拿着美颜照片相亲、线下见网友等产生的诸多笑话。

而对象在场却还要出示镜像符号的这类现象则说明了对象的不充分在场性，否则并不需要用一种符号替代另一种符号出场。譬如，公司对雇员外貌有要求，当面考察应当更为可靠，不必通过照片，但实际情况是照最美照片、拍写真集等情况愈来愈多。而此时，同一符号也并不同一。同一符号究竟是不是符号，取决于接收者是否从中感知了解对象的更多相关信息，镜像是否携带了某些意义（放大化效果）。这就留下了一个值得思考的问题：镜像符号显然是从视觉的角度来考察符号与对象的同一性，从听觉角度来考察符号与对象同一性的符号似乎并不多，即无法想象那些除了播音等与声音相关的行业，在应聘时只提供录制的声音小样，只听声音不看颜值的情况。

小　结

颜值即正义的时代，"镜像符号"更倾向于符号对象想象中的同一符号，这使得对象本身不愿直接自证其在场性，而是通过想象中的同一符号替代其自身在场性。

第二节　应运而生的"镜像服务"

"敢把你的身份证给我看一下吗？"听到这句话，很多人会下意识地捂住自己的卡包，表现出一种极不情愿的样子。当下证件照这种东西已经被人们心照不宣地戏称为只有生死之交才能看的"黑历史"。但不知从哪天开始，朋友圈突然有人晒起证件照，将身份证上的照片光明正大地"秀"在了朋友圈。当然，其颜值是妥妥在线的。从不肯秀，到勇敢秀，再到大胆秀，其间经历了什么？比照一下对象与符号，也许你会发现，其实它揭示了人们对当代"镜像符号"的一种追逐。请注意，此处的"镜像符号"是打上了引号的，显然它同那类与对象外形非常接近、几乎可以完全误认为合一的绝似符号是有着鲜明对比的，即这类好看的"镜像符号"首先必须是一种典型的符号片面化产物，在强调某种像似性之后，又要在一定程度上尽量靠近证件照所要求的合一性。

商家正是把握了当代人在"镜像符号"认知上的真谛，抓住了商机，特别是在求职季准毕业生们开始带着简历繁忙奔走于各种招聘会、宣讲会的时候。

在求职简历上，出彩的教育经历以及丰富的社会经验，有时候会失之于右上角那张一寸见方的小头像。于是，在各种 App 上搜索哪家照相馆拍的证件照精致而不失自然，也成了准毕业生们的功课之一。"海马体"便是在此需求推动之下产生的精致证件照相馆，如今在很多商圈综合体里很容易发现它的身影。作为店名的指示符号，它首先就引发了人们的好奇。如此取名，是因为作为生理运转系统一员的海马体位于人类大脑丘脑和内侧颞叶之间，属于边缘系统的一部分，它具有长时记忆和储存转换等功能。人们日常生活中的短期记忆都储存在海马体中，经过海马体转存的信息会成为记忆。海马体照相馆取名的初衷，是想像海马体一样，用影像为顾客保留美好记忆。在海马体照相馆中的体验也与传统或印象中的照相馆不一样，店铺的装修风格干练精致，店内有摆满各种大牌化妆品的化妆台，款式齐全的服装间、专业的摄影装备以及敬业的摄影师和化妆师。这些往常只有在婚纱摄影等高端写真作品拍摄时才可以享受到的服务，也能在拍摄普通证件照的海马体照相馆里获得。它所提供的拍照服务或者说修片过程展现了对象是如何参与建构"镜像符号"的：一是该照相馆拍照前都会根据照片的用途以及客户需求而给出专业的参考意见；二是客户的照片都是在充分考虑到消费者的需求后进行两轮精致修图，以便让客户获得满意的证件照。这体现了现代照相馆和客户一起建构最美"镜像符号"的过程。如今，掀起拍摄"最美证件照"热浪的照相馆越来越多，周到的服务均围绕着人们的爱美之心而来，例如"真我样""颜鹿""猫柠""时光印记""棉毛裤"等，从名字上已然区别于传统的照相馆（属于前文说到的指示符号）。这些新型照相馆一般是根据顾客的相貌和气质选择不同的妆面和发型甚至服装。除了一整套完备的拍前服务，强大而不失自然的修图技术也是衡量一间新型证件照相馆是否足够专业的重要标准。

可以说，人们对美丽"镜像符号"之追求，造就了"精致"证件照的进阶之路。特别是在手机功能越来越强大，走到哪里就可以拍到哪里的时代。我们依靠功能强大的美颜相机就可以进行自我包装，在滤镜、一键美颜等功能的作用下，"咔嚓"一下漂亮的照片就出来了。但是，受到个体自我建构理想的影响，人们在呈现自我的镜像符号之时，大都会忘却绝似符号的存在，或者说是现实自我的存在。显然，人们将自我整饬的能力提升到了一个新的阶段，这才出现了朋友圈的自己和爹妈眼中的自己完全是两个人、线上相亲与线下见面的感受截然不同等情况。基于人们对美的追求，既满足于自我建构的颜值，又可以照出实际对象一部分的精致证件照照相馆也应运而生，它恰到好处地把控着从对象到自我想象之间的符号距离，将现实的"自我"与幻想的"自我"巧妙融合了起来。

小　结

被美化的"镜像符号"是一种典型的符号片面化产物，它通过加强符号与对象之间某种像似性或指示性关联，在一定程度上尽量靠近证件照所要求的"合一性"。

第三节　无处不在的追逐

不知何时开始，颜值被放置到了格外重要的位置。为了漂亮，护肤、化妆、穿搭都被视为当代女性必备的一个技能，以便于时时刻刻确认自己是接近完美状态的。颜值除了满足人们在审美上的需求，还被视作衡量一个人的自我管理和自控能力的标准。关于这被包括在身体之内的颜值范畴，吉登斯在《现代性与自我认同：晚期现代中的自我与社会》一书中曾就身体与自我之间的关系展开了说明。他认为身体并非一个简单的"实体"，而是被检验为一种应对外部情景和事件的实践模式（梅洛-庞蒂也强调这一点）。对身体保持规训是优秀的社会能动者固有的一种能力；其中，常规性的身体控制对于个体在日常互动情境中维持自己的保护壳至关重要，不仅要持续不断地控制，还要让别人见证自己的状态，这既是能动的一种内在本质，也被他人接受（信任）为个体的一种能力。[①]

身体管理失控的人往往会遭到歧视，尽管有些"失控"背后存在非主观意志所能决定的因素，譬如"肥胖"。小学、中学时，班里的"小胖墩"总会被男生起上各种恶意的绰号；长大后，"胖子"会继续接收到各种异样的目光，自己也常常感觉被嫌弃；买衣服时，最怕店员上下扫视一眼，就冒出一句"没

[①] 参见安东尼·吉登斯：《现代性与自我认同：晚期现代中的自我与社会》，夏璐译，北京：中国人民大学出版社，2016年版，第52—53页。

有你穿的尺码"或者"这衣服不适合你"……肥胖，好像意味着"不被容忍"。肥胖已经招致太多恶意的歧视。影视作品中刻画的肥胖形象通常与好看、受欢迎沾不上边，还往往伴随着动作迟缓、不聪明、不优雅甚至懦弱、懒惰等负面评价。在一些研究中，被试们也多有表述因肥胖而被威胁、嘲笑，被他人以低智、低人一等的状态对待。① 这种歧视会带来两种现象，一种是肥胖者在这种巨大的压力之下自暴自弃，继续被糟糕的情绪困扰。譬如，在2020年国内首档女性独白剧《听见她说》中，女孩在初二时因穿裙子被人说"象腿"，从而对自己的身材产生羞耻心，再也不露小腿，也不参加运动会。另一种则是肥胖者被刺激之后，愤然减肥。许多演艺人员就属于此类。特别是在当今消费时代，身体与社会地位是直接关联的。鲍德里亚在《消费社会》中就指出，身体的地位是一种文化事实。无论在何种文化之中，身体关系的组织模式都反映了事物关系的组织模式及社会关系的组织模式。人们管理自己的身体，把它当作一种遗产来照料、当作社会地位能指之一来操纵。因此，在这样一个生产/消费的时代，身体既作为资本又作为消费物的实践。② 此时，身体是物化了的身体。

  正是因为对身体的控制可以部分体现人的精神意志，彰显优越感和成就感，各种提高颜值的办法也随之而来。前面谈到当代容貌认知下的"镜像符号"，意在说明虚拟的社交平台上，美颜美图是一条提升颜值的捷径。然而，它的作用并不是彻底的、大面积的，一旦脱离了虚拟的社交平台，一切又被打回原形。特别是对于成功人士、演艺人员来说，作为万众瞩目的焦点，一旦被大众发现了不完美的身体，还会给他们带来容貌焦虑。这种焦虑使得他们对自己的外貌体态愈发苛刻——五官明明很精巧，却总觉得不满意；明明已经很瘦，但总自我嫌弃要减肥。为此，医学美容正在提供一劳永逸的美颜办法。我们会看到，周围就有人的容貌在悄悄发生改变，特别是那些本就暴露在公众视野下的演艺人员。人们就曾讨论过女演员A的体重以及脸型的变化，因为她从小成长到如今一直在荧幕镜头的审视之下。似乎但凡有知名演艺人员在容貌上发生了变化，就会被质疑是否整容，成为娱乐新闻、八卦头条，如比对女演

---

① 参见Iris：《对胖子的歧视和恶意，也会影响胖子的健康》，2019－08－14，https://mp.weixin.qq.com/s/2F7Cos5uLJbHrlebE－kYDA。

② 参见让·鲍德里亚：《消费社会》，刘成富、全志刚译，南京：南京大学出版社，2014年版，第121－124页。

员 B 过往照片力图说明她的整容历史、时不时通过视频截图照片炮制女演员 C 整容至嘴歪之类的帖子和八卦新闻比比皆是。女演员 D 在出演某部电视剧的时候，其后退的发际线也是观众瞩目的一个点，直到在某综艺节目中，"吃瓜群众"又开始议论她完美的发际线乃是拜高超的医学美容技术所赐。人们对演艺人员容貌的过度关注以及对医学美容效果的认可，也经常被写入脱口秀段子之中。在 2020 年"反跨年"脱口秀大会上，前面提到的女演员 D 就掀起她的秀发，用被热议的发际线作"梗"回应不参加某综艺的原因。除了演艺人员，很多爱美人士还喜欢以貌美的演员为榜样，企图通过医美的方式拥有与其相似的颜值和曼妙的身材，这样该群体便可以从自我的镜像符号 A，跳跃到理想的镜像符号 A′，甚至他者的镜像符号 B′。可以说，医学美容可以让 A 与 B′之间画上约等号。它们之间的关系就像绝似符号与对象的关系。尽管医学美容也可以让其与对象外形非常接近，甚至被完全误认为合一，但非绝对相同；它也很可能给接收者造成"实有其事"的误会，诱导出过于现实的解释。① 需要注意的是，经过医学美容的两个人是可以同时在场的，但是这两个在场的符号始终无法给出对象的全部，因为美容者是参照照片进行医学美容的，照片是演艺人员的镜像符号，无法给出对象的整体，即对象的整体依旧"不在场"，她们始终是代替对象的符号。

然而，不管是通过何种美容方法，盲目追求出众容貌的现象是值得我们深思的。它使外表从人生中很多事件中的一种，变成了唯一值得关注的事情，变成了生存的某种话语权；从应该让自己愉悦、舒服变成了一种压迫、束缚。它让变美成为女性的一门必修课程，使"学习好不如长得好，长得好就嫁得好"等错误观念充斥网络社会。相继而来的"巴掌脸""筷子腿""A4 腰""白瘦幼"等扭曲的审美标准和商家的鼓吹与洗脑，让女性不断陷入容貌焦虑和自我迷失。其实，不管是仰赖医美还是施行各种自控式美容方式，美丽的外貌终究会随着年龄的增长而退却，坦然接受自己外貌中的缺点，接纳自己，发现自己的独特之处，才是女性身体不被物化、重回自我的正道。

小　结

镜像时代加剧了人们对理想容貌和身体的渴望，追逐的过程即想要不断靠近理想自我的过程。

---

① 参见赵毅衡：《符号学：原理与推演》，南京：南京大学出版社，2011 年版，第 63 页。

第五章　空符号

导言提到了符号的定义，其中，感知是符号载体（sign vihecle），它本身并不是符号，即符号是载体的感知与这感知携带着的意义之间的关系，为了简便，常常把"符号载体"直接简称为符号。① 特意强调这一点，是为了说明符号载体并不完全是物质性的，因为我们可以感知到的不一定就是物质，它还可以是某物的缺失：空白、黑暗、寂静、无语、沉默等。这种缺失之所以能被感知到，是因为它本身携带了重要意义，如绘画中的留白、音乐中的休止、情书久等不来等。也就是说，被感知到的某种物质的不在场，皆可视为空符号。那么，是不是空符号都表现为被感知到的某物不在场呢？这就进入了本章第一个知识点——不在场皆空。

第一节　不在场皆空

当我们察觉到某物缺场，空符号便显现了。《等待戈多》中始终都没有现身的戈多、书籍中突然出现的空白页面、报纸的大版面空白都属于空符号。很多人都有过感知到缺场的体验。譬如，当形影不离的朋友忽然离你而去，失落感、空缺感油然而生，此时空符号便显现了出来。当你意识到自己似乎遗失了极具纪念意义的信物之时，空符号也显现了出来，紧随其后的可能是急切寻找，或是在记忆中怀念。徐秉龙的《心事》中就曾这么唱道：喜欢你是我最深的不安/其余的心事请你就别管/我知道缺憾是一种浪漫/好多人还羡慕不来。"缺憾"，显然指的是恋人的离开，它形成了一个空符号，紧随而来的含义在词

---

① 赵毅衡：《符号学：原理与推演》，南京：南京大学出版社，2011年版，第25页。

作者看来，是一种悲凉苦闷，是一种相见不如怀念，但是他正话反说，不愿意离别，却说缺憾是一种浪漫。空符号的出现也并非指向遗憾和缺场，它也可以带来某种美好静谧的感受。顾城在其诗《门前》中呈现了空符号带来的美好感受：草在结它的种子/风在摇它的叶子/我们站着，不说话/就十分美好。由此可知，空符号可以是由原有的某物、某人、某事之缺场而凸显出来的，即所感知到的物或事的不在场。

除了事与物，某人的注意力不在场，也可视为一种空符号。比如，老友相约吃饭，大家在饭桌上畅谈甚欢，唯独一位朋友沉默不语，大家便上前喊他名字，想要和他打招呼。但是他似乎陷入了沉思状态，并没有听到，于是有人走向他并拍了一下他的肩膀，这会儿他才意识到坐在他身边的朋友的存在。在聊天吃饭的场合，朋友的沉默不语形成了一种空缺，是一个空符号。朋友陷入沉思，事后被拍了一下，才反应过来，这里也凸显出了一个空符号。由此可见，空符号还可以由某人的注意力不在场形成，而某人的注意力是否在场，某人的状态是否在线，多半只有他自己事后知道，或者密切关注他的人才可以察觉。

自己不在状态、放空这类情况，当发送者、接收者是同一人，其符号文本是否为空符号文本，需要看自己是否意识到这一放空或沉思行为。旁人则可通过其前后状态的不一致，将其阐释为空符号文本。这个例子意在说明，空符号文本的形成可能，不完全基于事、物的缺失。

还有一类特殊的空符号现象，即接收者的不在场或发送者的不在场情况。没有发送者，但是被接收者感知到的，可以是一类潜在的空符号。譬如，晨起感知到寂静空灵的氛围。有了发送者，但是接收者本人或其意识没有在场，这一符号传播过程被阻断，形成了一个交流的断裂或空隙，这也是一种空符号。

从符号意义的形成过程来看：

发送者　—　符号文本　—　接收者
有/无意图　　有/无"内容"　　有/无感知到

这个过程可以衍生出多种空符号形成的可能：

发送者有意呈现空符号，符号文本表现为无内容，接收者感知到空符号；

发送者有意呈现空符号，符号文本表现为有内容，接收者感知到空符号。

　　发送者无意呈现空符号，符号文本表现为无内容，接收者感知到空符号；

　　发送者无意呈现空符号，符号文本表现为有内容，接收者感知到空符号。

　　可以说，发送者的有意与无意并不会在多大程度上影响空符号的凸显（它只能看出这个发送者意图是否顺利达成），最终空符号的显现取决于接收者是否可以感知、阐释。此处，人们对有内容的符号文本感知为"空"，在一定程度上会受到阐释社群的影响。一旦进入获义意向的观照，它很有可能改变原有的表意投射方向。中国书画艺术中的"计黑当白"、观众对戏曲检场人视而不见等便属此类。

　　接收者对空符号的认知和感受是不大一样的，譬如，韩国男子演唱组合Bigbang的歌曲 *Fantastic Baby* 在高潮前几秒是空白的、无声的，有人认为它属于"口水歌"的套路，但是也有人觉得在到达峰顶前有一个峰谷会让受众觉得更有吸引力，更有心灵被填满的感觉，它更符合受众心理，即对"空无"的感知是建立在一种经验对比的观照之下的。[①] 德里克·贾曼导演的《蓝》，画面内容从头至尾有且仅有满目的蓝，相较于大多数影片，也算得上一种留白、留空的方式，它可以使得观影者"静下心来，除了感受到这片蓝色带来的直观色彩冲击，更能仔细聆听导演想要表达的声音，专注于感知和体会"[②]。这也就是说，感知到的缺失，因人而异。

　　呈现某种形式上的缺失，并不是意义的缺失。比如，2015 年，《人民日报》曾一次在四个整版投放 vivo 的广告，且整则广告除了二维码，几乎全是空白。这一空符号反而凸显了 vivo 的品牌效应，加深人们的印象。中国新闻史上，报纸上"开天窗"的现象也是如此。具体来说，"开天窗"指在报纸版面上留下空白。新中国成立前，国统区搞白色恐怖，对报刊实行严格检查。这使得某些进步报刊的一些新闻言论在即将出版前会被新闻检查机关从拼好的版面上抽去，禁止发表。报刊编辑部有时不用其他稿件填补，以至于报刊出版时

[①] 该例由南昌大学播音专业学生李云帆提供。
[②] 该例由南昌大学广播电视编导专业学生魏雅涵提供。

版面上出现形如窗洞的空白,称为"开天窗"。当时,这常是进步新闻工作者暴露和抗议国民党政府压制新闻自由的一种方式。

小　结

空符号并不是由某一具象物体的缺失造成的,它与接收者的感知、所处的阐释社群有关。并且,对空无的感知是建立在一种经验对比,即"虚空"与"实有"的一种经验比照基础上的。

第二节　"可见"的空符号

空符号是不一定具有物质性的符号,因此,它也不一定会通过视觉渠道直接呈现出来。由于没有"内容"的符号文本也不易被察觉,需要通过特定的语境、某种氛围两相对照凸显出来,所以,本节主要谈谈这"可见"的空符号。

笔者在讨论像似符号的时候曾提到,为了打造品牌形象,企业会设计品牌标识,通过品牌标识在短时间内加深人们对产品的印象——它不仅能使消费者在大脑中联想到产品的形态,还能宣传企业形象、定位产品调性。而如今却出现了一股强劲的"去标识化"("No Brand""Generic Brand")风向,即从设计标识以凸显品牌,到去掉标识而推广品牌。

这股"去标识化"趋势的形成是有原因的。本书认为它与现代人的消费观念及需求倾向有关。首先,消费者从注重使用功能及其背后彰显个人身份地位的符号价值,开始转向对个性与个体情感的需求。为强调个性与差别,人们会愿意选择以"懂我的人自然明白"为主题的一些小众品牌。因为小众,商品标识自然不太会被大众熟知,产品一般也不会刻意强调其标识,反倒是将关注重心放在产品气质和设计亮点之上。

关于这一点,加拿大记者娜奥米·克莱恩(Naomi Klein)于 2002 年出版的畅销书《拒绝名牌》(*No Logo*)中,就对名牌膜拜和奢华铺张现象进行了讽刺。该书倡导理性、简约的生活新方式,由此诞生了一种称为"NONO 族"(NO Logo,NO Design 的缩写)的都市新节俭主义群体,他们注重个人感受,反感对大牌、主流的追捧,拒绝个性的泯灭。他们最显著的特点是拥有相当强的经济实力,却远离和唾弃名牌。因为"NONO 族"认为,靠名牌来显示自己的社会地位恰恰是一种没身份的表现。在其他方面，他们亦形成了一定的风格习惯，譬如：

家庭装饰：喜欢本身便带有独特色彩的空间，家中总会有令人惊奇的新鲜玩意。

服饰：集精致与简约于一身，服饰就只剩下最原始最实用的功能，强调穿得舒适。

颜色：偏好中性黑与灰，具有宁静而深远、沉稳且内敛之感。

饮食：素食环保，健康舒心，自制每天吃的面包，不加发酵剂。

休假：倾向去幽静的森林深处居住。

通讯：不用手机，电话在家里，有事请留言。

爱情观：强调简单、低调和浪漫。喜欢从一而终的古典式爱情。

出行：宁静、归真。步行、地铁是他们的最爱。[1]

同时，消费者在挑选之余更喜欢体验商品，而不是体验其标识。再者，新产品越来越多，其标识也越来越多，五花八门的标识区分度已然不高，也就是说，标识最基本的识别功能已被极大弱化。

由此，很多"去标识化"的品牌设计应运而生。无印良品（MUJI）是"去标识"设计典范，从一开始就将品牌定位为"不设计"。这种"不设计"可被解读为"不做无谓的设计"，倡导由内到外的去繁就简，还原产品原有的本质。自然极简的风格与高品质的承诺，成为其最具代表性的"标识"，也是区别于其他品牌的设计战略。先来看无印良品的标识，它由四个英文字母 MUJI 和"無印良品"四个日文单字两部分组成。其中"MUJI"是日文"Mujirushi Ryohin"的缩写，意为"没有商标但品质优良"；"無印良品"是一种"日制汉字"，其含义和写法与汉字大同小异。两种表述方式说的都是同一个意思，即"没有品牌"和"质量优越"，品牌含义一目了然。

在对"无品牌"概念的操作上，无印良品崇尚返璞归真，反对一切过度包装，甚至省略产品标识。去除商标、摒弃不必要的加工和色调、省略代言人，包装简化到只区别功能和素材本身。当然，如果依旧在意"品牌"概念的话，

---

[1] 参见"橙色的秘密"的博客：《NONO 一族》，http：//blog.sina.com.cn/s/blog_4e5540d401000c6c.html，2007—10—29。

识别度极高的红色"MUJI"也足以让人一目了然。在对"无品牌"概念的延展中，无印良品只是弱化了"品牌"在产品组成部分中，作为个体的概念，但是并没有削弱品牌的整体影响力。同时，"无品牌"的理念与禅意文化中的"空寂"思想不谋而合。"无即是有，有即是无"，这种禅意的思辨深深地根植于传统文化当中，是能够引起消费者共鸣的。所以，无印良品一经面世便深受消费者的追捧。一方面，它改变了消费者对类同品牌的审美疲劳，满足了其渴望标榜自我的消费需求；另一方面，它为消费者树立了独特的风尚元素，创造了新的消费热点。

韩国的"No Brand"也是如此，它是一个专门针对大型超市推出的"品牌"，在品牌二字上用了引号，包装仅以黄色为品牌标准色，没有其他多余符号；与传统思维中的品牌产品不同，设计只保留性能、功能、含量等基本内容，避免了其他影响成本的设计元素。加拿大 Loblaws 超市集团旗下的"No Frills"超市也喜好以黄色为底色，其风格就如同其名——不多加修饰，不提供非必要枝节，该超市一系列以"No Name"为品牌的商品也贯彻其设计简约风格和特性，以量大实惠吸引众多顾客。

概言之，"去标识化"并不是说全无颜色、全无视觉符号，在很多情况下，它只是一种弱化与减省。比如，无印良品的设计者原研哉在设计之初只是在尝试探究一个叫作"白"的实体，以找到人自身文化所假定的感觉的那些资源（文化的记忆）。这里的"白"是一种色彩，它可以是天上云朵的颜色、羊群的颜色、信纸的颜色，它总是矛盾地存在着（与黑色既对立又互相依存），是多样化的包容（可以衬托出其他一切色彩）。它与"空"不同却又紧密相连，它们都可以留给人们无限的、自由的想象空间，都可以作为一种传播媒介，让受众、产品和设计师有更多的互动可能，即为人与"物"的思维交互提供空间。

随着生产力水平的提高，人们越来越渴望简单化。此时减省留白的"去标识化"趋势也说明了现代人对于简单生活的向往。为此，有学者专门对"去标识化"的诸多方案进行了分类，即可以通过以下特征呈现出来：

> 物理特征——Apple、养乐多、"合肥记忆"酸奶瓶形、绝对伏特加均为典型案例。Apple 摒弃了早期特有的半透明塑料材质，换成了金属材质，简约的风格、干练的曲线弧度，也成就了 Apple 具有代表特征的非标识系统；

情感特征——运用情感特征的"去标识化"可分为情怀类,包括飞跃、红旗、永久等品牌,通过情怀,唤起回忆,传达"老品牌值得信赖"这一信息,德国啤酒、机械制品与日本传统饮食品牌等可为代表,其用长久以来积累的手工艺品质、匠人精神、契约精神作为其标志符号;

设计手段——包括两大类,一为强调功能性设计类(如农夫山泉维他命水功能饮料,其有着强调实用性、功能性的包装设计,将大量文字描述信息进行版式设计,辅以简单的图形与色调),二为多形态、动态标识类,此类标识弥补了传统标识适应性低的缺点,有着全方位的运用、灵活的展示(如首尔城市 CI 项目"I Seoul U",以文字为主体,但不拘泥为一个文字标志,根据不同的场合、环境产生各种变化,空间识别设计 SI,也是一种品牌体验一体化和 CI 系统的补充,代表如韩国化妆品牌 ETUDE HOUSE);

商业推广手段——包括两大类,一为品牌代言类,包括声音和形象的使用,新媒体时代的很多品牌代言人多为幕后的企业管理者(如 Facebook、Apple、小米、格力等品牌,易与此品牌产生联想),二为赞助冠名类,定位符合品牌特点的节目赞助冠名,如六个核桃与"好好学吧""最强大脑"等节目,将核桃"健脑"的功能与学习、大脑、智慧等关键词衔接,达到良好的传播效果;

声音识别——Intel 运用听觉器官构建 Sound Branding,比视觉传播更具穿透力,各大汽车品牌也都拥有自己的声音识别,如奥迪、奔驰等;各大电影公司、机构也对声音识别青睐有加,如中国电影"龙标"(公映许可证)的声音识别,观众闭上双眼也有强烈的画面感;优酷、滴滴、陌陌这些互联网品牌,采用中文读音与简单节拍结合的方式,也建立了声音识别。①

通过声音等方式凸显的空符号现象,是十分有意思的,特别是在影视作品之中。比如,习惯了视听享受的现代人,在看默片之时,很可能会不太习惯,总觉得少了点什么,这少了点的内容是一种空符号,有时候它会影响观者的观

---

① 参考自陈晓亮、赵欣:《品牌形象设计中"去标志化"趋势的案例研究》,《美术大观》,2018年第4期。

看体验，因此也可被视为一种"可见"的空符号。而其中最普遍的一类现象是，戏剧或影视剧中出现旁白，但是与之对应的人物却未出场，以及被形容或一直被强调的人物始终未出场。譬如，电影《花样年华》中，苏丽珍的丈夫陈先生和周慕云的妻子都是缺场的。在为数不多的镜头片段中，二者多以声音示人，即便是背影或身体的一部分，也是一闪而过的。苏丽珍、周慕云与陈先生的对话场景中，陈先生位于苏、周二人视线轴另一端的房间内，未直接出现人物影像。周太太也只是在打电话的过程中，以及与苏丽珍的对话片段中有声音而无影像。声音成为二人实际在场的最主要形式，正是对二人的虚化、模糊处理，两两出轨的四人世界变成了周、苏的二人世界。① 旁白声音往往是隐身叙述者显身的一类方式，在叙述文本中，叙述者的隐身与显身，也是我们寻找空符号的一个依据。这一点本书将在第四编有具体论述。

小 结

空符号不一定具有物质性，也未必会呈现出明显的符号"内容"，但它可以在特定的语境、某种氛围两相对照时凸显出来。

第三节 "空"的时空

在戏剧演出中，我们也可以找寻到这类空符号的存在。只是它的表现形态稍显不同。它可以是具体的某个符号的缺场，也可以是某些空符号文本的缺场。不管是具体的符号，还是部分符号文本，它们的缺场共同形成了叙述的空白。为了方便我们更清楚地审视舞台上的空符号，本节统一从叙述空白这个角度来分析。

1. 叙述空白及其成因

何为叙述空白？叙述空白可以是演出场面中的某个"空符号"（因演出场景中某物的缺失或某物的被"标出"形成），也可以是情节时间"空间化"结

---

① 参见胡易容、任洪增：《艺术文本中"空符号"与"符号空无"辨析——电影人物影像符号"不在之在"的表意机制》，《社会科学》，2019年第4期。

构中的"空白面"（因某事件反复上演或省去不演，情节冗余或打断造成的"空缺"）。其中，叙述空白的呈现与时空形态以及与二者的参照关系有一定关联，在演出时空呈现出鲜明对比的情况之下则更甚。譬如，舞台上空无一物，音乐响起而演员并未出场，此时，无人物行动的展示空间仿若"凝固"，而时间却在不断绵延，这种场面容易使人们感知叙述的"空白"；主场演员的运动/静止与作为背景的群众演员的静止/运动，即展示空间内动静对照，以及时间凝缩、骤然停滞也可以推动叙述空白的形成。当然，这里所论的时空包括纯粹的、绝对的物理时空，以及在叙述情节中被具体标明的时空等。因为空间的呈现是离不开行动的。所以，有时它还可经由演出的运动与静止、展示空间内的空与满、被叙述时空以及叙述行为时空与日常生活时空的比照体现出来。也就是说，演出的情节结构、演出场面的空间构成和呈现状态、展示空间内的运动状态都可作用于人们对时间的直观感受，从而影响叙述空白的呈现。因此，本节将围绕时空因素来考察叙述空白。

　　受写实传统影响，西方传统戏剧的时空十分具象、明确，且要符合日常行为，包括与日常行为展开所需的时间一致等情况，如模仿论要求尽可能逼真地反映现实世界等。具体而言，西方传统戏剧中，每一幕的空间场景是固定的，故事展开的时段（或叙述频率），与台下观众在现实生活中历经的时段几乎等值。后现代戏剧（如实验戏剧）则跳脱了西方戏剧传统，使日常行为时空与叙述行为时空不相对应。特别是对于时间而言，社会日常行为的展开与叙述行为（或情节）的展开所用的时间（时段）之间往往会出现时间差。然而，在中国传统戏剧中，这二者之间的时间差异早就存在。因为中国传统戏剧对意境、传神方面的要求，使戏剧舞台时空无限自由——在时空意义的传递上，似乎没有固定规则。

　　对此，导演阿甲在论戏曲表演时，就曾举例说明戏曲舞台时空的这种特点：

> 一个趟马百十里，驰骋沙场数十回合，在舞台上同场表演，都是常见的事。如果说，几十里的路程只要跑一个圆场就到了，那么几十里路的跑路时间（大概几个钟头）只要几秒钟就行了。[①]

[①] 阿甲：《戏曲表演论集》，上海：上海文艺出版社，1962年版，第126页。

西方传统戏剧舞台时空的有限性是具体到每一幕的，对于戏曲中的每一场戏而言，其舞台所表现的时间、空间仍是不确定的，即西方传统戏剧舞台时空受限，而中国传统戏剧的舞台时空较为自由。

当然，上述比较主要是就每一场次（某一演出场面）中的日常行为展开的时间与叙述行为展开的时间而言的。因为在西方传统戏剧中，换幕也可以起到转换时空的作用。这与中国传统戏剧演出中的多场次（包括一出、一折等）划分——场与场之间出现的时间断点或跳跃，换场时带来的空间转换具有同样的效果。所以，这里论日常行为时空与叙述行为时空之间的差异与联系是就某一演出场面、某一场次中的时间与空间而言的，二者之间的关系主要有如下三种。

一是相对于实际日常生活行为所展开的时空而言，叙述行为时空是凝缩的。这一类情况在演出中较为普遍，也最易被人们理解。由于演出场地、观看时间和演出效果等方面的限制，表演的时间以及空间不得不压缩、简化。特别是在故事发生地相隔甚远、空间开阔的情况下，为了让情节更为紧凑，以便集中观者注意力，更好地演述故事，导演事先会对时间与空间进行一定的处理，或根据演出等因素采取不同的修辞方式或叙述策略。"一个圆场万水千山，四个龙套千军万马"便属于时空场面被压缩这类情况。舞台上对旅途中各种景象的呈现也随时间的压缩而简化。

在戏曲中，运用程式化方式凝缩时空最为常见。除去运用程式化的动作，还可以通过舞台道具（桌椅）不断重复摆放、灯光乐音等视听媒介的反复应用等方式频繁凝缩叙述时空。赖声川的《让我牵着你的手》（2014）一剧便是一例。该剧讲述了剧作家安东·巴普洛维奇·契诃夫和欧嘉长达六年的恋情，八百封情书、四年两地的遥遥相思，剧中二人的见面与信件往来贯穿了契诃夫对爱情、对戏剧的理念。由于二人通信与见面的举动均是在同一舞台空间甚至同一布景中完成的，这使得人们往往会模糊二者是在通信还是处于见面的状态，即容易模糊时空场景的转换。但随着时间的流转，空间场景并非一成不变。演出组工作人员频繁的"犯框"行为（上台移动或重新摆放台上原有的桌椅）以及演员念信等行为将时空场景的瞬间转换不断标示出来，显示时间与空间跨度大之余，也将契诃夫一生最绚烂最辉煌的爱情呈现在了观众眼前。可见，日常生活中的昼夜更替等与所述故事或演出主题无太大关联的细节（时间流逝、空间变更），经常被省略不演，因为它们在"次可述"①的范围之中，即对过于微不足道、不可说、不值得演示的，或人们习以为常、不言自喻的事件或细节片段不进行叙述。这就在无形中缩减了叙述行为时间（时段），使得日常行为展开的时间（时段）与其发生差异。

二是相对于日常生活行为展开的时空而言，叙述行为展开的时空是延伸了的。较之于第一点，第二点的情况也十分普遍、寻常。为了明晰主题，表演会通过重复叙述、夸张等方式，让观众反复回味、过目不忘。此时，重复、夸张等修辞方式就使叙述行为时空扩展开来。对于一般日常生活而言，它是少有的；在叙述中，不必叙述的事件被反复展示出来，看似无关的片段、事件所展开的时间被延长也是不多见的。先从"夸张""夸大"的修辞方式来论。范钧宏论戏曲的结构时就曾提到"夸张"这一修辞方式，并以京剧《穆桂英挂帅》的表演为例进行说明。其中，穆桂英用十几分钟的大唱段道出其刹那间的内心情绪，就属于对日常生活行为时间的极大延长。元杂剧中，一人主唱（多为陈述他人行为、表达内心情感）的大段唱述占据了叙述行为时间，因此也是延长叙述行为展开时段的一种方式，音乐剧、歌剧亦是如此。

除了通过唱出人物内心或者通过音乐旋律对叙述的辅助作用延长叙述行为时间的展开，演员的动作、面具等演示媒介也会作用于叙述行为时空。这在哑剧和默剧中最为典型，譬如在西班牙默剧《安德鲁与多莉尼》一剧中，演出的面具以及动作幅度都是被饰以了夸张手法的——面具是巨大的，动作幅度夸张，由于舞台的表现性、巨大的面具带来的表演难度和对人物性格的描绘，舞台动作被放慢，叙述行为时间被延长。

三是相对于日常生活行为展开的时空而言，叙述行为时空在篇幅比例上等长、等大。演出与小说等记录类体裁不一样，受观众注意力持续时间等方面的限制，叙述行为时段不宜与日常生活行为展开的时段等值，但是在篇幅比例上可以等比。有时，就多幕剧中的一幕或某个场面来说，日常生活行为展开的时段可以与叙述行为展开的时段等值。就时段等长或等比的情况而言，破吉尼斯纪录的戏剧演出可以作为其中的一个典型。然而，受到观众观看等方面的限制，这类情况远没有前两类情况普遍。

---

① 赵毅衡：《广义叙述学》，成都：四川大学出版社，2013年版，第174页。

上述三点就日常生活中行为展开的时空与叙述时空的比较，实际上是通过不同场景（生活、舞台）中行为展开的时段进行比照的。由于叙述行为的时间性展开必然伴随空间的扩展，且叙述行为时段与被叙述时段是共时的，所以前文取用叙述行为时段进行比照。而日常生活中行为的展开，是卷入了人物的变化的，也可理解为日常生活叙述。那么，在满足虚构世界与实在世界之相互通达以及同一阐释社群内观者所具有的观看心理或先验/经验想象力等情况的前提下，社会生活中的日常行为（情节）展开所占用的时段与演出中的叙述行为所持续的时段是可以进行比照的。其中，二者之间不同的关系均可以说明叙述"空白"的存在。三种关系并非只单独存在于一出戏中，有时是混杂的。

2. 叙述空白在演出中的几种表现

"空"的时空会造成演出文本中的叙述空白，其中最直观典型的便是留给观众一个空的空间、空的舞台，即通过单一的视觉媒介形成的"空白"。在不同文化背景中，人们对视觉上的"空白"有不同的理解。它可以是无一物的空台，可以是有物似无物的虚空，甚至可以是被填满的空间，即中西文化观念会影响戏剧演出文本的形态。譬如，大英博物馆原馆长比尼恩注意到中国戏曲中的"留白"之处，认为东西方绘画观念之差异影响了戏剧形态的呈现：西方戏剧与其作画方式一样，观照客观对象；东方则观照人本身，以其为中心调配整个演出。应该注意的是，中西方演员在舞台上的支配作用并不是在同一个意义层面上而言的。西方戏剧中的支配作用是基于西方模仿论提出的，指演员需要模仿现实事物再现规定情景，以便于让观众对应性地、限制性地只"看见"某种视像，接受且相信舞台上所发生的事件。尤其是在演员中心论中，观众只需要接受，而没有自由发挥的余地，更不用谈人精神之自由贯通、化入虚空。在中国戏曲中，故事的时空情景虽需要由演员通过唱念做打等方式呈现出来，但演员的动作、唱出的时空意义并不具有对象性和实体性。因此，观众可以尽情地发挥其想象力，自由地感受、领悟戏剧的意境。倘若单纯从戏剧空间的角度来看，亦是如此。

顾明栋则从中西戏剧表演传统及其背后的哲学美学根源出发解释了此类现象的产生：

> 中西戏剧表演美学思想都深受各自哲学思想的影响，西方受到亚里士

多德对现实事物的模仿以及柏拉图式的对事物本质的模仿这两种理念的影响,强调模仿的逼真,其后又受到笛卡尔主客体分离的哲学观念的影响,强调模仿的若即若离,因而产生以希腊古典戏剧为开端的斯坦尼斯拉夫斯基体系和布莱希特体系。而中国戏剧传统起初与西方体系并无多大差别,也强调模仿现实,以形传神,但后来由于形象论的哲学思想探索的不断深入,转而不单单追求形似,而追求神似,直至最后形成以"离形得似"为理想的写意性艺术表现形式,从而产生了不同于西方的戏剧表演艺术。[①]

同样,这种思想也作用于接收者方面,正如欧洲观众观看戏曲表演时因那些在舞台上跑上跑下的舞台工作人员感到不快,而中国观众却对此视若无睹一样,即叙述"空白"的形成与转化和阐释社群密切相关。

概言之,从视觉角度审视叙述空白,它可以是留出空无一物的舞台,或者将舞台极简化。其中,演出场面的"动"与"静"之比对,如静场、定格场面、慢动作也是呈现叙述空白的一类方式。它们与空符号类似,均涉及是否"在场"的问题。而注意力不在场、意义不在场、物不在场都可能会造成叙述空白发生变化。

从视觉角度论舞台空间中"留白"的可能之后,还可以从听觉角度论演出时间中"留白"的可能。此处所指的时间"停滞"主要由节奏、叙述语流、音乐等按照时间线性延展的听觉文本的突然变化所造成的停顿、断点,以及通过场面定格、静场、慢动作等趋于静止无声的演出场面状态造成的时空停滞感。

较为细微的叙述"空白"时常通过语言媒介传递出来,如在语调、语音上发生转变,或是语流上突然停顿。品特的戏剧便属于这一类,其人物性格多变,但仅从剧本台词是看不出来的,唯一可以辨认的就是演出时,人物交谈过程中直接呈现出来的语调。当然,人物语调的变化经过了一个循序渐进的过程——它们通常在一个微弱的威胁性音符上打住。如在每个停顿之后,人物都会进行一种还原,以回到前面的叙述语流(话题、语调)上去。不仅如此,品特还加强了停顿的频率,这使得对话变得比人们期望的还短,以弱化冲突,带给人旧事未酬的感觉。而从全局的形式意义来说,剧中频繁的停顿形成了一种

---

① 顾明栋:《从模仿再现到离形得似——中西表演艺术差异之哲学与美学根源》,《文学评论》,2015年第3期。

有规律的节奏，如节拍—节拍—停顿、节拍—停顿等。它为后面的行动做了铺垫，也托出了全局的节奏模式。可以说，品特戏剧中由语调带来的停顿是形成叙述"空白"的一种方式，其所能达到的叙述效果亦是叙述"空白"的功能之一。

演出场面中的沉默也是形成叙述空白的一种典型方式。品特亦有其论述。品特把他对沉默的运用看作他们与声音的联系：

> 有两种沉默。一种是无言的沉默。另一种也许是说了一大堆话。这种话讲的是一种闭锁在其下的语言。那是连续不断与之关联在一起的。我们听见的话是对我们没听见的话的一种显示。这是一种必要的回避，一种激烈、狡猾、痛苦或冷嘲的烟幕，这种烟幕使另一种沉默原封不动。当真正的沉默降临时，我们仍然处于附和、但却近乎赤裸的地位。研究台词的一种方式，就是宣称它是遮掩赤裸的一种永远不变的策略。①

品特从两个不同的层面——无言与连续不停地说话，对沉默进行了辩证的理解，亦如"空"与"满"、"有"与"无"一样，它们都可以形成叙述空白，也可以向相反的方向转化。其作品《微痛》便体现了品特这一思想的独到运用。该剧的第一部分就"置入"了多处沉默，它们随着戏的继续，以两种相仿的方式重复着：形象奇怪、可怕的火柴贩子一言未发，是一个代表沉默的人物；爱德华和弗劳拉两人对火柴贩子所说的一大堆话，则代表了不停说话的另一方。火柴贩子的无言与爱德华和弗劳拉不停说话恰恰就是品特所描述的沉默，他们彼此谁也听不见谁的话。他们的无言和不停说话是短暂的，是在一个演出场面中的，因此可以形成两种不同风格的叙述空白的强烈对比。

值得一提的是，戏剧作品中沉默的人物有很多。如贝克特《等待戈多》一剧中的幸运儿（尽管他的沉默曾被打破，但对于该剧来说有重要意味）；莎士比亚《哈姆莱特》第一场中的霍拉旭（他在这一场里是中心人物，但最寡言少语）、第二场中的哈姆莱特及鬼魂（面对克劳狄斯等人，哈姆雷特不愿自由表达，经常处于长时间的沉默或寡言少语之中，而他的相对沉默却与三十行独白的精彩表达形成了对照；鬼魂的沉默主要起恐吓士兵的作用，这种沉默在好几

---

① 原文见 *Sunday Times*，1962-03-04。转引自凯瑟琳·乔治：《戏剧节奏》，张全全译，北京：中国戏剧出版社，2006年版，第37—38页。

场戏中都有，第二、三场中则较为集中）；契诃夫《三姐妹》中的玛莎、《美好的日子》中的威利及他们所有的伙伴等都是沉默或"安静"的人物。这类人物符合吉赛尔·布莱雷定义的一种沉默类型即期待的沉默。这类沉默持续时间不长，也并非贯穿全剧，且他们在其各自开场中的沉默往往给予了"音乐的许诺"（不是绝对的无声、沉默）。因为在布莱雷看来，沉默既位于音乐之前，又紧随音乐之后，同时还围绕着音乐。也就是说，沉默是与音乐相联系的，与音乐相交替的，而它们之间的交替可形成节奏，在戏剧中亦是如此。

布莱雷对沉默这一"留白"方式的理解，则与品特的阐释是不一样的。布莱雷是从音乐角度来审视沉默的功能。具体可从他对两种沉默类型的区分来看：一种是必须保持"空白"的沉默，另一种是必须填满的沉默。布莱雷将介于已经得到表达的诸曲调之间的沉默，称为"空白"的沉默，这主要是由于它的功能乃分离，"目的在于使即将消逝的曲调可以终止并靠自身来结束"①。这一类沉默与品特《微痛》中将爱德华与弗劳拉分离的停顿手法类似，起到隔断终止的作用（它是确确实实的无声，类似休止符，意味着某个曲调即将消逝）。

必须填满了的沉默，则是前面说到的期待的沉默。它不代表终止，而是需要通过人们的想象被填满，就像乐声之静水流深一样。因为沉默中包容了音乐，它便提供了音乐需要的空间或自由，甚至"释放"声音。因此，这一沉默是带有诸多可能性的沉默，是代表着自由、灵动的沉默。

其实，从听觉角度论叙述时间中的"空白"，与叙述"空白"在"空"的空间中呈现的方式类似，都具有可转化性、辩证性，即单一演出场面中的短暂无声和持续出声都容易带来时间的"停滞"之感，但停顿与持续、"无声"与"有声"之间又会相互转化。短暂无声带来的时间"停滞""停顿"感之后，"有声"会接续而来。而持续的无声却又可能蕴藏着"有声"，就像布莱雷提到的沉默包蕴着声音，为声音提供了展开的空间。而在两种转化的情况中，声音依旧持续着，时间也依旧延绵。所以会有白居易在《琵琶行》里形容声音短暂停顿时的词句：

---

① 转引自凯瑟琳·乔治：《戏剧节奏》，张全全译，北京：中国戏剧出版社，2006年版，第81页。

冰泉冷涩弦凝绝，凝绝不通声暂歇。别有幽愁暗恨生，此时无声胜有声。

这与英国诗人济慈（Keats）在《希腊古瓮颂》所说，"听得见的声调固然幽美，听不见的声调尤其幽美"，是同一道理。①

从视觉与听觉角度来看促成叙述空白的多种可能，二者本身就有重合，主要表现在场面定格、静场、慢动作等趋于静止无声的演出场面状态造成的时空停滞感方面。许多作品往往在热闹的场面中快到极重要的一点时，忽然万籁俱寂，出现一种沉默神秘的景象。譬如，莫里斯·梅特林克（Maurice Maeterlinck）的《青鸟》中夜深人静，主角安然入睡的场面（贯穿了"口开则灵魂之门闭，口闭则灵魂之门开"②）便有定格之效。

小　结

演出的空间形态之"空"与"满"、演出时间之"静止"与"流动"均可以呈现出叙述空白。演出场面里形成叙述空白的因素是会相互转化的，即演出空间造成的"空"与"满"、演出时间造成的"动"与"静"均可能促成"空白"现象，它们之间是具有辩证关系的。

---

① 参见朱光潜：《无言之美》，北京：北京大学出版社，2005年版，第6页。
② 参见朱光潜：《无言之美》，北京：北京大学出版社，2005年版，第6—7页。

第六章　演示符号

演示文本（performativity text）是一类用身体－实物媒介手段讲述故事的符号文本。用身体－实物媒介手段讲述故事是人与生俱来的本能，凡是人，就会用身体、语言、实物演示故事。① 本章所说的演示符号指的就是这类身体－实物媒介，它是演示体裁的一个重要特征。但是，这类身体以及日常物品转换成演示媒介的前提条件则需要经由框架隔断，或带上框架标记，即演示媒介呈现出十分明显的物－符号特性。

戏剧是演示体裁的一个大类，其传播发展历程较为悠久，且大多演示体裁与其形态都有着密切关联。因此本章主要从戏剧演出这一演示体裁出发，来谈谈演示符号的非特有性。

第一节　作为物－符号的戏剧演出媒介

戏剧演出媒介不是特意为演出而存在的，其"非特有性"是指演出的文本符号载体与人们日常生活经验中所用之物没有什么不同。柯赞在论戏剧的十三个符号系统时，道出了此种"非特有性"：戏剧充分地利用那些在现实生活和艺术活动中的以人们间的交流为目的的符号系统，并不断地从自然界、从社会生活、从各行各业和艺术的一切领域中提取符号加以运用。②

戏剧演出所用的媒介体现了它从物（事）到符号（物－符号）、从"寻常"到"特用"的转换，这一转变过程影响了符号文本的意义生成。其实，大多数

---

① 参见赵毅衡：《广义叙述学》，成都：四川大学出版社，2013年版，第37—40页。
② 参见T. 柯赞：《戏剧的十三个符号系统》，李春熹译，《戏剧艺术》，1986年第1期。

符号媒介都有其物质性源头，一旦该符号媒介被使用，它便带有了"物－符号"的功能（兼具使用性和表意性），可以向任何一端靠拢。演出媒介亦是如此，其"非特制性"正体现了它与现实生活中事、物的关联——舞台上的事、物与日常生活经验中的事、物没有差异，只是在日常生活中，人们很少会像舞台演出一样来使用演出媒介。这一点，诸多学者早已察觉。

于贝斯菲尔德在比较文学剧本与演出剧本中的物体功能时，揭示了演出媒介由"物"到"符号"的转换：

> 物体是具体的存在，既不是舞台外客体的某一方面的图像造型，也不是客体本身。它不是某一现实的图像，而是具体现实本身，如演员的身体及其产生出来的一切结果，它表演（它动、它跳、它表现），戏剧的绝大部分便存在于身体这个表现－演出体，不管戏剧文本是否明确地考虑到这一点。同样，物体也有戏可做，它被表现、被展示、被构成或被毁掉，它是炫耀物体、表演物体或生产物体。戏剧物体是游戏物体。它还是重新注入语义的对象，这种语义重注工作在我们看来是戏剧获得意义的关键过程之一。如此，用一物体来表演，比如一支武器，可以产生意义。①

这即是说，实存于日常生活中的物，可被重新注入语义存于舞台之上。

柯赞在分析戏剧符号系统时，也指出了演出媒介的"非特制性"，一旦它们呈现于舞台之上，就被赋予了更为丰富的意义。这也是柯赞从自然符号与人工符号两个方面，对演出媒介符号的意义做进一步阐述的原因。

叶舒宪、俞建章在分析艺术符号与日常生活中的事、物时，也提到了媒介的"非特制性"。尽管他所比较的是语言符号与艺术符号，但它同样适用于艺术符号与日常生活中的事、物。而二者的区别在于，它们所处的意义系统不一，所处的"位置"、组合的"顺序"以及展示的方式不同。

在媒介材料的问题上，海德格尔则从更广泛的意义上给予了我们较为透彻的看法，即一件艺术作品首先是一件物，正如一幅绘画作品可以像煤、木料等运来运去一样，与其他事物并无根本性区别（均有物的特征，且其物质性十分"稳固"）。因而，艺术作品与事、物之间的关系也可以反过来说：

---

① 于贝斯菲尔德：《戏剧符号学》，宫宝荣译，北京：中国戏剧出版社，2004年版，第159—160页。

建筑存在于石头之中，木雕存在于木头之中，绘画存在于色彩之中，语言艺术存在于话语之中，音乐存在于声音之中。虽然艺术作品是一种制作而成的东西，但它表达的东西不仅仅是物，它将某种有别于自身的东西公诸于世，它明显是种别的东西，尤其明显是种隐喻。在艺术品中，制作物与别的东西结合在一起，这种结合，希腊人称之为 sumballein，作品是一种符号。①

尽管海德格尔很少提到艺术作品的形成过程，但他承认艺术作品是一种"制作物"，而从物转为艺术品需要经过一个"去蔽"的（unconcealedness）过程。海德格尔所说的"去蔽"并不耗尽（耗费）媒介材料，只是将材料纳入形式中——"雕塑家以自己的方式使用石块，就像石匠使用石块一样，但雕塑家并不耗尽石块……画家使用颜料，也不耗尽颜料，而是像说话者或书写者那样随用随忘，而是使词句在诗中成为真正的词句"，此时，材料与形式早已融为一体（物的因素"进入"了作品），材料退隐了，"没有留下任何作品材料的痕迹"②。海德格尔弃绝过度地技艺化，强调媒介的自然属性同样也可说明演出媒介的"非特制性"。

此外，当代一些艺术理论在媒介材料上所持有的三种不同态度，在某种程度上也揭示了媒介的"非特制性"：马塞尔·杜尚对媒介所持有的"憎恶"态度（反对为艺术而对媒介材料进行特意加工）；约翰·凯奇对媒介材料所持有的"奉承"态度（希望噪音等自然声响也变成音乐）；克罗齐对媒介所持有的"中立"态度（强调心理形象的启示作用，物质载体对于传达心理形象只具有辅助性的作用）。

不论是反对制作加工媒介，直接将日常生活中的物纳入艺术文本中，还是强调将日常生活中的物进行转化，它们均在一定程度上肯定了艺术媒介"非特制性"的妙处。由此，在一些艺术作品中，杜尚常用"现成物品"代替对媒介材料的加工；凯奇在《4分33秒》中不让钢琴发声，而"奉承"剧场中的自然声音。不论是自然物还是日常生活中的物，它们均可以不被加工、雕琢而成为艺术的媒介，体现出媒介的"非特制性"。

---

① 朱狄：《当代西方艺术哲学》，武汉：武汉大学出版社，2007年版，第152页。
② Martin Heidegger, *Poetry Language Thought*, Harper Collins US, 2001, pp. 47—48.

上述揭示演出媒介符号物质属性的论断还可进一步勾勒出非特制演出媒介本身经历的一些转变——从物转变为符号，从使用意义转变为实用意义。这一演变转换的"动作"既是历时性的，又是共时性的。如，于贝斯菲尔德从物体不同的表现阶段（产生与消亡）总结出不同时代、流派的戏剧展出时，"物"的功能是不同的：古典戏剧中的物体多是"功能的"，很少是"修辞"的，也从来不是"生产性"的。只是到了近现代，物体才在生产中得到了表现。它不只具有生产性，甚至是一种"产品"——尤其是在当代，"物体总以'自然'的方式被表现，对取自自然的物体和文化使然的物体（即人类生产的结果）并不作区分，直到近几十年来（布莱希特）才看到物体与原始用途脱离，转向生产功能"。①

近代剧本风格和导演对物体的运用也可体现这种转变，如从产生人际关系和产生意义两方面来看，日常生活中的物一经转变，"台上的人不再被动地接受物体，不再将它看作环境、布景，或者提供给他的工具，他制造它、运用它，并改变它、摧毁它……比如对垃圾的运用，作为无产者从中捞取可资利用的这一现实的图像，又如改变物体的用途（'梯子'变成'桥梁'），或将日常生活中的物体运用于戏剧"②。此时，"物体"呈现出流动性意味——变为其他媒介，传递作为现实生活中的物所不具有的意义，或表现人与事物之间的特殊关系，这就比原有的实用物更具有多义性和创造性。

按照柯赞的理论，对物体运用的情况大致分为两种，一种是作为人工符号使用——按照人物角色设定要求或由导演意图而生成的符号；另一种作为自然符号使用——由演员即兴表演、遇突发状况呈现出来的符号（"自然符号"），他以扮演老人的青年所制造出来的颤抖声音，与高龄演员自身所具有的颤音做对比，揭示二者之间的关联。由于它们均与戏剧符号的意指作用有关，柯赞在分析符号系统时，对动作、发型、小道具等意指层次问题展开了说明。其中，动作符号系统可以代替、指涉其他事物，成为第二层次的符号；揭示与人物有关的文化背景及所处情景状态的发型，具有多种意指价值；小道具在发挥生活中的实用性时（第一层次意指作用），也有第二层次意指作用。舞台装置亦是

---

① 于贝斯菲尔德：《戏剧符号学》，宫宝荣译，北京：中国戏剧出版社，2004年版，第160页。
② 于贝斯菲尔德：《戏剧符号学》，宫宝荣译，北京：中国戏剧出版社，2004年版，第160—161页。

如此，但它们往往不是单独起第二层次意指作用的，需要在多个符号媒介的组合作用下构成"物-符号"。

不论是从符号客体或意指角度出发，还是从自然符号与人工符号角度出发，对戏剧演出的媒介符号系统或性质展开分析，都是先把目光投向戏剧演出媒介符号的构成——符号的物质性源头，它主要包括自然事物、人工制造的器物和"纯符号"这三类。受戏剧演出叙述体裁特征的影响，原本不是为了"携带意义"的自然事物可通过演出中某些不可预测的、即兴的情况进入演出文本（呈现出来）；原本不是用来携带意义的那些日常生活中的使用物可以在被展示的情况下变成演出的一部分（被赋予意义）；而为了向观众展示并与观众交流互动，演出文本中也充满了纯粹表意符号，如语言、表情、姿势等这类不需要接收者加以"符号化"的媒介，它们可以是实用的或非实用的，但均与人的身体性密切相关。下面我们可以了解几类被"特用"的物。

1. 身体及其延伸的媒介

从身体自身的功能来看，演示框架中的言语、歌声、吼声等功能与日常生活中的功能不同。舞台上重复的慢动作或者类似"上吊""杀戮"等举动时常通过叙述框架呈现出来。在目连戏《男吊、女吊、调无常》中，演员使用吊绳的表演让人胆战心惊，同时人们也为其精湛表演叫好。舞台上这些频繁发生、显而易见的行为，一定程度上也能将叙述框架凸显出来。即使有时演员会走下舞台来到观众当中，与观众接触，他们的犯框之举也会将原有的叙述框架标显出来。又如，在《狄俄尼索斯在69年》中有一个场面：穿着十分暴露的女演员走到观众当中，将其行为延伸到了舞台之外，其展示维度随着演员行动范围的扩大而扩大。而其抚摸的动作与日常生活中抚摸的含义自然也有所不同，正如台上"咬"的动作区别于日常生活中的"咬"一样。

以身体为中心展开的媒介亦是如此，灯光、场面、道具、衣着等演示性媒介与日常经验所用之物无异，但它们在演示性叙述中的作用却与日常生活中的不同。演出中，导演会利用光影对身体的投射制造特殊效果，或让观众与一些危险性动物一起互动"合作"；日常生活中，我们可能就不会时常这样使用，不会在平日的生活中使用面具、化舞台妆容或装扮成特殊人物（女扮男装等）。

2. 空间及其延展

承载身体性媒介的空间同样属于演出的媒介符号系统。空间是人的空间，但这个空间范围是抽象意义上的，即承载身体性媒介的空间并非指实体的空间，而是活动的、会发生变化的空间，是以演员行为显现出来的空间。其中最常见的媒介"特用"方式便是巧妙利用或布置空间场景，通过作用于观演距离（关系），使得原有空间（尤其是实体空间）发生质的变化。譬如，重新安排或改造演出空间，使观众和演员可以随意活动，表演者和观众角色转换的可能性将达到最大。以法朗克·卡斯托尔夫（Frank Castorf）导演的《记录列车机车号》为例。这是根据伊尔文·威尔士的同名长篇小说及由丹尼·鲍勒1996年根据小说拍成的电影改编的。演出是在舞台上进行的，但有所不同的是，后台为观众搭建了一个脚手架。观众若要坐到自己的位置上去，必须横越舞台（而此时舞台上已装上了建筑用的灯）。先到"观众席"的人可以观察到后来的观众如何跌跌跄跄穿过舞台，甚至把一些台上装牢的建筑用灯扯断的举动。也就是说，早在进入剧场时，观众就各自在扮演角色了——后来进场的观众，在早已安顿就座的观众面前，担当了表演者的角色（不论他们是否愿意担当这一角色）。为了能成为观众，他们必须先成为表演者，但在舞台的后台上，他们曾经也被人当作观众。该例中的演出场地未曾变形，"舞台"依旧是演员"经典的"行为场地，但是观看区域与展示区域发生了变化。在《狄奥尼索斯在69年》中，观众可以决定自己与演出中心区的距离——随意调节他们与表演者及其他观众的距离，选择观察事件的视角。演员也不只局限在过去的汽车工厂的中间部位（围着黑色橡胶垫子），而是必须在整个演出场地走动。因此，整个演出空间的走动易使观众占据演出中心区的位置，并"加入故事中去"。

当然，展示空间的缩小也能使观众转换为表演者，如理查·谢克纳的《公社》一剧，一位演员偶然地选出15名观众，让他们走进演出场地中间的一个圈子作为湄莱的村民。倘若观众走进圆圈，演出继续，倘若不听指挥，演出中止。该剧把演出空间缩小到舞台上的一个圈，观众一旦踏进圆圈，转瞬成为表演者。不管是让观众和演员随意活动，或试图让观者卷入戏中，上述三例所占用的实体建筑空间并未发生变化，但在展示空间的布局安排上有意模糊生活区与舞台区的界限，改变了原有舞台空间的使用性甚至实用意义。

小 结

日常生活中事、物的诸种巧用，使转换为演出的媒介符号的方法均有异曲同工之效。演出媒介的这种"非特制性"，使媒介符号具有多层意义价值——使用性意义（作为物）、实用意义（物－符号）、艺术意义（作为符号），并在无形中丰富了演出文本的意义。

第二节　"带表情的"演示媒介符号

"带表情的"媒介指一种容易卷入人们情感的媒介，这一理解是受麦克卢汉媒介观念的影响的。具体来说，麦克卢汉对冷热媒介的划分主要以感官作用（可感知渠道的种类）、数据饱和程度（信息饱满或匮乏，清晰与模糊）、卷入或参与的程度、媒介特性（排斥与包容）以及社会作用（"部落化"与"非部落化"）这五方面为依凭。他强调的媒介的感官作用、参与度和媒介特性对本书论述"带表情的"演示符号有着启发意义。比如，媒介的感官是延伸一种感觉还是多种感觉；参与程度的高低；媒介的排斥性与包容性对意义的生成有直接作用，而若多种感官的延伸、参与程度高，媒介的包容性则容易卷入人们的情感，促使媒介"带上某种表情"。

由于视觉与听觉是人类感官渠道中占据重要位置的两类，且诸多学者在论演出的媒介系统时，已经涉及从视觉与听觉角度考虑媒介性质。因此，下面主要从视觉媒介与听觉媒介来论由媒介引发的情感卷入情况与文本意义生成问题。

1. 视觉媒介

演出中，视觉媒介的作用是最直观和突出的，这一媒介包括演员在身体上的一些表现（肢体动作、表情等），演员的外形（妆容、发饰、服装等），舞台的环境（道具、装置、灯光照明等）。它们通过自身的形状、线条、颜色等因素影响情感，并作用于人们对媒介文本意义的解释。

在服装方面，它对卷入情感的作用与仪式有关。最早的戏剧性服装实质是礼仪式的衣服。具体来说，早期演员们所穿的类似长袍一样的服装，起源于酒神赞美诗歌;牧师吟唱时穿的山羊皮源自许多原始的以神为中心的仪式;而喜剧演员的服装,和希腊神话中半人半神的森林之神的服装需要显露阳具有关,也说明了仪式对戏剧服装的影响作用。公元前4世纪,希腊演员为了增强仪式化的效果,穿了增加身高的厚底鞋;中世纪欧洲表演圣经故事的牧师,穿上了神圣的白长袍,亦是同理;经典的日本能剧,其演员服装直至今日都在传承宗教精神。此时,服装那古老和原始的作用,恰好使演员和观众分开,让演员一穿上,就有了不同一般的身份。① 可见,服装所具有的仪式性作用能引发人们的某些特殊情感,如信仰、迷狂等,一旦浸入情感,则很可能会影响演出文本的意义生成过程。

当然,现代的服装也有此功能。周宁在论述现代服装设计之独立作用时,在某种程度上就可以说明服装通过卷入观众情感作用于文本意义的生成这一现象。

> 首先,和它古老的起源一样,它至少保留了一点古老的牧师和巫师召唤仪式的魔力。服装哪怕是今天的服装,总是要给人看出一种最基本的剧场感。第二,总的来说,一场戏的服装要告诉我们台上是个什么样的世界,不仅要表明剧情的历史时期和地点,还要含蓄地体现出有关的社会和文化价值。"服装"(costume)一词的词源含有风俗和习惯的意思,同样,服装显示出居住在不同世界的人穿衣服的习惯。第三,个别的服装能传达人物细微的个性,让人一眼就能看出角色的职业、财富、年龄、阶段身份、爱好、自我形象。更微妙地,服装还能暗示角色的罪恶、美德,以及隐藏着的希望或恐惧。②

无疑,这里的服装是被"特制"的,它所具有的"召唤仪式的魔力""最基本的剧场感"以及暗示习俗价值观、隐藏情绪等特点,会通过观众的情感感知作用于文本意义生成的过程。

在灯光照明方面,媒介也有类似功能。导演 R. 威尔逊曾用光线计算机

---

① 参见罗伯特·科恩:《戏剧》,费春放主译,上海:上海书店出版社,2006年版,第147页。
② 周宁主编:《西方戏剧理论史(下)》,厦门:厦门大学出版社,2008年版,第149页。

(Lichtcomputer)① 改变演出现场的气氛,以达到预期的效果。他所用的这类灯光(亮度、变化的速度频率)是不及人感觉到光线变化的程度的。人的有机体对光线的反应特别敏感,而这种光线会通过皮肤突入观看者的身体,通过观众的身体影响他们的心理状态。随着光线的变换,频率的改变,观众的心理状态经常断断续续地变化。对于这种变化,观众自己可能暂时无法察觉,也不会有意识地注意到它,更不会去控制它。威尔逊利用光线的这种特性,是因为观众在看威尔逊的演出时喜欢进入这样的气氛,这种气氛在演员有意的和明显的缓慢动作的基础上,具有很大的心灵影响力,观众进入这一气氛的倾向也会得以增强。②

2. 听觉媒介

演出中视觉媒介的作用同样不可小觑,它是无形的,是观众闭上眼睛不看演出也无法回避的一类媒介。这一媒介包括由演员说出来的文本(语言、语调等)以及来自其他声源的声音效果(音乐、音响效果等)。其中,音乐就被亚里士多德视为戏剧的第五项要素——在亚里士多德的时代,戏剧是要吟诵的,虽然吟诵这种表现形式现在几乎消踪灭迹了,但是遗留下来的音乐成分,仍然可以在现今大部分戏剧中直接找到,其余的少数戏剧中则间接地保留了这一因素。③

当乐声直接出现在戏剧中时,它的表现形式是千变万化的。戏剧演出中最常见的表现方式是插入歌曲,过去常见于莎士比亚戏剧中,现代在乐于采用表现派技巧的作家(布莱希特)的作品中也比较普遍。许多自然主义作家喜欢巧妙地把一些人们耳熟能详的歌曲写进他们的剧本,有时甚至不惜让他们的角色在舞台上弹奏其中片段。契诃夫和田纳西·威廉斯也曾在他们的剧中大量使用背景音乐,加强效果。比如在契诃夫的《三姐妹》中,观众可以听到场外军乐队演奏的进行曲,威廉斯在《欲望街车号》中设计了从隔壁舞厅里传来的舞

---

① 注:这些光线计算机能够在 120 分钟之内制造出 300 种以上不同的光线,从而不断地改变光线和色彩。

② 参见艾利卡·费舍尔-李希特:《行为表演美学——关于演出的理论》,余匡复译,上海:华东师范大学出版社,2012 年版,第 173 页。

③ 参见罗伯特·科恩:《戏剧》,费春放主译,上海:上海书店出版社,2006 年版,第 40 页。

曲，在《蜥蜴之夜》（Nigh of the Iguara）中安排了从小酒吧传过来的音乐。

另外，导演也频繁地临时加进一些音乐——有时是为了在中场或者开演之前制造一种气氛，有时则是为了烘托剧情本身。在剧场演出过程中，音乐能发挥的渲染力是众所周知的；它在调动观众深层情绪方面发挥的效用，也是编剧和导演们不敢掉以轻心的原因之一。①

这里，音乐并不只限于既成的歌曲、曲调，还包括某些声音的"混响"：

> 间接地讲，音乐存在于所有戏剧作品中，存在于所有声响的节拍中。这些声响即使不成调，也能交杂混响而构成一个特殊的"乐谱"——不是音乐的协奏，而是声音的交响。演员发音的声调、脚步声、唉声叹气声、大呼小叫声，以及火车鸣笛、铃声大作、隐隐约约的击鼓声、枪声、鸟兽叫声，甚至隔壁房间里的交谈声和夸张的特效音响（如心跳声、喘息声，或者冥冥之中的天外人语等），常常都是作者、导演和音响师在情节、人物、对话、主题之外偏爱运用的手段，谱写成舞台交响曲，烘托剧情。②

从更广义的角度来看，戏剧的可说性、可演性、流畅性也可视为听觉媒介达到的一种特殊效果。譬如，剧作家在创作时，需尽可能地要求听觉效果协调，因为声音的节奏韵律能帮助表现轻重缓急。在组构人物对白时，时常使用摇篮曲般轻柔的声音、快速急切的妙语、低沉的悲叹、闪光的警句、致命的诅咒、重要的停顿、撩人心弦的窃窃私语等手段营造出一个独特的时空感受。③

在诸多声音的环绕下，观众的身体会变成所听到的声音的共鸣体，与所听到的声音一起振荡。并且，一定的声音还能消除身体上存在的疼痛，这一点仪式声音的作用最为明显。因此，

> 对于声音，观众或听众只能自我防卫，比如把自己耳朵捂住。观众对于各种声响（就像对各种气味一样）一般来说是没有抵抗能力的，同时，身体的界限也不存在了。当声响/噪声/音乐使观众（或听众）的身体变成它们的共鸣体，在观众（或听众）的胸膛里共振，给其添加身体的疼痛，使观众（或听众）起了鸡皮疙瘩，或导致内脏的混乱，这时，观众（或听

---

① 参见罗伯特·科恩：《戏剧》，费春放主译，上海：上海书店出版社，2006年版，第40页。
② 罗伯特·科恩：《戏剧》，费春放主译，上海：上海书店出版社，2006年版，第40~41页。
③ 罗伯特·科恩：《戏剧》，费春放主译，上海：上海书店出版社，2006年版，第95页。

众）不再把他听到的当作传入到他耳朵中的东西，而是把这一切声响当作一种内部身体的过程来感觉了，而这经常会释放出"海洋般的"感觉。①

声音通过"入侵"观众的身体，以共振的方式形成一个听觉场域，在这个过程中，观众的情感被媒介卷入其中，演出文本意义的生成也在无形中受这一听觉场域的影响。

在视觉、听觉媒介构成的视听场域（或空间）中，观众的接收方式与意义建构的方式是不同的。此处借用德国物理学家海森伯的"统一场"概念，来说明这种意义建构方式之不同。海森伯的"统一场"与整个场域中各个要素之间的关联和作用有关，即各要素之间的联系可以随时发生改变，是"共时的""即时的"，并非事先安排好、按线性排列的；要素之间的关联，会使得它们所发挥的作用通通诉诸"感性"（"有机性的""神经性的"作用）。② 以此来看视觉媒介，我们会发现人们对视觉媒介的接受过程是呈线性发展的，是有先后顺序的，其空间场域是由线性关系组织成的连续体，"属于统一和相互关联的那一类"③。听觉媒介形成的空间场域则与其不同，因为声音的传播是流动的，不存在聚焦点，它可从任何一处向人们涌来。所以，听觉的场域，是海森伯说的那一类"统一场"，它可任各种感觉在其中相互碰撞、激荡，它是非线性的、断续的、流动的，可以形成。④ 此时，在不同媒介场域的作用下，尤其是媒介渠道对观众的感知作用，将作用于演出文本的意义生成过程。

小 结

演示性媒介之所以"带表情"是因为它本身是一种容易卷入人们情感的媒介，新媒体时代短视频平台之所以让人沉浸其中，很大程度上也与其"带表情"的特性有关。

---

① 艾利卡·费舍尔-李希特：《行为表演美学——关于演出的理论》，余匡复译，上海：华东师范大学出版社，2012年版，第173页。

② 参见金惠敏：《"媒介即信息"与庄子的技术观——为纪念麦克卢汉百年诞辰而作》，《江西社会科学》，2012年第6期。

③ Marshall McLuhan & Quentin Fiore. *The Medium is the Massage: An Inventory of Effects*. Berkley, CA: Gingko, 1996, p. 111.

④ Marshall McLuhan & Eric McLuhan. *Laws of Media: The New Science*. Toronto: University of Toronto Press, 1988, p. 33.

第三节 "行走"的表情符号

如今，表情符号已经成为一种文化现象，我们在新媒体平台上沟通交流的时候，不可避免地会用表情符号传递某种信息和情绪。199 IT互联网数据中心（Adobe）曾经有过一份2019年度表情符号趋势报告，其中就提到这样一些数据：

93%使用表情符号来缓解谈话的情绪，91%对使用者表示支持。

81%表情符号用户认为使用表情符号的人更友好，更平易近人。

94%表情符号用户强调了跨越语言障碍进行交流的能力，90%会立即分享想法。

65%的表情符号用户认为通过表情符号表达自己的情绪比打电话更舒服。

78%的表情符号用户同意表情符号应该继续努力实现包容性，73%的用户希望他们有更多的表情符号自定义选项，以更好地反映他们的个人外表和身份。

61%在工作时交换表情符号。当表情符号在工作中使用时，大多数表情符号用户认为它们对可爱程度（78%）和可信度（63%）有积极影响，并使正面消息更真诚（74%）。

58%的表情符号用户更有可能打开主题行中有表情符号的品牌电子邮件。

44%的表情符号用户更有可能购买使用表情符号做广告的产品。大多数的表情符号用户（64%）愿意用表情符号进行购买，最有可能购买的是餐饮（19%）、电影票（15%）和服装（13%）。①

这一趋势报告指向了表情符号给日常沟通交流乃至在商机上带来的愉悦、畅通与便利。

表情符号的最佳时代就在我们面前，超过3/5的表情符号用户认为表情符

---

① 参考自Adobe：《2019年表情趋势报告》，https://mp.weixin.qq.com/s/2T5fV6-aWZR8tjLJbNlSXA，2019-08-16，表述方式有改动。

号在未来五年会有更好的发展和进步。具体而言，我们可以从表现形式、内容、构图等方面来考察。譬如：

字符类——由阿拉伯数字、英文字母、标点等符号组合形成，主要用来组构人的面部表情、动物、植物等。

原创卡通类——兔斯基卡通形象、小红小蓝、长草颜团子等，它们体态柔软，幽默诙谐。

摄影图片类——影视作品、演艺人员照片、新闻图片等，随意性强、取材广泛，多用于营造恶搞戏谑的沟通氛围。

真人卡通类——明星作为主体内容来进行卡通形象的转化，或通过制图软件对一些照片进行二次合成和创作，后期与卡通形象进行组合，既搞笑又有讽刺意味。

内容上大致可以分为角色类（名人形象二次创作等）、场景类（单个空间与景物的设计）、道具类（辅助表达情感，如表达爱意的玫瑰）、构图类（特写、近景、中景、全景）。在制作方法上，可以分为原创类（创作者自行进行设计等）与移植类（经过再加工等）。

本节将这些表情符号冠之以"行走着的"这个状态，与它们的生动形象性、演示性有关。前两节讲到了演示符号，即用身体－媒介讲故事，并非为了单纯表意生产出来的这类符号。就如，手势、身体姿势并不是为了表意而生产出来的演示符号，文字却是为了表意而制造出来的符号（特制符号）。当然，有人也许会问，有很多文字类的表情符号，也属于演示符号吗？本书认为是的，因为它已经脱离了被特意制造出来的属性，而是被放置在某个特殊的场景中被特用的，因此，它属于演示符号的亚类。接下来，我们以微信中的表情符号展开具体说明。

1. 默认表情

微信的默认表情是指微信平台自带的系统表情，大致分为 Emoji 小黄脸表情和键盘符号表情。

（1）Emoji 小黄脸表情：QQ 自发布以来就出现了系列表情，也就是我们熟悉的"小黄脸"。在微信面世之后，QQ 表情自然被纳入其中，这也是腾讯特有的系列表情符号。不同于苹果 iOS 系统的表情符号，被吸纳的 QQ 表情是经过加工和筛选形成的有自主特色的一套表情图，包含脸部表情（突出眼睛和嘴巴，表达喜怒哀乐等细微情绪）、手势（点赞、握手等）、物品（鲜花、太阳等）、食物（蛋糕、啤酒等）、动物（企鹅系列、猪头、小黄鸡）、示爱（红心、嘴唇）。

（2）键盘符号表情：由键盘的符号元素组成的系列表情，包括ASCII（美国信息互换标准代码）和日本颜文字。美式ASCII有英文字母、阿拉伯数字、标点等符号。查看此类表情符号，有时需要顺时针旋转90度，比如":：)"表示微笑，"：－O"表示惊讶等。日本颜文字则是ASCII的日本本土化结果。虽然日式颜文字和ASCII一样都是由键盘上各类符号组成，但是日式颜文字更加复杂，更具创意和艺术感。另外，日本颜文字更加突出眼部和嘴巴的表情变化，以"开心"为例，就有≧▽≦、(/≧▽≦/)、o（≧o≦）o等各种表情符号。

2. 商店表情

这类表情符号的创作者一般是个人或设计室。其上传至微信商店的表情符号与Emoji符号相比，更具有创意，可以分为以下三种类型。

（1）卡通漫画类：它在微信商店里所占比重很大，因为它顺应了用户们对表情符号类型的喜好。主要包括自制动画形象（"小肥柴"和"乖巧宝宝"系列）、影视动画形象（"樱桃小丸子"系列、"冰雪大作战""亲爱的，热爱的"中的人物形象改编的表情包）等类型。

（2）真人实物类：取材于照片或视频截图的表情符号，涉及综艺影视节目中演艺人员表情包和网红表情包等。第一类表情图片多表现为恶搞的影视节目截图，主体为影视剧或综艺节目中的人物场景；第二类为可爱、有趣的表情截图；第三类主要是网红人物的表情包，其人物不仅包括真实的人，也包括漫画人物形象。

（3）文字图像类：此类表情符号呈现方式是图像化的文字，形式以文字为主、图像为辅。大致分为四类。第一类是网络流行语表情；第二类是节日祝福语表情；第三类是方言表情；第四类是创意艺术字表情。

3. 自定义表情

用户喜欢根据聊天语境和表达意愿制作自定义表情，它可以是动态的或静态的，也不拘于文字形态或图像形态，它的个性化特征及恶搞趣味较浓厚，即可以体现出明显的个人风格、个性化需求、某种特定的交流场景以及自身的情绪感受。在"一对一"或"一对多"的线上传播过程中，它很可能被其他用户收藏到微信表情栏中，进而被广泛使用。

4. 系统"表情雨"

系统"表情雨"是微信系统根据用户所发送的文字自动生成的表情。在微信聊天的过程中，如果输入了特定关键词，聊天对话框中将会有相应的 Emoji 符号"从天而降"，发一次关键词就下一次表情雨，譬如，输入"么么哒"会下"亲吻雨"，输入"生日快乐"或"happy birthday"会下"蛋糕雨"，输入"我想你"会下"星星雨"。微信官方也会根据特定的节日设置特定的表情雨，比如，圣诞节和新年期间会有"圣诞快乐""新年快乐""恭喜发财"等特定"表情雨"，在不同生肖年份输入不同的口令还会有不同颜色、不同造型的动物。

这四类表情符号经历了从单一媒介到多元媒介的转变，从诞生初期仅为辅助文字的表情达意功能发展到目前可以完全替代文字沟通交流、娱乐大众的功能。其修辞方式也愈加多样，涉及拼贴、重复、解构与重构、戏仿、反讽，等等。文字已然脱离了其纯粹为了表意而被制造出来的初始功能，其意义也在不断发生变化。譬如"笔芯"这个词，它并非指用于书写的笔芯，而是指"比画出心的形状"之"比心"。大多人喜欢用"笔芯"二字再配上一个手势符号，此时它完成了虚拟场景中的一次能指游戏，可以被视为一类媒介符号在特殊场景下被"特用"的情况。一方面，文字本身完成了"诗性压倒指称性"的超接触——从雅各布森的"符指过程六因素分析法"来看，与图片配合在一起的文字已被转换成了"诗性"和"接触性"为主的演示亚类符号，而这种模糊性、诗意性让它本身并不是为了具体表明某种确定含义而被生产出来的，因此属于一类非特制的情况。另一方面，文字符号并不是被单一地呈现出来，它的展示往往带有动图或组合其他符号（图片等），这些动图符号大多是人类身体延伸的一个表现。因此,组合后的这类表情符号可以被视为一种新型的演示符号,它们可以唤起我们身上那没有表现出来的、潜在的解码能力,一种重新整理我们的意义的能力。

小 结

表情符号"行走着的"这个状态强调了它自身的形象性与演示性,同时也呈现出表情符号生产演变过程中的迭代性,即由单一的媒介元素不断叠加或替换其他媒介元素,这一组聚作用在一定程度上模糊了被特制的媒介属性。

第二编 地方文化符号

第一章 美食符号

论及地方文化符号，大家第一个想到的是什么？是家乡的美食还是名人？是有意思的建筑还是有趣的习俗？接下来，本书将从人们日常生活中可能会关注到的一些名类开始说起。首先就来谈谈让人食指大动的美食。

第一节 名实说

饭店菜单上有道菜名叫"谁是谁的蔬菜"，从分类到菜名，我们大致知道这道菜应该素菜。但它会是什么素菜呢？

图2-1 笔者在"觅悦"餐厅用餐时所拍菜单

一问服务员才得知，此菜品内容是随机的，取决于这个季节或者说当下店里有什么蔬菜。因此，到底"谁是谁的蔬菜"，店家不可严控，食客也未可知。这里就涉及了一个名与实的问题。很多时候，菜名和所出的菜品是完全不一样的。曾经就有一个段子流传甚广，说某北方人来到四川，腹中空空，于是到餐馆就餐，点了一盘鱼香肉丝。店家手艺倒是不错，但食客大快朵颐之后，却总

符号学：我们的生活

感觉哪里不对——这鱼香肉丝里怎么没有鱼？鱼香肉丝和鱼到底有什么关系，这个问题可能在很多人的脑海中徘徊过。对于大多数人来讲，这种问题无关紧要，毕竟吃饭要紧。可是，问题的种子就这样埋在了脑海里，直至鱼香肉丝段子引发了一轮集体式回忆，一场关于菜名的"灵魂"拷问爆发了：

> 狮子头为什么没有狮子？
> 蚂蚁上树为什么没有蚂蚁？
> 松鼠鳜鱼为什么没有松鼠？
> 虎皮青椒为什么没有虎皮？
> 老婆饼里为什么没有老婆？
> 老干妈里为什么没有干妈？
> 夫妻肺片里为什么没有夫妻？
> 麻婆豆腐里为什么没有麻婆？

上述疑问说明了菜名里出现的食材，并不代表菜里就一定要有。正如"鱼香"者，它实际指的是一种味道。余斌曾在《吃相》中解答道：

> 四川人做鱼，多用泡生姜泡辣椒、郫县豆瓣酱之外，还放大量的葱。做鱼香肉丝，这几样也不可少。故某种程度上可以描述为，像做鱼一样炒肉丝，味道也就有相通之处了。至于是否有"鱼香"，倒不必顶真，四川人因鱼是那做法，遂觉有鱼的味道，正如我们拿鲫鱼汤里的鱼肉蘸着姜醋吃会觉得有蟹味一样。事实上联想到鱼是因为那些与做鱼一样的辅料、调料，别地的人做鱼不是那做法，恐怕就很难吃出"鱼香"了。[1]

由此可知，每个菜名背后都有其故事，它与人们给食物命名的习惯也有着密切关系。给食物命名，大致始于战国、秦汉时期，迥异的烹调方法使得人们开始为菜肴命名；唐宋时期，百姓生活富足，饮食种类愈发多样，菜肴名也逐渐增多；明清时期，饮食文化进入高峰阶段，各地菜系均已成型，菜名也逐步定型。可以说，中国饮食文化是博大精深的，人们对饭菜点心的色香味、命名、品味方式、进餐节奏等均有具体要求，像《随园食单》这类书籍的出现便是最好的说明，其中也可以看出菜肴命名是最首要的环节。人们最常见的两种

---

[1] 余斌：《吃相》，北京：生活·读书·新知三联书店，2018年版，第24页。

命名方式则是直观呈现菜品所使用的食材、器皿或烹调方式，以其指代菜肴，即运用指示符号、像似符号取名；或从历史掌故、神话传说、名人食趣、成语俗语、菜肴形象等方面为菜品取名尽情发挥想象。

前者方便理解，能够让人对菜品内容有大致了解，家常菜的名称往往属于这个范畴，如西红柿炒鸡蛋、土豆炖牛肉、清蒸鲈鱼等。就连让无数人误会的"鱼香肉丝"，也属于此类范畴。后者并不墨守成规，菜肴与菜名之间未必有着原本的、直接的关联性，即符号与对象之间并不一定具有某种像似性或指示性，它们是在社会文化的规约下广泛流传的。家喻户晓的两道菜便是中国传统硬菜"东坡肉"与"左宗棠鸡"。东坡肉是苏轼为回赠参加抗洪的百姓，亲自指导家人做的一道菜（当时被称为"回赠肉"），后在杭州流行开来，定名为"东坡肉"。烧制红烧肉，苏轼还有其指导理论，《食猪肉》诗文便可为证："黄州好猪肉，价贱如粪土，富者不肯吃，贫者不解煮。慢著火，少著水，火侯足时它自美。每日早来打一碗，饱得自家君莫管。"①

如果说"东坡肉"与苏轼本人之间的关联是间接的、邻近的，"左宗棠鸡"则和晚清名臣左宗棠是一点关系也没有。1952年，台湾厨师彭长贵负责接待美国海军上将阿瑟·威廉·雷德福，他结合多个菜系的风格自创了这道菜。当阿瑟问起菜名时，他想不到用什么名字好，只想起自己湖南老家出过一位著名人物左宗棠，便随口答：左宗棠鸡。就这样，一位清末重臣与一道菜肴关联了起来，并再次为人们所熟知。更有意思的是，这道菜在国外的知名度更甚，在全美的五万多家中餐馆中，绝大多数都有这道菜。它对于外国人的影响力，从美剧《生活大爆炸》中也能窥见一斑。譬如，剧中的"科学怪才"谢耳朵对中餐情有独钟，饮食习惯极为固定的他就十分爱点"左宗棠鸡"这道菜。据说，彭长贵在20世纪70年代来到美国开了一家名为"彭园"的饭店，正是因为"左宗棠鸡"名声大噪。而如今，许多外国短视频主播分享北美中国美食时，也都绕不过"左宗棠鸡"这道菜。另一道具有象征性的历史名菜"李鸿章杂碎"亦是与李鸿章没有丝毫关系，它之所以有此名与李鸿章1896年访美有关，传言李鸿章要回请美国客人，出现了食材不够的情况，只能倾其所有做了一道大菜，却意外受到欢迎，于是引出"李鸿章杂碎"一说。后据刘海铭教授考

---

① 张哲永、陈金林、顾炳权：《饮食文化辞典》，长沙：湖南出版社，1993年版，第720页。

证,这一消息乃是华人好事者、中餐馆从业人员凭空编排,其目的在于利用李鸿章访美大做文章,试图向公众推销中餐馆。① 不过不论李鸿章是否吃过炒杂碎,其访美的行为确实推动了这一中餐菜品的普遍与流行,直至今日人们提到唐人街也会想起这么一道菜。

除了将人名放置于菜名中,地名入菜名的情况也并不鲜见。西湖醋鱼、南京板鸭、宣威火腿、哈尔滨红肠……其中最为著名的恐怕是北京烤鸭。这类菜肴往往承载着一种复杂的情感。一方面,它属"一城一味",是当地的名片,是所有同乡的共同记忆和共有财富。另一方面,商业化的浪潮也盯上了这些久负盛名的菜肴,让它们的样貌同儿时的回忆渐行渐远。此时此刻,这些传统名菜恐怕已经在大江南北衍生出了数十种真假莫辨的变体。

除此之外,还有三类常见且有趣的命名规则:

(1) 以熟语命名。如江浙菜名"炸响铃"、徽菜"百燕打伞"、滇菜"喜鹊登梅"、豫菜"金猴卧雪"、五台山佛门寿宴里的"莲蓬献佛"、满汉全席里的"金鱼戏莲"等。这些菜名一眼望去令人不明所以,在了解之后则顿感妙趣。

(2) 以数字命名,同样十分有趣。如一品豆腐、二度梅开、三鲜鱼饺、四喜丸子、五味果羹、六福糕点、七星脆豆、八宝烤鸭、九转肥肠、十味鱼翅等,报出菜名,听上去就是一桌盛宴,且菜名往往会带来满满的吉祥如意之感。

(3) 以时代记忆命名,可反映人们当时的愿望。抗战时期,重庆等地的餐馆中就有名叫"轰炸东京"的一道菜。它是在刚刚油炸出锅的锅巴上,浇上由海参或是虾仁做成的滚烫汤汁,二者一相遇便会发出一阵噼里啪啦的响声,寓意东京遭到了炸弹的轰炸。在当时的语境之下,这道菜的受欢迎程度可想而知。

上述命名规则在一定程度上造成了菜名与菜肴本身名不副实的情况。像这类的菜肴还有很多,例如:

"苍蝇头",实则是豆豉、蒜苗(或韭菜)、香菇丁和肉丁组成的小炒,因菜品让人联想到恶心的苍蝇,成就了一道怪菜,看到里边儿的豆豉便会恍然大悟。

---

① 周松芳:《饮食西游记》,北京:生活·读书·新知三联书店,2021年版,第13页。

"鬼鸡"，原材料以乌骨鸡为主，不知情的食客听名字可能会哆嗦一下。这菜名虽不讨喜，品尝起来却别有一番滋味。此菜做法是乌鸡煮熟后晾凉，鸡肉撕成丝备用，菠萝切块用辣椒腌，西红柿、洋葱、番茄用火烧制，然后加入姜、柠檬凉拌。

"车祸鸭"，与鬼鸡的名字有一样的效果。它原名为硫黄鸭，即主要材料是一种特殊的食用硫黄的鸭子。因为鸭子自身解毒功能较强，吃了硫黄之后还能将毒性转化成一种对人身体有益的补药，因此引来不少食客。

"哆来咪"，这个菜名容易让人想到音符，它实际上是由一两蟹黄、二两蟹粉、三两虾仁做成的。简单的蟹粉虾仁被称为"哆来咪"，带上了听觉效果。

"八鲜过海"，由黄鱼、澳洲带子、蛏子、文蛤、梭子蟹、基围虾、乌鱼蛋和九肚鱼这八种海鲜与秘制的海鲜高汤制作而成，美其名约八仙过海。

"关公战秦琼"，即西红柿炒鸡蛋，两种食材分别代表关公和秦琼。

菜肴的名字在一定程度上会作用于食客对菜肴的首要印象，这一点在电视剧《还珠格格》中就有生动形象的呈现：众主要角色一起春游，户外做饭食材有限，为了营造意境，便开始给菜肴取名。原本为"叫花鸡"的菜肴因为其名影响食欲则被命名为"在天愿作比翼鸟"，普通的炒蔬菜被命名为"红嘴绿鹦哥"，简单的炒青菜被命名为"秦桑低绿枝"，烤鸭子被命名为"凤凰台上凤凰游"，等等，引得大家食兴盎然。与此截然相反的是，小燕子在酒楼做菜为各种菜肴取的名字——"大卸八块""狗血淋头""脑袋开花""断手断脚""四分五裂""开肠破肚""脑浆迸裂""狼心狗肺""白刀子进红刀子出"，等等，引得在场人不敢下咽。

随着美食的不断开发，奇妙的菜肴名也频频出现，譬如，用"在乡间的小路上"指代野菜烧猪蹄；用"沉默的羔羊"诠释水煮羊肉；明明只是牛肉片中打了个蛋，却取名"太阳牛肉"；"穿过你的黑发我的手"实则是海带猪脚汤。如果说上述取名与食材本身还有迹可循，或具有一定的趣味性，现代小吃的命名方式则开始偏离味觉的某种动态形象感受，有吸引眼球、制造噱头之嫌。有同学就曾感慨"丰屋烧烤"店里两个令其印象深刻的冰粉名字——"前女友椰汁冰粉""现女友红糖冰粉"。从字面上就可以发现这两种冰粉有口味上的差异,一个是椰汁,一个是红糖,但冠上"前女友""现女友"的名字却让她感到一头雾水,毕竟这两类人是有很大差别的,而在这两道小吃却没有很大差异,"前女友""现女友"不过是增加了一个噱头而已——"指示符号所体现的关系应该具有一定的方向性,是给对象的组合一定的秩序,给接收者阐释一定的方向,但这里并没有体现出前女友和椰汁、现女友和红糖之间的关系,这是我觉得它名不副实的原因"①。

小　结

菜名与实际的菜品之间体现了作为像似符号、指示符号、规约符号与对象之间的关联性,大部分也呈现出部分替代整体的关系。不管是名不副实,还是名副其实的菜名,它作为人最深刻的记忆,都是文化的编码,是试图唤起某种情感记忆的符号。

第二节　味觉的记忆版图

民以食为天,与美食有关的话题是无处不在的。诗人惠特曼曾在诗句中写道:"我的声音追踪我目力所不及的地方,我的舌头一卷,就接纳了大千世界和容积巨大的世界。"②确实,味觉可以让我们感受到万千世界背后的文化因子,远在他乡的游子在味蕾的触碰之下,会打开关于家乡的种种回忆,即味觉可以勾勒出记忆的版图,而这记忆的版图是一种属于自己的符号版图、意义版图。

马塞尔·普鲁斯特《追忆似水年华》的开篇便是一例。他在尝到一种叫"小玛莱娜"的小点心时,被这种熟悉的味道唤起回忆,魔幻般回到从前的场景:

> 有一年冬天,我回到家里,母亲见我冷成那样,便劝我喝点茶暖暖身子。而我平时是不喝茶的,所以我先说不喝,后来不知怎么又改变了主意。母亲着人拿来一块点心,是那种又矮又胖名叫"小玛德莱娜"的点心,看来象是用扇贝壳那样的点心模子做的。那天天色阴沉,而且第二天

---

① 该例由南昌大学播音专业李云帆同学提供。
② 惠特曼:《草叶集(上册)》,重庆:重庆出版社,2008年版,第78页。

也不见得会晴朗，我的心情很压抑，无意中舀了一勺茶送到嘴边。起先我已掰了一块"小玛德莱娜"放进茶水准备泡软后食用。带着点心渣的那一勺茶碰到我的上腭，顿时使我浑身一震，我注意到我身上发生了非同小可的变化。一种舒坦的快感传遍全身，我感到超尘脱俗，却不知出自何因。

....

然而，回忆却突然出现了：那点心的滋味就是我在贡布雷时某一个星期天早晨吃到过的"小玛德莱娜"的滋味（因为那天我在做弥撒前没有出门），我到莱奥妮姨妈的房内去请安，她就把一块"小玛德莱娜"放到不知是茶叶泡的还是椴花泡的茶水中去浸过之后送给我吃。①

可以说，食物与记忆是密切相关的。一种食物会让人想起一座城市，提及火锅我们立马就想到四川，提及内蒙古就想到烤全羊，提到湖南就想到臭豆腐，提到陕西就想到肉夹馍，提到广西就想到螺蛳粉；此外还有河南胡辣汤、武汉热干面、云南过桥米线、贵州酸汤鱼、广东白切鸡、新疆羊肉串、山西刀削面、北京烤鸭。

一方水土养一方人，有一方滋味，即便是同名的食材，原味以及做法也是不一样的。比如，在漓江尝啤酒鱼，总觉得比起赣鄱水里养出的鱼少了那么一丝鲜味。也不知这是不是因为深植在不同地域的味觉基因之差异性在"作祟"。不过，不同地方的人对待同一种食材的做法确实不同，当然不同做法之下的味道显然也是不同的。

汪曾祺就曾谈过最简单的食材豆腐。我们知道豆腐最简便的吃法是凉拌，买回来直接凉拌或者入开水锅略烫，去豆腥气。

香椿拌豆腐是拌豆腐里的上上品。嫩香椿头，芽叶未舒，颜色紫赤，嗅之香气扑鼻，入开水稍烫，梗叶转为碧绿，捞出，揉以细盐，候冷，切为碎末，与豆腐同拌（以南豆腐为佳），下香油数滴。一箸入口，三春不忘。香椿头只卖得数日，过此则叶绿梗硬，香气大减。

其次是小葱拌豆腐。北京有歇后语："小葱拌豆腐——一青二白。"可见这是北京人家家都吃的小菜。拌豆腐特宜小葱，小葱嫩，香。葱粗如

---

① 马塞尔·普鲁斯特：《追忆似水年华1——在斯万家那边》，李恒基、徐继曾译，南京：译林出版社，1989年版，第47—49页。

指，以拌豆腐，滋味即减。

北京人有用韭菜花、青椒糊拌豆腐的，这是侉吃法，南方人不敢领教。而南方人吃的松花蛋拌豆腐，北方人也觉得岂有此理。

咸鸭蛋拌豆腐也是南方菜，但必须用敝乡所产"高邮咸蛋"。高邮咸蛋蛋黄色如朱砂，多油，和豆腐拌在一起，红白相间，只是颜色即可使人胃口大开。别处的咸鸭蛋，尤其是北方的，蛋黄色浅，又无油，却不中吃。①

他的这段文字中提到了豆腐的南北方不同吃法：北方人用韭菜花、青椒糊拌豆腐；南方人用松花蛋拌豆腐，且双方均觉得对方的吃法不可思议、"岂有此理"。同时，他还提到南北方的咸鸭蛋口感是完全不一样的，显然，高邮的咸鸭蛋令人胃口大开，北方的却不中吃。这也可能是造成北方人不吃咸鸭蛋拌豆腐的一个原因。吃法的不同不只限于南北，不同省份的差异也能通过特定食物体现出来，譬如不同省份的人所吃的粽子从外形到口味都是有所差别的。

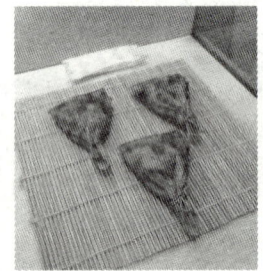

图 2—2　嘉兴粽子博物馆展示的各地粽子

图 2—2 从左至右分别为苏州金鱼粽、沈阳葡萄干粽、上海朱家角阿婆肉粽，虽然同为粽子，但是它们形状各异，不仅如此，不同地方的口味也是有所差别的。沈阳葡萄干粽除了用到糯米，其主要馅料为葡萄干，根据辅料的不同，还可以分为葡萄干杂粮粽、红枣葡萄干粽、葡萄干豆沙粽等。而上海朱家角阿婆肉粽的主要馅料自然是鲜肉，朱阿婆秘制配方制作的系列粽子主打咸鲜口味。地域口味之异，赋予了"粽子"这一美食符号多个丰富多彩的能指，人们对粽子的选择又在一定程度上投射出专属的味觉记忆。在嘉兴定居的某河南

---

① 汪曾祺：《人间滋味》，天津：天津人民出版社，2014 年版，第 34—35 页。

人曾提及刚去嘉兴时并不喜欢吃咸味的粽子,带给老家人尝,似乎并未受到欢迎;尝了南方粽子的山东人也曾表示一开始看到碱水粽、酱油粽会表示惊讶,因为与老家白米粽子不大一样。尽管食物会随着人口流动以及物流便捷等因素逐渐拆解其地域性,但人们还是会携带着由成长环境所深植的味觉基因对食物进行选择,即它可以作为一种伴随文本,影响人们对食物的选择与理解。

每个城市都会有其独特的味道,当人们刚抵达另一座城市时,在某个时刻、某个空间可能会感受到某种特殊的味道迎面而来。譬如在桂林,还未走进餐厅吃饭,或者只是外边街巷溜达,就能闻到一股酸中带着一点点臭的味道,此味道并非会令人反感,反而会激起食客的食欲。这气味的来源,便是桂林的米粉、螺蛳粉。白先勇在其文《少小离家老大回:我的寻根记》中就是这样描述的:

> 吃的东西,桂林别的倒也罢了,米粉可是一绝。因为桂林水质好,榨洗出来的米粉,又细滑又柔韧,很有嚼头。桂林米粉花样多:元汤米粉、冒热米粉,还有独家的马肉米粉,各有风味,一把炸黄豆撒在热腾腾莹白的粉条上,色香味俱全。我回到桂林,三餐都到处去找米粉吃,一吃三四碗,那是乡愁引起原始性的饥渴,填不饱的。①

桂林米粉对白先勇来说是会引发原始性饥渴的,是充满无敌的诱惑的,再加上其中的配料,如蒜米、香菜、酸菜(一般有酸豆角、酸竹笋和酸泡菜)和红辣椒所散发出来的味道,更是让人欲罢不能。而那股刺激味蕾的酸酸臭臭便源自酸豆角、酸竹笋和酸泡菜。汪曾祺也曾在论《五味》之时,提到了令人胃口大开的酸笋:

> 福建人、广西人爱吃酸笋。我和贾平凹在南宁,不爱吃招待所的饭,到外面瞎吃。平凹一进门,就叫:"老友面!""老友面"者,酸笋肉丝氽汤下面也,不知道为什么叫做"老友。"②

这酸臭的气味特别容易散发,它不仅可以迅速占领你的所在之处,还会占据你的味蕾和记忆。尽管我们为这一味道取名为"臭",但是中国还真是一个喜欢带有臭味食物的国家,有"闻着臭吃起来香"一说。其实,臭与香本就是

---

① 白先勇:《我的寻根记》,桂林:广西师范大学出版社,2019年版,第366页。
② 汪曾祺:《岁朝清供》,北京:生活·读书·新知三联书店,2019年版,第60—61页。

一线之隔，它们之间是存在着某个微妙的临界点的。玫瑰花的香味加浓一万倍，那就是奇臭。在某种食物中，极臭又可能转变为极香。如果从标出符号的转化原则来看，原有清新的花香因为增加了浓度，会转而标出，变成人们感到不舒服的味道。某种带臭味的东西，因为烹制手法不同，或是加进不同味道的食材中，转而改变了其味道，散发出一种特殊的香味，便会再次标出。

中国人食臭历史已有千年，且其热情仍在持续。从螺蛳粉可观的销量（柳州人民靠其发家致富，还将其作为一项非物质文化遗产），王致和臭腐乳已然与老干妈相匹敌，臭鳜鱼顺利入驻湖南、湖北、江西等地并成为店家招牌菜等情况便可看出。我们还可通过人们对臭豆腐、臭腐乳、霉豆渣、豆汁儿、鱼露、臭皮醋、香菜、折耳根、皮蛋等特殊食物的热爱，发现这类食物"臭"出了一脉相承，也"臭"出了一块记忆的版图。吃货们曾为这类食物的发源地做了一个排名。

臭中之臭非宁绍地区莫属。宁波有"宁波三臭"——臭冬瓜、臭苋菜梗、臭菜心（芋艿梗）；绍兴有"蒸双臭"——臭苋菜梗与臭豆腐齐蒸，还有"蒸三臭"、"蒸四臭"、霉冬瓜、霉毛豆，等等，上述品类光是听着名字就能闻出其臭似的。

出生于江苏高邮的汪曾祺，对当地食"臭"文化是相当熟悉的，在《五味》中少不了提及多种江南"臭食"：

> 除豆腐干外，面筋、百叶（千张）皆可臭。蔬菜里的莴苣、冬瓜、豇豆皆可臭。冬笋的老根咬不动，切下来随手就扔进臭坛子里——我们那里很多人家都有个臭坛子，一坛子"臭卤"。腌芥菜挤下的汁放几天即成"臭卤"。臭物中最特殊的是臭苋菜杆。苋菜长老了，主茎可粗如拇指，高三四尺，截成二寸许小段，入臭坛。臭熟后，外皮是硬的，里面的心成果冻状。噙住一头，一吸，心肉即入口中。这是佐粥的无上妙品。我们那里叫做"苋菜秸子"，湖南人谓之"苋菜咕"，因为吸起来"咕"的一声。[①]

读至此，我们会发现，臭的精华在于那"臭坛子"（当地人称"臭卤甏"）和"臭卤"。其实，把食物放入坛中的初衷是贮藏，但在演变的过程之中，霉菌的参与让食物发生了化腐朽为神奇的效用。有了被反复渗入"臭"味的器

---

① 汪曾祺：《岁朝清供》，北京：生活·读书·新知三联书店，2019年版，第64—65页。

具,再加上冬瓜、苋菜管、芋艿梗、千张在里面发酵、发臭,再加上一点吃剩的小蟹、小虾补鲜,这坛子味道可真是十分迷人。

排行第二的乃是安徽。提到安徽,大家首先想到的就是臭鳜鱼和毛豆腐。徽菜的一大特色便是万物皆可"霉",也就是说,其臭味源自让食物发霉。这与安徽的地理气候环境有关:多山,食物运输不方便;多雨,食物储藏不方便。最好的解决办法,便是霉之腌之,久而久之,成了地方菜的一大特色。但吃臭鱼并不是安徽人之独癖。中国人食臭历史可溯至汉武帝,据传他打仗时打到海边,闻到一股似臭非臭的味道,派人去查,最后发现是渔民自制的"鱼肠酱",他一吃便爱上了,这便是最早的臭鱼。安徽毛豆腐也是"臭"名远扬的,《舌尖上的中国》曾经就有介绍,谁能想那浑身长毛、软趴趴的、激不起一点食欲的豆腐,吃起来却令人欲罢不能呢。

排行第三的便是广西螺蛳粉了,仅凭借这一道单品就能排行第三,足以说明其臭味实力——三日不散,历久弥臭。螺蛳粉的臭味从何而来?答案就在酸笋身上。柳州酸笋是由大头甜笋腐烂而来,它的气味自然可以想见。在很多电视剧中,我们也会看到螺蛳粉的"出场",譬如《致我们单纯的小美好》第二集中,女主角喜欢吃螺蛳粉,那气味在一开始就让男主角无法忍受,男主在品尝之后却逐渐开始接受、喜欢。螺蛳粉实际上也经历过被质疑名不副实的过程——螺蛳粉里怎么没有螺蛳?确实,正宗螺蛳粉汤是用螺蛳与骨头一起熬制的,螺蛳肉熬烂了,与汤完全合为一体,只是偶然可以找见漏网之螺蛳肉。如今很多店为了满足客户需求,就有加螺蛳肉的了,即如今螺蛳粉里的螺蛳肉只是作为一种额外的自选配料了。

通过了解食臭的食物版图,我们会发现:香与臭是会转化的,它们之间只是相对而言的;"臭食"兴起的开端多是偶然的,譬如臭鳜鱼是因运输途中腐败,王致和臭腐乳是因豆腐没卖完,试着腌了腌,臭豆腐、毛豆腐亦是同理;而食臭的过程多是一个上瘾的过程。

小　结

臭食之香可能源自一种机缘巧合,它能体现食材由焕发新味、成为食用偏好、沉淀为某种味觉基因的过程,即在时间与代际"发酵"下,符号的实用意义也会随之转化。

第二章 名人符号

江西是中华文化大省,自古以来物华天宝、人杰地灵。历来辈出的名人在不同的文化层面和历史进程中,彰显出智慧的光芒。譬如,隐逸诗人之宗陶渊明、北宋倚声家初祖晏殊、宋代文坛领袖欧阳修、北宋改革家王安石、江西诗派开山鼻祖黄庭坚、一代诗宗杨万里、理学集大成者朱熹、戏曲巅峰汤显祖,等等。在璀璨的星群中,本章仅撷取两例名人符号展开说明,一则是融生态治水理念与民间信仰为一体的许真君,另一则是充满故国情怀、自由不羁的八大山人。

第一节 治水的"许仙人"

仙人,与"真人"意义等同,从南北朝起,历代帝王把一些著名道学家封为真人。"真君"是仙人的一个尊称。本节要讲到的"许仙人"便是许真君。许真君名逊,字敬之,南昌人。文人学者一向称他为"许旌阳",江西民间习惯用"许真君"或"福主"称呼他,很少直呼其名。关于这位许仙人的身世经历,正史无传,但是我们可以根据其他传记传说、方志记载和文人笔记小说了解其大致的经历。本书在这里稍微勾勒一条这样的轮廓:

许真君年轻时学道,修炼神术;道誉日著,举为孝廉,任蜀郡旌阳令。弃官东归,堪受道法,诛蛟治水,奔赴国难,悟道拔宅飞升。百姓服其正心诚意与利济百姓之德义——

> 在旌阳为官时,一方面诫绢吏,去贪鄙,教民"忠孝慈仁忍慎勤俭",以致民无盗窃,争竞日消,吏民悦服;一方面除烦苛,脱囚絷,救大灾,治大疫,以致吏无奸欺,人物富庶。道书载其回归江西时,蜀民感其德

化，立生祠，敬事如神明；还有许多人则随至其故里，改许姓以从之。真君一生，救灾救难，除害荡妖，功济生灵，名高玉籍，行善立功以致神仙，百姓尊其为"福主"，宋封为"神功妙济真君"。①

章文焕老先生将许真君之人格精神比作古树上长期绽放的五朵金花：

廉政之花 许旌阳敢于"去贪戢暴"，廉洁为民的旌阳政风政绩，是世界各国反腐倡廉的正气之花；

爱国之花 许逊出生入死，制止叛逆，维护晋室，北伐羌胡，收复故都洛阳，是民族自卫，爱国爱乡的英雄之花；

抗灾之花 许真君抗御洪水灾难、饥荒、瘟疫、战祸，救济贫民百姓，是济世利物、救苦拔难的宗教之花；

生态之花 寓意涵蓄水源的铁柱锁蛟古迹及其谶语，乃当今全球保护环境，治理洪水干旱的生态之花；

道德之花 许真君的净明忠孝教义和八德治县精神是弘扬民族伦理文化的道德之花。②

许真君是赣鄱大地的一个标志性符号，该地方符号所蕴含的生态智慧是江西人的宝贵财富。本节则主要从其传说故事来看与他有关的地方文化痕迹。

传说，许逊之父名许肃，原为河南许昌利济堂药店的老板。擎龙原名张酷，父亲张介甫，是许昌绸缎铺的老板。两家为世交，感情融洽，三国时一同逃难来到江西南昌。张酷比许逊大三岁，许逊出生后不久，张家人到许家贺喜，在妈妈怀里的小许逊一看到张酷便啼哭不止，怎么也哄不住，张酷却装模作怪，吓得小许逊哭声更高。张酷因此被父亲打了一下，竟闹得天翻地覆。大人们都认为，小孩没有不爱玩的，也许他们以后能做好朋友。

几年后，张酷和许逊都进了学堂。虽然张酷大三岁，但成绩不如许逊。两人从小性格就不同：一个听老师教导，一个不受管束；一个爱爬山运动，一个喜欢下河游泳；一个锦心绣口，一个粗声粗气。两个冤家在一起，就像春天一日三变脸。

---

① 章文焕：《万寿宫》，北京：华夏出版社，2004年版，序一，第1页。
② 章文焕：《万寿宫》，北京：华夏出版社，2004年版，第12页。

一天，张酷下河游泳，拾到一颗明珠。明珠光芒四射，同学争着要看。张酷便急忙将珠子含到嘴里，却不小心吞进肚中。回到家，他口渴不已，喝光了家里存储的水，依旧口干舌焦，不得不跳进江里喝个痛快。不料，他开始身上长鳞、头上生角，成了一个怪物。豫章城里人们纷纷来看怪物，有的人还拿起棍棒追赶，张酷瞬间成了过街老鼠，无处藏身。他怨许逊一伙争看珠子，又恨豫章民众目光逼视，负气直奔赣江。霎时，在水中的张酷变成一条孽龙，游进了一座龙宫。宫内是另一番亭台楼阁之景，宫中住着一条丢了龙珠的火龙。听闻张酷因吞了明珠变为孽龙，方知明珠是自己身上的宝贝，于是照"传珠为子"的龙规，收张酷为义子，教他呼风唤雨、腾挪变化的法术。不仅如此，火龙还从扬子江边抓来一个颇有姿色的女子，与孽龙结为夫妻。之后，他们还生下了九个儿子（九条小孽龙）。九子长大之后，都练得一身武艺，能舞枪使棍，誓要为父报仇，把江西翻成大海，与东海连通。

这是许真君降服孽龙传说之开篇，它介绍了许真君与孽龙之渊源。由此我们可发现，任何的传说故事的开篇总会有一个铺垫。该故事从一开始就暗示许逊与张酷之间的对立关系，即从与张酷同窗，到张酷吞珠，整个故事开始突转，才有了下面的游龙宫、誓复仇，两人的关系进入正式对立阶段。

为了降服孽龙，许逊开始了拜师求道之路，作为英雄人物的许逊有了第一个帮助者——圣母娘娘，她将飞腾术和五雷法传授给许逊。许逊学道归来恰巧碰上了孽龙，展开了第一次正面交锋。孽龙自然也有帮助者——其弟子，他们帮助孽龙逃到湖北黄州府黄冈县（今黄冈市），化身为书生。许逊找上门来，孽龙借学生砚池里最后一滴墨水，来了个"点水化千里"，逃到了湖南。许逊发现孽龙在当地骗婚，准备捉拿他，但听出许逊声音的孽龙再次从后花园井中逃走。来到扬子江龙宫的孽龙，欲借南海龙王三公子之手，对付许逊。此时，许逊的帮助者观音出手收了三公子的玉如意。孽龙被许逊的弟子们困住，欲讲和，答应在一夜之内（以鸡鸣为限），耕出一百条河，疏通水路。当晚孽龙使出全身解数，四更时分就耕出了九十九条水路，在这时，帮助者土地神仙出现了，他机智地用嘴唇作鸡叫声，引得村鸡齐鸣，孽龙眼见没有完成要求，只好自缚请罪。观音念其有悔过之意，让许逊在罗家集的小桥上放了他。但是，故事总是一波三折的，被放的孽龙回到鄱阳湖还想报仇，最终被铁柱锁于井底，只有铁树开花才有可能被放出来。①

　　这个传说故事充分呈现出民间的想象力。为了表现许逊为民除害的义举以及种树固土的生态智慧，人们将当时江西和周边的水患灾害比作孽龙，这才有了许逊千辛万苦降服孽龙，最后用铁柱锁住孽龙的故事。有意思的是，故事中那许真君和孽龙所到所战之处化成了如今的地名——孽龙第一次逃走的地方叫"黄牛洲"，逃离的井就叫"鲍鱼溜"，释放了孽龙的小桥叫"鸡鸣桥"，用铁柱锁住孽龙的地方叫"铁柱万寿宫"。在南昌，还有很多地名与许真君有关，譬如，"棕帽巷"的名字便与许真君的父亲许肃寻屋有关。传说许肃一家逃难来到南昌，当时正值六月，中午的太阳像烈火一般，许肃头上戴着一顶棕帽，在城里东溜西转，想找一个安身住处。忽然一阵大风，把他头上的帽子刮到西门一户人家的屋檐上。寻帽的许肃跑过去发现紧锁着门的破旧房子，从屋檐上取下棕帽时，恰好看到墙壁上贴着一张"出卖"的条子。"帽子指路"使得他买下房子在此安家，后来这条巷便叫"棕帽巷"。"凤凰坡"则与许真君的出生有关，传说许肃所住之地是一个高坡，门前有一株很大的梧桐。如火炉般的夏日许肃的妻子何氏躺在树荫下乘凉，忽然有一只口衔珍珠的金色凤凰"哇"的叫了一声，那颗珍珠竟落到何氏怀中。何氏拿起它把玩，不慎掉入嘴中，不觉咕噜一下又落进肚中，遂怀孕。后来，这只凤凰在每天的这个时候都会飞到梧桐树上鸣唱一会儿，直至许逊出生，此处就取名为"凤凰坡"。②

　　诸如此类的传说和典故不少，从中我们会发现些许有趣的问题，譬如，道教"变化"方术包括哪些，孽龙究竟有多少种化身方式，许真君拔宅飞升的是哪座宅子等，细节化上述疑问则能够继续衍生出更多故事与传奇，即对于地方叙述而言，我们还可不断深挖，通过比对"瑕疵文本"或诸多"述本"，拼凑出"全文本"或"底本"的轮廓。

小　结

　　成为标志性符号，并不是因为其作为事、物的整体而存在。人们片面化感知到的与许真君有关的品质形成了一个符号集合，它们在不断补充地方文化符号的全文本。

---

① 章文焕：《万寿宫》，北京：华夏出版社，2004年版，第287—288页。
② 章文焕：《万寿宫》，北京：华夏出版社，2004年版，第304页。

第二节　哭之笑之话朱耷

雪个、个山、个山驴、驴屋、驴汉、人屋、刃庵、拾得、何园、洛园、黄竹园、书年、书疾、良月、道朗、八还，一堆这样的词浮现在眼前，容易让人联想到什么？是园林建筑的名字，抑或是其他？上述词汇中，"园"和"屋"似乎有一定的指向性，会把不了解的受众引向这个答案，但事实并不是这样的。

再给大家展示一些画作：

图2—3　朱耷之画作

观者可能会奇怪，为何画中的动物频频翻着白眼，这不太符合常规的、传统的绘画风格。确实，我们很少看到画中的动物如此有个性，纷纷翻白眼的情况，并且它们均是出自一人之手。仅从动物"拽拽"的表情来看，可以大致猜测到这个画家也一定是非常有个性的。那么，这又与前面列举的诸多词语有何关联？其实，前文所列出的词语均是这位画家的名、号。他的名、号非常多，细心之人会发现其中"个""驴""山"等字使用频率较高。字词的选用以及独特的绘画风格，将其性格活脱脱地呈现出来。那么，他究竟是何方神圣？

他就是明太祖朱元璋第十七子朱权的九世孙——朱耷。他出生于1626年，南昌人，字刃庵，号八大山人，是清初画坛"四僧"之一。生长于宗室家庭的朱耷，从小受到父辈的艺术熏陶，加上聪明好学，八岁时便能作诗，十一岁能画青山绿水，小时候还能悬腕写米家小楷。作为皇家世孙的朱耷本是不用参加科举考试的，但他十六岁时不仅参加了科考，还考中秀才，获得了众多德高望重的长者交口称赞。此时，既有才情又有显赫家庭背景的他，可谓前途一片光明。可世事难料，满族入主中原，风华正茂、大有前景的朱耷遭遇国破家亡，从皇室跌入遗民——明朝灭亡之后，朱耷的父亲和朱耷的妻子相继去世，尔后，朱耷便奉母带弟来到奉新县耕香寺，剃发为僧，改名"雪个"。顺治十年（1653年），他领着母亲去了新建县洪崖寺，在耕庵老人处受戒称宗师，住山讲经。

有考证说，朱耷在二十八岁到三十六岁这个阶段，与其母、其弟住在南昌市抚州门（进贤门）外绳金塔附近。那时，该地茶室酒肆甚多。朱耷喜饮酒，时常徜徉于此，逢酒醉，就会大笔挥毫。每每山僧、贫士、屠夫、孤儿向其索画，他有求必应，慷慨相赠。朱耷三十六岁之际，忽然想觅一个自在场头，便找到南昌城郊十五里的天宁观，花一年时间将其改建，更名为"青云圃"①。在六十二岁之时，他把道院交给其徒弟主持，自己离开青云谱（清嘉庆二十年，状元戴均元将"圃"改为"谱"），在南昌抚河桥附近修筑"寤歌草堂"，进行其晚期的艺术创作。直到康熙四十四年初冬，病逝于此处。这位东方艺术大师陨落了，但他永恒的艺术却长留人间，如今我们也可以去青云谱感受一下他的艺术精神。

从年幼时前景一片光明，到瞬息间国破家亡，依旧年少的朱耷内心肯定是十分忧郁、悲愤、苦闷的，他的自画像《个山小像》上的题词便是其内心的写照：

> 没毛驴，初生兔。嫠破面门，手足无措。莫是悲他世上人，到头不识来时路。今朝且喜当行，穿过葛藤露布，咄！戊午中秋自题。②

---

① 注："青云"二字出自道家神话"吕纯阳驾青云来降"，该园圃还根据飞剑插地、植桂树规定旧基这一说法种植了桂花树。

② 注：该句引自南昌青云谱八大山人纪念馆中朱耷《个山小像》题词。

在清王朝对明朝宗室采取高压政策的情况之下,他还能够假装聋哑、削发为僧,隐姓埋名遁迹空门,潜居山野以保全自己,实属不易。初次参观八大山人纪念馆的游客时常会提出这样一个问题:如此苦闷,如此悲愤,不是容易抑郁而亡,又怎会创作出令人惊讶的艺术品,还如此高寿?笔者认为,这一结果除了遁入空门,或许还与艺术的宣泄排遣功能有关。正是因为将精神寄托在书画艺术中,他可以得到超越,精神得以净化。因此,我们从他的作品(符号文本)中体察到他的情绪、他的感情。譬如他的款识字号签押。在朱耷的画幅上常常可以看到一种奇特的签押,仿佛一鹤形符号,其实是以"三月十九"四字组成,借以寄托怀念故国的深情(甲申三月十九日是明朝灭亡的日子)。他的字、号、别名特别多,这是因为在不同阶段,他会取不同的名号,我们不仅可以根据名号判断作品的时间,还可以察其不同阶段的心绪状态。也就是说,这里的名、号成为作品的一个伴随文本。具体来看,朱耷削发为僧时(清朝)取法名传綮,字刃庵,用到康熙庚甲(1680年)55岁;号"雪个"则从41岁用到55岁;号"个山"始于46岁,至59岁;号"驴""驴屋""人屋"最早见于56岁,最晚58岁;60岁以前使用的名号尚有"法堀""掣颠""纯汉""綮雪衲""卧屋子""弘选"等。

这里有两个有意思的地方,就是朱耷这一名字实际为僧名,他喜欢选用"驴"为其号,乃因为"耷"乃"驴"字的俗写。他在弃僧还俗之后,以前的字均弃而不用,而是使用"八大山人"取而代之。"八大"实际就是朱耷名字里少了牛耳两个组成部分。牛耳指"执牛耳"之人,即有权力的人,把牛耳去掉,权力就消失了,从而成了亡命之徒,该字号也指示出他从皇室贵族到亡命之徒的人生际遇。当其在画作上署名时,他又常把"八大"和"山人"竖着连写。前二字似"哭"字,又似"笑"字,后二字则类似"之"字,哭之笑之即哭笑不得之意,与其诗"无聊笑哭漫流传"相呼应,表达了他遭遇故国沦亡,哭笑无处的心情。

通过其画作来看,朱耷也是空寂的、孤独的。他对动物的描绘,经常有"白眼向人""单脚站立""一枝独秀"式的塑造,"枯木寒鸦""孤木孤鸟""残荷孤鱼""孤鸦""枯柳孤鸟""竹石孤鸟";对植物的描绘,要么枯干错节,肆意盘曲,表现出桀骜不驯之态,要么根须尽露,却如戟如剑,直向青空,凸显出悲壮之气;对花草木的描绘则常常是从山石缝隙中艰难地向上生长,绝处逢生、夹缝中求生存的意蕴十分明显。画面的空茫衬托着这些不需要依靠的物象，向我们反复强化着两种生存状态——"枯"和"孤"，它们同时也传递了朱耷内心常人难以企及的空寂与孤独之境。换言之，朱耷之孤寂，并非停留在作为遗民的孤寂，他是将这种失落愤懑的情绪转化成对命运无常的直视与沉思，对生命存在本真状态的思考。正如朱良志所说："八大是一位以'孤'见称的艺术家，并不意味着他只是为孤独无依的生存状态而哀思，也不是因为他强调孤，突出自己是王孙……更不是由孤独来证明自己鹤立鸡群，高于凡俗。他是将个体'孤'的体验上升到对人存在命运的思考，由个体存在状态的感叹，发为人类存在的玄思。"① 朱耷笔下的西瓜也让人印象深刻。西瓜是一个非传统题材的意向，却被他赋予了深刻的寓意——大明的象征。因此，他喜欢把瓜画得硕大无比，或单或双或与一沦落月相叠相衬，旁边还题诗以暗示其中深意。其中一幅题诗曰：

　　写此青门贻，绵绵咏长发。举之须二人，食之以七月。（1659年《西瓜图》题诗）

诗中"青门"取自汉代召平种瓜（召平原乃是秦朝的东陵侯，秦亡后他种瓜于长安城的东门，瓜味甜美，世称"青门瓜"或"东陵瓜"）的典故，把此瓜称为"青门"所贻，便是隐喻自己怀想故国之意。"绵绵"取《诗经·大雅·绵》"瓜瓞绵绵"意，寄托自己希望大明复兴、子孙绵绵无尽之意。

朱耷的心态与其画作风格使得一种被称为"留白"的思想为世人所称赞。因此，大多数人是从两方面理解其留白意味的：一是画面的留白，指极简单的用笔，恰到好处地处理"白""乌"两种元素，另外一个是他人生的留白，指空留遗憾。留白贯穿了八大山人的一生和其绘画作品，由于任何言语也都无法完好诠释其寄寓在画中、在线条中的情绪与心态，本书便不再赘述，而这也是留白这类空符号带来的一种需要人们感知、体味、填补个人想象与经验的奇妙过程。

---

① 朱良志：《八大山人研究》，合肥：安徽教育出版社，2010年版，第58—59页。

小　结

空符号的接收者除了根据个人经验去感知"留白"之处,其发送者的经历处境以及文本本身的表现形态,也可以成为接收者感知空符号的一种依凭。

第三章　名物符号

唐代诗人王勃在《滕王阁序》中就称江西乃"物华天宝、人杰地灵"之地。确实，江西风景名胜众多，文化遗产也十分丰富。其中，享誉海内外的名物要属景德镇的瓷器了。小瓷器不仅将大世界联系起来，还把中国戏曲故事传播出去。除了瓷器，还有很多器物能够承载戏曲故事，婺源"三雕"便是一例。本章将谈谈这些承载戏曲故事的器物符号。

第一节　瓷与戏

提到 China，除了想到祖国母亲，我们还会想到景德镇的瓷器。甚至可以说，不知道江西在哪里的人，只要提及景德镇，很多人心中就大致有了一个定位，因为景德镇的瓷器实在是太有名了。这些器物上的图案，除了简单的线条纹路，还讲述着一个个故事。这些故事要么是戏曲情节，要么直接形塑整个戏曲场面。譬如，元代青花《三顾茅庐》瓷罐，罐身就画了刘玄德三顾隆中的场景：草堂中，两道童持书报讯，一左一右位于孔明身旁，其周身以松鹤、云石点缀，有飘飘然仙人之感；栏栅外，刘备躬身拜谒；柳树下，关、张散立一旁；草丛间，周仓肩扛大旗，对着张口喷气的马头，似有久待躁动之感。人物构图层次分明，钻蓝白釉凸显出山谷幽静、卧龙即起之境。

元代青花《三顾茅庐》带盖梅瓶亦是如此。瓶身画着刘、关、张三雄徒步行走，刘备长袍宽袖匆匆躬身趋前，关、张紧随其后；另一边有一孩童身向前走，回头眺望，有先行一步通报之意。① 《三顾茅庐》虽是小说故事，但是也曾被搬演于舞台之上，因此也属于瓷器器物呈现戏剧故事的案例，只是它可比照的文本又多了一种，即纸质文本。

元代杂剧《青衫泪》青花梅瓶则是直接描绘出戏曲表演的场景故事。该瓶造型为元代中晚期景德镇窑的标准作品。瓶高三十五点六厘米，分三段接成，器物之中段绘上了元人马致远《江州司马青衫泪》杂剧第二折情景：左边的中年妇人是卜儿，她手执竹鞭，正在庭院中责罚少女；此女名唤裴兴奴，立于牡丹石旁，长裙及地，掩面而泣。

元代青花罐所载杂剧故事《尉迟恭单鞭夺槊》则是绘上了元代戏曲家尚仲贤的杂剧《尉迟恭单鞭夺槊》第三折。在故事形态之呈现上，器物上的人物、鞍马、摆设皆以细笔勾描，山水、树石、云彩则以粗线写意，料色艳丽，纹饰生动，整个画面随罐身圆转凹凸之势而变，奇趣时生。青花罐一方展现的是唐元帅李世民见单雄信②杀到时所唱曲牌的场面：单雄信正手提长枪，腰挂利剑，披甲踏蹬，呼啸追来，同时李世民得知单雄信到来（戏中唱词是"他那里纵马横枪将咱来紧攻"）。另一方则是尉迟恭打败了单雄信胜利而归的场面：军士撑着"唐太宗"三字的帅旗；净扮尉迟恭划马搭鞭，威灵灵铁头虎眼；末扮李世民勒缰回身，一路上将帅对话而行。

元代青花梅瓶《萧何月下追韩信》所绘杂剧图画与其类似。其上绘制的杂剧故事元刊本正名作"漂母风雪叹王孙，萧何月夜追韩信"，可见于元人金仁杰所著《元刊古今杂剧三十种》，《录鬼簿》《太和正音谱》对此也均有著录。瓶上画着韩信牵马前行，垂袖沉思，神情沉郁，准备渡江远去的场景。船头，船夫持桨恭候，岸上萧何紧身束袖，挥鞭纵马奔突而来，为挽留"国士无双"的将才，展现了古代政治家的风度。③

除了瓷瓶，瓷盘上也经常绘有戏曲故事。比如，明末景德镇青花《西厢记·妆台窥简》瓷盘。此盘直径为十五点八厘米，盘右大部绘莺莺绣房：檐廊

---

① 参见中国戏曲志编辑委员会编：《中国戏曲志·江西卷》，北京：中国 ISBN 中心，1998 年版，第 705 页。

② 注：单雄信乃山西潞州八里二贤庄庄主，绰号"赤发灵官"，他有勇力，擅用马槊，行走江湖极为仗义。因李渊去太原时遭杨广追杀，误杀其兄，故不投唐。

③ 参见中国戏曲志编辑委员会编：《中国戏曲志·江西卷》，北京：中国 ISBN 中心，1998 年版，第 704—705 页。

雕窗，帷幔曳地，房中方桌上置笔筒、妆盒、茶杯，窗外栏杆自屋后伸出，栏杆外一株梅树苍劲挺拔。盘上空白之处写着红娘偷窥小姐看简的唱词："将简帖儿拈，把妆盒儿按，拆封皮孜孜看。"因此我们也可想见人物形象：红娘头梳双髻，身穿长裙圆领衫，束腰紧袖，斜倚石栏边，右手抵颔偏头侧耳，似在窥探小姐动静；室内莺莺也梳双髻，左髻偏高，斜领长衣广袖，紧靠妆台，双手捧着束帖，微低着头，双眼盯着简上之字。极富动态的是桌上打翻的茶杯和直泻而下的清水，这一处理细腻传神地表现了莺莺看简时激动而又慌乱的神态。

呈现《西厢记》戏曲故事的还有明清时期的舞台艺术瓷盘《西厢记》。据徐文琴《东方古代文物》一书记载，早在晚明时期，由景德镇烧制的以《西厢记》故事为题材的青花瓷碟、瓷瓶已传到欧洲，计有：佛殿奇逢、僧房假寓、斋坛闹会、白马解围、夫人停婚、琴心写怀、妆台窥简、乘夜逾墙、堂前巧辩、草桥惊梦、衣锦还乡、西厢全景等二十一件，画的都是古本戏曲中的故事情节。那时，瓷画传播到国外早于剧本的翻译，且工艺和绘画均属上品。

元代青花瓷上绘制戏曲故事不是没有缘由的。一则与元代制瓷工艺和机构不断完善有关，《元史》中就曾提及设置了浮梁瓷局和画局，分别负责烧造瓷器和诸色样。元代青花瓷罐、瓶、盘、豆、壶均在江西浮梁局直接监督、管理、组织下，由景德镇匠人烧制而成。元代中期以后，绘有元杂剧故事内容的青花瓷器渐次出现。二则是因为元代城镇经济繁盛，元杂剧活动繁多，特别是在盛产陶瓷的地区同时也盛行戏曲活动。景德镇就有这样的演戏惯例，即经常演出行会戏（行色戏）。景德镇瓷器行业有多种行会行规，俗称行色，行会戏十分流行。它因做窑、烧窑者为了能烧造出好的瓷器而祈求陶神、窑神的庇佑，或事后酬答还愿需要演戏而盛行开来。譬如，柴窑（烧松柴）和槎窑（烧柴草）每年均要重新砌一次窑，完工后，要举行"暖窑神"庆祝活动，当晚要演饶河戏或请三角班（采茶戏）踩地戏。明代，这种戏多在师主庙等处演出。到清代，发展为从事瓷业生产以及经商的各个行帮都举行演出活动，演出地点多为庙宇、会馆，有的在空旷地带临时搭台。各行帮以他们信奉的神为精神支柱，以演戏为纽带，在所信奉的神之诞辰日和重大活动日需要演戏，即使讼事输了也会受到"罚戏"的处分。湖北书院原存有同治年间的石碑一方，记载了重修会馆的情况以及同省人必须遵守的七条规则，其中有两条与行会戏有关。

第四条称会馆演古酬神戏，务照旧章，不得溜争。第六条则明确规定省内各客投行，仰行家栽捐票不准以多报少，若有各类骗损行迹，一经查出，照章三倍加罚，不仅如此，还要"罚戏"全日。同时，对于演戏的日期和次序也是有严格规定的。譬如，柴窑的行会陶庆窑，槎窑的行会陶成窑，要等他们"酬神包日"演毕之后，各行业、各会馆方能开台。而这种戏的演出时间相当长，在太平盛世时竟长达五个月之久。从当地的民间风俗信仰到盛行的戏曲活动，以及所形成的固定的演出惯例、节庆惯例，可以看出戏曲在百姓日常生活中的重要性。而且当地人民本就热爱看戏，商贸往来的沿河码头也为流动的工人们以及生活在附近的百姓们提供了看戏的平台。由此想见，陶瓷上怎能不呈现这番戏曲演出盛况，喜欢看戏的人们又如何会不乐意将戏中的内容表现出来，商人又如何会不借物件呈现人们喜欢看的戏曲故事，以吸引更多的消费者呢。

小　结

通过不同媒介传递出的戏曲故事呈现出先后文本之关联，这种关联反过来推动艺术家跃出特定体裁的规定性，凭借某种知名的、受欢迎的器物，将戏曲故事传播到更远的地方。

第二节　物与愿

承载戏曲的器物不只限于瓷器，还可以是伎乐俑、戏俑、壁画、画像等器物。江西省博物馆曾有展示这类伎乐俑、戏俑。譬如，宋代浮梁查墓中就有六个（五男一女）造型别致、动作表情丰富的伎乐俑，它们再现了特定时节伎乐混合一处、沿街作场演出的场景。婺源"三雕"也是一类非常典型的物，集中呈现了诸多戏曲故事。所谓"三雕"，主要是指在木头、青砖、石头这三类材料上施展雕刻技艺，被雕刻的这些作品用于装饰房屋。一般来说，木雕主要用在房屋的室内，如斗拱、雀替、隔扇门、厢房屏风、楼沿护板、床榻桌椅等，砖雕主要用于装饰门楼、门罩、内屋墙壁等，石雕用在柱基、镂花明窗、青石地漏、抱鼓石、石牌坊等地方。婺源"三雕"的雕刻图案直接展示了戏曲故事，如木雕中就有《大保国》《二进宫》《三岔口》《武家坡》《金如意》《三娘教子》《琵琶记》等京剧中的场景。其中，《三国演义》《西厢记》里的内容就占了大多数——木雕关羽宝刀挑袍、关公送嫂、马跃檀溪、关云长单刀赴会、诸葛亮舌战群儒、曹操赠关羽赤兔马、关羽华容道义释曹操、温酒斩华雄、张飞闯帐、三顾茅庐、白门楼、吕布戏貂蝉、王司徒巧使连环计、古城会、鸿门宴、三英战吕布等均出自《三国演义》；佛鼓奇逢、邂逅、佳期等则出自《西厢记》中的五本二十一折。

值得注意的是，前一节提到瓷瓶上的《三顾茅庐》戏曲故事与木雕上的故事是相呼应的，只不过该故事在瓷器上的呈现与木雕上的呈现场景并非完全相同，后者更突出木制雕刻的立体感、纹路流畅感，因此在被选入雕刻图案中的人（包括人物的表情和动作）、物、景也是不同的。不仅如此，在众多戏曲剧目或典故中，木雕所雕刻的内容会根据其风格形态选取有一定情节张力的一两个画面，用浮雕、深雕、透雕等手法加以渲染呈现出不同的人物群像。不论是借助何种媒介载体，承载戏曲表演的器物都在以另一种视角传播着地方戏曲文化，即通过可以保存和跨越远距离传播的视觉媒介，对演示媒介所曾展示的故事进行再一次叙述。此时，它不仅呈现出戏中场景，还将接收者的状态一并传递出来。将庙堂与乡野的立体娱乐节目视像，移用到这些名物之中，透过具体的物件看戏（或演出场面），体现了跨媒介叙述之思。

除了戏曲故事，陶瓷和"三雕"上还会呈现出其他花纹图式。以"三雕"来说，被雕刻的内容还会包括诗词中的某些画境、民间传说中的人物故事、龙凤祥瑞的灵兽，等等。具体来说，大多数婺源徽商都是儒商，是喜欢唐诗宋词的风雅之士，如此需求自然会通过一些本就彰显他们身份或者喜好的器物呈现出来，故而在"三雕"的图案中描述诗词意境的图案比比皆是，如有"浔阳江头夜送客""犹抱琵琶半遮面"的写意图，有"待到重阳日，还来就菊花"的诗意图，有"松风吹解带，山月照弹琴"的诗意图；创作诗词的文人群像也经常被雕刻出来，如"贞观十八学士图""竹林七贤""会昌九老图""西园雅集图""闹学图"等。不仅如此，就连诗人所喜欢的植物也会被一同描绘出来，如"崔护爱桃""张敦颐爱莲""陶渊明爱菊""孟浩然爱梅"。之所以将民间传说故事人物选入雕刻的符号文本当中，与百姓内心深处的愿望有着密切关联。富户商人修建宅府，希望子子孙孙都能像寓意中那样美好、发达、福寿延绵，于是让手艺人把这些愿景寄托在雕刻之中，以某些特定人物（八仙、福禄寿三吉星、五子登科）、植物（梅兰竹菊）等图案表达出来。当然，有着"四灵"

"四神"之说的神兽也常见于"三雕"之中,譬如,麒麟图像指向了吉祥如意、杰出人才之意,狮子指向了驱魔避邪、权势尊贵之意,而老鼠偷葡萄图则指向了子孙兴旺之意。由此可以说,器物的风格形态、传递出的符号含义都与人们的具身愿望有关,即它是一种承载愿望的器物,在一代代人的更迭之中不断传承绵延。

小 结

不同的物可以再现同一个故事、同一类图案,它让所有的物件、事件互相勾连,形成物与物互联、物与物互证的谱系文本,地方文化的全文本便是在这个过程中不断被勾勒出来。

第四章　民艺符号

本章主要谈及的是具有地方特色的一类艺术符号，尤其是在国家如此重视非物质文化遗产的语境之下，我们就更有必要了解当地的、民间的艺术符号。江西的戏曲曲艺资源十分丰富，且地方戏曲形态极为特别。本章主要选取采茶戏和傩戏这两类较为出名的艺术符号展开阐述。

第一节　采茶戏之花开五朵

江西采茶戏是江西省各地采茶、花灯等民间歌舞小戏的统称，是古老的、传统的戏曲剧种，也是一个具有地方特色的文化符号。

江西采茶戏最初为茶农采茶时所唱的采茶歌，后与民间舞蹈相结合，形成了载歌载舞的采茶灯。它实际上有十七个剧种，分布在全省东、南、西、北、中五大区域，即采茶戏遍布在江西的五大区域。这五大传播支脉，与江西的水系河流有密切关联。

有意思的是，采茶戏的这十七个剧种特点各异，但多数人始终以为江西采茶戏就是一个剧种，进而将这十七个剧种概括成一个剧种，掩盖了它们的不同特色。倘若细细品味，我们会发现其中的差异。就拿景德镇的采茶戏来说，受渔歌唱腔和黄梅戏的影响，它经常会使用带有哭腔的下河调，而靠近靖安、安义、奉新、永修等地的采茶戏却常呈现靖安湖调，也就是说，采茶戏受不同地域或外来文化的影响，会融合不同的元素，有不同的形态，即因符号双轴的"选上选下"行为，各有差异。南昌采茶戏的发展亦是如此，本书选取一例展开说明，以观其采茶戏的形态。

南昌采茶戏是江西民间戏曲最早形成的剧种之一，它形成于中部南昌周边的南、新两县,初名茶灯戏,于明末清初,随着龙灯、狮灯、马灯,演唱于迎神赛会的活动之中。《吴城竹枝词》记载了南昌采茶戏在当地酬神还愿演出时的热闹景象:

秋日诸坪戏似麻,游人看戏亦看花。
章家坪里迟偏好,留着空台唱采茶。①

南昌采茶戏,早在清乾隆年间就建立了固定的乡班,组成了一生一旦两丑三行四脚的演员阵营,开始演出家庭、社会、公案、神话等十三本整本大戏,既表演挑夫贩卒的百姓生活,又演绎袍带衣冠的朝野故事。

清道光时期,花部乱弹在江西兴起,南昌采茶戏又改编了二十五部新剧,扩大为四十八本剧目(俗谚说"发不发,四十八"),一下子把南昌采茶戏推进到了鼎盛时期;同时,还创作了一批连台大戏,如三本《方卿戏姑》、四本《褝袍记》、五本《朱砂记》、十八本《天宝图》、二十六本《粉庄楼》,名传乡里。

民国初期,南昌采茶戏从乡村进入城市,竟与京剧、越剧三分天下,先后在市内建造了十二座采茶戏剧场、乐园、戏社与舞台,迅速打开了南昌市场,并及时根据流传于街头巷尾的社会传说与逸事,编演了四本真人真事的新闻剧:十二寡妇进京告御状的《鸣冤记》;以生命冲破宗法权势的《辜家记》;同情歌楼女子婚姻自由的《花轿记》;平民告官惩处地方恶霸的《南瓜记》——合称"四大记"。

南昌采茶戏从茶灯到三脚班,又从三脚班到半班,一直保持着民间戏曲的风格。

第一,剧本故事浅显明了,无论是乡民、走卒、士人还是官吏,乡言俚俗,处处呈现着妙趣横生的喜剧色彩。我们可以从《辜家记》中书香门第家婆定亲要彩礼、《鸣冤记》皇姑村妇大闹官府等片段看出。

第二,舞台表演充满着浓郁的生活气息,可以从小戏《秧麦》中田方夫妻点种舞蹈、大戏《赶子图》中村姑金莲采桑等表演片段中看出。

第三,曲调丰富,既有茶灯小调,又有曲艺说唱,生旦净丑都有本调主

---

① 广东省立中山图书馆、中山大学图书馆:《清代稿钞本 第三一册》,广州:广东人民出版社,2007年版,第105页。

腔,有时大段叙事,有时缠绵抒情,如《罗帕宝》店主姐的"写招牌"、《菜刀记》蔡鸣凤的辞店、《秦雪梅》的观画等。

新中国成立后,南昌采茶戏率先演出革命现代戏,曾得到领导人的题诗赞誉,而后采茶戏也曾在海外展现其艺术魅力。尽管受时代主题与传播风格的影响,但采茶戏的与众不同始终不离其地方性特色。

首先,作为地方剧种,它的成型发展必然与地形地貌、民俗民风密切相关。南昌采茶戏产生于茶区,后脱胎于灯彩,演唱于庙会。起初它就是一种敬神仪式,贺年举灯,节庆演唱,庙会开台,之后娱乐性逐渐加强。我们知道,南昌采茶戏的观众主要为市民阶层,市民对采茶戏故事题材的喜恶、取舍,对剧本故事发展的走向起着评判作用,甚至对戏剧传播发展起着决定性作用,如民间四大悲剧被改为喜剧,寄托"愿天下有情人终成眷属""好人有好报"等审美理想,就在很大程度上迎合了市民阶层的要求,体现了市民阶层的愿望。采茶戏的剧本题材多为社会公案、家庭世俗、爱情传奇、神仙道化、孝义廉节等五大内容。在这五大题材中"恶人得到报应,好人得到好报"的文化观念始终贯穿其中,在弘扬道德典范方面,采茶戏所讲述的故事均起着寓教于乐的作用。譬如,从故事的人物类型和行动序列来看,具有"英雄"功能的均为受害的市井百姓,"对手"则多为权豪势要、恶霸无赖这类与"英雄"有利益冲突之人。"对手"的"帮助人"有奴才、官员甚至神仙等,"英雄"的"帮助人"也有官员、奴才、仙人神力等。前两个行动序列中,采茶戏故事与原始故事的模式一致。但在第三个行动中,"英雄"的"帮助人"多不是由"英雄"请来的,而是"帮助人"偶然遇见或主动上门帮助的。一方面可看出受害的市井百姓软弱无力的性格特征与备受欺凌的处境,另一方面表达出市民心中于危难之际希望被帮助和救助的渴望。然而,双方的"帮助人"常常不止一个,说明故事中的人物即使具有官员、神仙的身份,也不是无所不能的。概言之,在人物的呈现上其性格特征也都是市民阶层的典型写照。尤其是受害"英雄"生动勾勒出了下层百姓对穿衣吃饭这种日常物欲追求时的无可奈何,与他们自身的热情善良相互作用造成的犹豫不决、软弱、冷漠等性格特征。采茶戏本身为俗文化,故事中的人物便少不了小人物或是老百姓身上的民间气息,纵使身为高官、神仙,在他们身上也仍能找到这种民间气息。它的民间性、日常性,明恩溥在中国体验乡村生活时就有言:"戏剧演出很容易涉及到当前人们普遍关心的事件。譬如，有两个县为了筑防堤坝的权利问题发生冲突，结果丢了几条人命，导致可怕的官司。整个事件被编成一出戏，在附近的地区很受欢迎。"①

其次，采茶戏的舞台语言采用的是当地方言，谐言诨语，交相辉映。譬如，采茶戏中生角一般用南昌话的书面读音，净、丑一般用口语音，旦角则兼用之。人物身份较高或文化修养较高的正面角色（如官宦、文人、大家闺秀等）多用书面读音，人物身份低下或文化修养较低的角色（如丑角或风趣活泼的下等人等）多为口语音。戏中南昌方言中的歇后语、民间俗语及惯用句式层出不穷，而这类韵味十足的短语与打趣的内容最能将人物的独特性格活灵活现地勾勒出来，如《方卿戏姑》中方氏的念白："啊呀，一滴奚哩都冒有呀！啊呀嘞，我让你胬只穷鬼，羞都要羞死来呀！""病了吧，我就跟你熬熬药，胬落雪天，我就跟你煴煴脚了。""穷鬼呀，不怕你会唱，要是唱得我咯乖乖巧巧咯女去，我就哇你八辣！"② 其中"熬熬药""煴煴脚"（"AAB"形式）、"乖乖巧巧"（"AABB"形式）、"八辣"（同韵母"a"）、"羞都要羞死来"（符合"×都要×死来"的句式）等将人物嬉笑怒骂之情烘托于纸上，表现出不同的人物性格。不仅如此，地方方言的选用还会影响地方戏的唱腔，因为当一个地方剧要在当地流传，就必须符合当地原有的声调系统，否则就不容易为当地人所接受，故而才有声腔可随方言变，而方言却不可随声腔改的说法。

由南昌采茶戏的风格、形态可以看出地方文化"底本"对叙述文本的塑形作用，其中的组聚合行为在无形中传递出那渗透着洪州古郡民风民情的文化作用。

小 结

地方文化是艺术风格成型的巨大底本，故事主题与艺术形态的趋向性共同指向了其背后的地域性、历史性原因。

---

① 明恩溥：《中国的乡村生活：社会学的研究》，陈午晴、唐军译，北京：电子工业出版社，2016年版，第51页。

② 注：念白出自南昌采茶戏《方卿戏姑》的演出。邵百鸣曾从南昌方言的词汇角度分析这一片段，可参见邵百鸣：《南昌方言》，南昌：江西人民出版社，2009年版，第202页。

第二节 似戏非戏之江西傩

何为傩戏？既然叫傩戏为什么又似戏非戏？这与傩戏之源流及功能不无关系。

傩戏最早就是消灾祈福的宗教祭祀剧，表演者都会戴上表情夸张且具有一定威慑力的面具，表演的动作与面具带来的效果显然是一致的，因此可以有驱鬼仪式之效。

西汉时期，江西南丰县就有傩祭。当时长沙王吴芮尝伐南粤，驻兵南丰军山，就有记载"其将梅鋗祭焉。礼成，若有士骑麾甲之状弥覆山上，因号邦人祀之"（明正德十二年《建昌府志》卷十二）[①]；南丰县金砂《余民族谱》（民国十七年版），收有傅子大辉撰《金砂余氏雄神辨记》，进一步说明了这种傩祭的形成："考宋时邑志旧本，载汉代吴芮将军封军山王者，昔常从陈平讨贼，驻扎军山，对丰人语曰：此地不数十年必有刀兵，盖由军峰耸崎，煞气所钟，凡尔乡民一带界在山雨，必须祖周公之制，传傩之以靖妖氛。"[②] 这里的"号邦人祀之""传傩之以靖妖氛"均说明了它最初是一种祭祀祈福的仪式。

到了唐代，傩戏依旧保持着驱鬼的功能。李淖的《秦中岁时记》中也曾有除夕之日演出傩戏，戏中必有傩公傩母，皆为鬼神状的记录。敦煌唐写本《除夕钟馗驱傩文》也可为证。由于江西的傩戏以钟馗为傩主神驱邪逐疫，因此表演钟馗的节目较多。譬如，南丰县石油乡《吴氏族谱·乡傩记》就记有钟馗"搜傩"的场面，现仍保持这种"搜傩"的完整形式，并有《钟道醉酒》节目。[③] 晚唐之后，逐渐产生了民间傩，它由四川移民传入江西南丰。金沙村的《余氏族谱·傩神辨记》曾经记载余氏之族世代相传有傩神，每年孟春孟冬都会有全族老少忙于傩戏的习惯，演出傩戏的习惯与唐古远祖余瑶公有关，他曾为衡州太守，"从四川峨嵋山迁来，得之清源妙道真君也，习其教，（道教）历

[①] 中国戏曲志编辑委员会编：《中国戏曲志·江西卷》，北京：中国ISBN中心，1998年版，第129页。
[②] 中国戏曲志编辑委员会编：《中国戏曲志·江西卷》，北京：中国ISBN中心，1998年版，第129页。
[③] 中国戏曲志编辑委员会编：《中国戏曲志·江西卷》，北京：中国ISBN中心，1998年版，第129页。

年弗变然"①。

两宋时期，宫廷傩传入江西，它通过"将军"和其他神祇逐疫。传入之后，以"将军"命名的傩庙和以"将军"为傩神的傩祭在萍乡、万载和靖安等地相继出现。萍乡市曾经就有"将军庙"并有"跳将军"节目；清代万载县就有八个傩神庙；明代靖安县拔贡舒性在清乾隆间写有的《风俗谣》就提到民众家家户户、执戈扬盾演出傩戏的盛况。宋代以后，民间又兴起一种"小儿傩"，在江西十分受欢迎。宋明时期的文献就曾记载腊月祀灶或除夕之日，小儿辈都会准备面具，遮蔽面部跳傩戏（似古傩礼，舞于市）。清乾隆间武宁人李维纲《墉埠竹枝词》中有诗："连村正月早迎傩，装点儿童学舞戈，金鼓磔浪轮值后，元宵灯火逐门过。"（清同治九年《武宁县志》卷四十）②

至此，民间傩、宫廷傩、小儿傩在江西省内流传开来，盛极一时。当然，不同类型的傩戏盛行的地方还不太一样，譬如，民间傩以抚州地区南丰县为中心扩散，宫廷傩以萍乡、万载一带为中心扩散，小儿傩则以武宁县为中心向周边扩散。它们的表演时间一般在岁末或新春，祭祀、驱疫两相结合，先进行祭祀仪式后表演傩戏。

傩戏在江西盛行发展的过程中，也留下了许多逸闻趣事，特别是在傩戏活跃的中心城市。下面与大家分享几则有意思的传说故事。

1. 南丰傩戏传说

周文王得天下，百姓仍不能安居乐业，每日午时过后便有鬼魂作祟，使人不敢出门。文王知晓此事，即刻诏问丞相姜子牙。姜子牙找到师父元始天尊，得知了原因：连年征战阵亡的将官们封了神，而那些在战斗中丧生的士兵却未归位，故冤魂不散，兴风作浪。为制止小鬼闹事，宫里开始雕刻将官面具，在大厅上举行驱鬼仪式。小鬼们见神将降临，纷纷潜逃，老百姓也就得以避难消灾。"傩"字之意，乃是人们避其难之谓也。从此以后，每年乡间市井都会通过跳傩除邪逐疫。又一说，据宋代县志所载，汉时有一位吴芮将军，随陈平讨

---

① 中国民族民间舞蹈集成编辑部编：《中国民族民间舞蹈集成·江西卷》，北京：中国 ISBN 中心，1992 年版，第 60 页。

② 中国戏曲志编辑委员会编：《中国戏曲志·江西卷》，北京：中国 ISBN 中心，1998 年版，第 130 页。

贼来到南丰，驻兵军山，见当地山峰对峙，煞气笼罩，不出十年必有刀兵之祸，便告诫乡民，遵照周公礼制，跳傩祭典，以镇妖势。

2. 万载傩戏传说

宋时皇帝为了试看张天师的法术，将二十四名鼓乐手隐藏于后宫，命其奏乐，然后宣诏天师说：宫中常闹鬼魅，且有鼓乐之声，令作法驱逐。天师遵旨，取过一碗冷水，念动咒语，鼓乐手即刻冻得瑟瑟发抖，鼓乐遂止。顷刻间，鼓乐复起，天师又取空碗一只，口中念念有词，并用筷子在碗面上一抹，立时鼓乐全停，二十四名鼓乐手头颅均落于地，从此，皇宫内冤魂声声，昼夜不宁。皇帝无奈，只好敕封已死去的二十四名鼓乐手为"傩神"，为首者称"欧阳全甲大将军"，可享万民香火，二十四名傩神顿时飞离皇宫。因其身落至湖南，其头却在江西，故江西万载供奉的傩神只是有头而无身，傩舞又称"二十四戏"。①

3. 靖安傩戏传说

同为皇帝试探张天师法术的故事，有所不同的是唐朝皇帝的太子喜爱看戏，在张天师作法的时候，太子也正好嬉戏于鼓乐手之间。张天师用筷子一抹碗口，太子的头与鼓乐手的头同时落下。鼓乐手阴魂大闹宫廷，唐皇帝李世民便下旨安抚，奉请他们到安静之处去养身。五名鼓乐手们听错了，以为是到奉新、靖安去养身，于是落到奉新、靖安两处做傩神，称"傩部五将军"。又因悲痛太子之死，皇帝遂谥封太子为"太子菩萨"。所以当地行傩时，傩班首领总是抱着一个娃娃走在五位将军最前头。皇帝深知有愧，仅绘制了一幅自己的画像挂在雄神轿门一旁，谦称为"挂角将军"。

4. 萍乡傩的传说

萍乡傩的传说有两则，一说起源于商代末年，当时跟随武王伐纣的文臣武将，效命沙场，死后英灵长存，继续扶正祛邪，为民造福。世人敬为傩神。二

---

① 中国戏曲志编辑委员会编：《中国戏曲志·江西卷》，北京：中国 ISBN 中心，1998 年，第 733 页。

说商代有唐、葛、周异姓三兄弟,因父母为鬼所打,从此便潜心修道而成仙。正值乱世末年,刀兵四起,冤魂作祟,三兄弟立即四处杀鬼驱邪,不仅为父母报了仇,还为百姓除了害,因此,被"敕封为护国佑民三元唐葛周三帝大将军"。三人杀尽鬼邪之后飞升上天,百姓闻讯,惧怕鬼邪重来,跪拜于地,求其留在人间。三帝闻声便于空中抛下仙角一支,告知百姓请杨武雕刻其三人画像,如有邪鬼瘟疫祸及人间,速吹三声仙角,他们即刻降临。因在云雾之中,只见三人头面,不见三人之身,杨武祖师仅刻下了三个头像面具,流传于今,成为萍乡傩神之主神。[1]

傩戏的诸多逸闻趣事凸显了傩戏的仪式功能。特定场合、特殊的风俗语境让傩戏成为一种必不可少的祭祀避疫的仪式。如今随着不同时代审美需求的变化,傩戏的功能由实用表意逐渐向艺术表意偏转,比如,傩戏或者傩戏中的关键元素作为一种非物质文化遗产、艺术作品被展示出来。

小　结

展示的环境是影响傩戏似戏非戏的重要因素,即傩戏本身可以同时具有使用意义、实用意义、艺术意义,在不同的展示空间下,它的某一重意义会起主导作用。

---

[1] 参见中国戏曲志编辑委员会编:《中国戏曲志·江西卷》,北京:中国 ISBN 中心,1998 年,第 734 页。

第五章　古迹符号

名胜古迹包括自然与人造的古迹符号；自然风景与实用建筑等符号由于被展示，被赋予艺术意图，成为艺术符号。当然，一旦它被投入使用，又可以由艺术符号转换成实用符号。本章将以具有道教意味的万寿宫以及具有地方特色的古戏台为案例展开说明，万寿宫与古戏台在不同的历史语境中有着不同的表意功能。

第一节　也说万寿宫

万寿宫这个名字可不一般。"万寿"二字，《诗经》有云：万寿无疆；万寿无期。① 听到"万寿无疆"，我们首先会想到"万岁，万万岁"，二者乃同一个意思。尽管为历代君王所器重的"万寿无疆"，在当时是不许一般平民百姓乱用的，但贵生恶死、追求长寿基本上是人们心中固有的一个理念，这个词本身就寄托了百姓美好的愿望与诉求。譬如，孔子感颜回不幸短命而死，有了"知者乐、仁者寿"之高论（《论语·雍也》）；老子大讲"谷神不死""深根固柢，长生久视之道也"②；庄子则提出了"先天地生而不为久，长于上古而不为老"的成仙思想（《庄子·大宗师》），为中国长寿文化开辟了道路。③ 因此，在介绍万寿宫之前，我们似乎可以通过"万寿"二字猜到点什么，即"万寿"二字指向了特定含义。

以"万寿"二字命名的名物名址非常多。譬如，陕西西岳华山的崇宁万寿

---

① 注：《诗经》"君曰卜尔，万寿无疆"，《小雅·南山有台》"乐只君子，万寿无期"。
② 阚荣艳：《老子》，北京：北京时代华文书局，2019 年版，第 12 页、第 145 页。
③ 章文焕：《万寿宫》，北京：华夏出版社，2004 年版，第 115—116 页。

宫、福建闽县九仙山的崇宁万寿宫、江西阁皂山的崇真万寿宫、西山玉隆万寿宫、龙虎山的太上清正一万寿宫、安福东平上清万寿宫、吉州天岳山天华万寿宫、新干洞阳万寿宫，等等。就是在国外，我们也会发现"万寿"的踪迹——新加坡就有挂着"龙路虎据西山地，保国佑民万寿宫"楹联的万寿宫，在纽约还可见到一个曼哈顿万寿宫（Wan Shou Gong）宾馆，等等。尽管命名一样，但是它们的功能是有差别的，有道观万寿宫（道士修道祀神场所）、宫廷万寿宫（皇帝修道斋醮的场所）、官署万寿宫（与修道无关，仅供奉皇家万寿牌位、举行朝贺仪式等）之别。其中，真正能以"万寿"闻名于世、流芳千古的莫过于发源于江西南昌地区的万寿宫。因此本节将从江西省内的万寿宫讲起。

曾经有学者专门调查统计江西省内万寿宫分布情况，结果如下：

中心地区南昌市区（含湾里）计14所，新建14所，南昌县16所，进贤13所，安义6所，约计63所。大都祀奉许真君的道观，以西山玉隆万寿宫和南昌铁柱万寿宫作为全省万寿宫的源头，前者为净明道产生的祖庭，后者为全省祀奉许真君的典范。在南昌市内有袁州和万载商人兴建的万寿宫，属行旅式万寿宫。

赣北地区九江市及九江县共9所，修水36所，武宁27所，湖口6所，永修3所，瑞昌、星子、德安、都昌各1所，约计85所，彭泽待查。

赣西地区丰城市15所，高安6所，樟树市（清江）5所，新余市渝水区（原新喻）6所，分宜8所，宜春市14所，铜鼓5所，万载31所，宜丰38所，上高12所，靖安3所，奉新8所，萍乡市14所，约计165所。

赣中地区：吉安市及吉安县4所，永丰21所，遂川11所，新干4所（乡镇未计），泰和3所，吉水、万安、井冈山（宁冈）各2所，安福、永新、峡江各1所，约计52所。

赣东地区：抚州8所，崇仁10所，宜黄6所，乐安5所，东乡2所，金溪1所，资溪2所，南城7所，南丰3所，黎川7所，广昌1所，约计52所。

赣东北地区：上饶市及上饶2所，玉山3所，广丰1所，七阳5所，横峰2所，铅山4所，波阳2所，万年8所，余干10所，景德镇市1所，德兴市3所，乐平市1所，鹰潭市贵溪3所，余江2所，约计47所。

赣南地区赣州市及赣县 30 多所，兴国 28 所，宁都 15 所，于都约 10 所（乡镇难计），安远 3 所，石城 2 所，安远所，瑞金、寻乌、信丰、龙南、大余各 1 所，南康 2 所，定南 4 所，崇义 7 所，上犹 6 所，约计 115 所。①

这约计六百所的万寿宫足以说明其在江西的重要性。江西万寿宫的产生与兴盛，与民间崇拜和传统文化背景是有着密切联系的。万寿宫供奉的主神是晋时许逊真君。在人们看来，许真君是治水英雄、扶正祛邪的普天福主，这一点我们之前就已经谈到。基于百姓对许真君的崇拜敬仰（民间朝拜许真君，强调忠孝、保护生态环境等），对道教文化的信仰崇奉，各地士大夫、文人、官员、富绅等纷纷从各个方面支持兴修万寿宫。

过去，江西的水患灾害十分频繁，比如，在南宋到明弘治年间水患灾害平均每世纪有四十八年次，明正德年间到 1985 年则平均每世纪有八十四年次，从 4 世纪到 20 世纪全省洪灾每年九十五次，其中特大洪水每年就有三十三次，差不多五十年一遇。历年水旱灾害较为严重，且从魏晋以来就呈上升趋势，明清的水灾都是两三年一遇，有时还是特大洪水，蛟龙起水的传说未曾终止。②故而，在历代府县志中，明清出蛟的记载是层出不穷的，尤其在山区因山洪暴发，平地水泉冒出之际。明代出蛟的记载共十九处，德化（九江）、星子、建昌（永修）、武宁、广丰、弋阳、永新、遂川、新干、新余、萍乡、万载、奉新、崇仁、宜黄计十五县，其中洪武元年修水、永修、永新三县同时出蛟，江水暴溢；清代出蛟记载五十四处，遍布新建、进贤、都昌、彭泽、九江、星子、瑞昌、德安、万载、宜丰、高安、宜春、萍乡、分宜、安义、景德镇、乐平、波阳、万年、宁冈、泰和、吉安、大余、于都、寻乌、石城、崇义、广昌、南丰、崇仁等三十县，几乎占全省的近半数县。庐山一年有过九次之多，每次出蛟数常在数百或无可计数，发动时大都伴随山崩地裂，地底涌水，平地水高数丈，导致山体滑坡，泥石流下倾，漂没民居，男女溺死。③ 在两宋以后，就有巫风愚弄百姓、剿绝性命、骗取钱财的记载，许真君铁拳制巫的神

---

① 章文焕：《万寿宫》，北京：华夏出版社，2004 年版，第 115—116 页。
② 章文焕：《万寿宫》，北京：华夏出版社，2004 年版，第 113 页。
③ 参见章文焕：《万寿宫》，北京：华夏出版社，2004 年，第 114 页。

威、铁柱锁蛟的"灵柱",有助于稳定人心,减轻水患,唤起人们的环保意识。

　　从万寿宫形成与发展的历程来看,江西万寿宫是别具一格的。它并非专为道士闭门修道炼丹的场所,而是带有浓烈的地方民俗特色,主要体现在朝圣庙会、游神赛会、节庆娱神等方面。朝圣庙会①是为了纪念许真君飞升,拔宅仙去。庙会当日人们成群结队敲锣打鼓,从四面八方云集万寿宫,竭诚拜谒为民惩治水患、消灾解难的普天福主,整个场面热闹非凡。其文化底蕴是极其深厚的,它将"忠孝神仙"许真君信仰长期保存下来,千古不灭。游神赛会与庙会一样,场面热闹非凡,它一般是在春节或其他节日举行。主持者先需进宫献香,拜请许真君出驾,得顺卦后才许出游,否则只能作罢。出游活动一般由游神队伍(包括锣鼓乐队、化装队伍)用轿抬真君神像,至各街各巷游行,所到之处,居民放鞭炮迎接,殿后道人抬一簸筐,接受各户红包。②诸如此类的娱神活动还有很多,它们也必然要到万寿宫场地进行。有意思的是,江西各地万寿宫大都建有戏台,每年八月庙会期间或其他时间都要延请戏班在万寿宫演戏娱神,没有戏台的也可以临时搭建一座。上演的戏目不限于许真君有关剧目,只要不亵渎神灵,不伤风败俗,什么剧目都可以演,可以是其他剧种,也可以是地方曲艺(如江西道情、评书、渔鼓、采茶戏等)。无论是庙会、游神赛会还是其他娱神活动,都会在一定程度上带动经济发展,因为万寿宫具有凝聚人气的作用,人们可以利用节日庙会进行展销活动。可以说,不管历代帝王如何赐名,始终无法改变由其承载的士农工商四民共祀的民俗传统。

　　值得一提的是,官商士庶、三教融合、多元并存的万寿宫最早在南昌形成,各地以其为模板,逐渐开始兴建万寿宫或许真君庙。这股风潮也波及省外,移居省外的江西人(特别是商人)也开始普建万寿宫,并将其用作联络聚集的会馆。此时,万寿宫与江西会馆、江西人是画上了一个等号的,它成了赣民之间联系的精神文化纽带与依托。这也符合我们在第一章提到的一个符号替代另一个符号的情况,万寿宫作为道观的功能被时代语境替代,从而具有了更多的社会功能。

---

① 全省万寿宫在每年农历八月初一(初一至十五)开始举行朝圣庙会。
② 章文焕:《万寿宫》,北京:华夏出版社,2004年,第126页。

小 结

万寿宫并非单一的建筑符号,它在不同地方的出现也绝非偶然。作为一个文化符号集群,它传递出了群体的特定需求,同时也成为增强不同地域关联的一种符号载体。

第二节 家家户户戏登台

"深夜三更半,村村有戏看,鸡叫天明亮,还有锣鼓响;三天不看戏,肚子就胀气,十天不看戏,见谁都有气,一月不看戏,做事没力气"……上述民谣生动地传递出乐平人喜爱看戏的事实。他们除了爱看戏,还爱唱戏,农民干活时都会哼上一段饶河戏,有时挑担石灰下田,也会模仿《打金枝》唱调唱上一句:"昨夜一梦真巧奇,梦见个农夫挑石灰,一担挑在田坎上,放下簸箕撒石灰……"数百年戏剧情结的积淀,凝结成乐平鲜明独特的戏俗风情。[①] 由人们对戏剧之热衷,可以想见戏台之繁多。曾有数据显示乐平当地有古戏台412座(2002年),包括建于明清、民国、新中国成立后等时期的戏台,而在2019年增至458座。央视也曾多次对乐平古戏台及其演出盛况进行了直播报道,每当提起"中国古戏台之乡""中国古戏台博物馆"这些名称标识,我们便很容易想到乐平这个城市。这里的乐平古戏台既是一个指示符号,又是一个像似符号,同时也是一个规约符号。我们本节要讲到的便是乐平古戏台,来谈谈这家家户户戏登台的文化符号景观。

乐平,赣剧之乡,盛行"高腔"一派。这里遍布一座又一座风格各异的古戏台,其数量之繁多、规制之宏大,令人震撼。这些戏台在屋脊、宝顶、飞檐、立柱、斗拱、梁枋等方面有其特色。比如,在屋脊上常以龙、狮、麒麟等走兽为装饰;直冲云霄、颜色各异的宝顶则寄寓驱灾保平安的愿景;斗拱上多以蝴蝶、蜘蛛为装饰,寓意百蝶争芳、喜从天降;梁枋则多以文物天官、福满堂、万寿图和狮子木雕为主;等等。仅从这几个特点,我们也能发现古戏台被

[①] 参见政协乐平市委员会编:《中国乐平古戏台》,南昌:江西人民出版社,2008年版,第90页。

符号化的过程,因为它的各项构成因素既具有像似性关联,又有指示性关联。

乐平的古戏台虽多,但是主要类型乃五类,分别是:祠堂台、万年台、庙宇台、会馆台、家庭台。祠堂台是戏曲文化与宗族意识联姻的一个产物。乐平最初是个"移民"城市,宋元期间四面八方的人迁居于此,他们的姓氏十分多元,人员组构也是不同的,这就与周围的村落不一样(一般来说,其他村落都以某一个姓氏汇聚在一起)。这些"移民"凝聚在一起,内部必然有或者必然会形成某种特定的、具有权威性的族群意识,在乐平这里,就体现为祠堂这一建筑形态。有趣的是,在乐平,森严形态的宗族祠堂内部可以表演亦庄亦谐的戏曲。所以,我们才会说乐平的祠堂台是戏曲文化和宗族意识联姻的产物,它将寓教于乐的教化作用和宗族意识的凝聚作用融为一体。无论是一年一度的祭祖活动还是二十年一次的修谱仪式,祠堂中的演出活动都是在族群首领的组织下有条不紊地展开的。

这类祠堂台一般有晴雨双台,由木质雕花屏风隔出。其中,雨台向内(与祠堂相对),中间隔着天井,两侧厢楼合抱成一个封闭式结构,供村民雨天看戏;晴台则向外打开,面对广场,供村民晴天看戏。著名的祠堂台有:车溪村敦本堂戏台,位于涌山镇车溪村,建于清乾隆十一年(1746年),属仿明祠堂台建筑群,为祠堂戏台之经典;涌山昭穆堂祠堂戏台,位于涌山镇涌山村,始建于明崇祯年间,其"工艺之精细,建筑之宏伟,堪称鬼斧神工";浒崦戏台,位于镇桥镇浒崦村中央,始建于清同治十一年(1872年),由晴雨台、看台(阁楼包厢)和名份堂(程氏宗祠)三部分组成,它以"建筑奇巧复杂,装饰豪华艳丽"著称,堪称古戏台中之极品。[①]

由于要体现宗族权威荣耀的地位,这类戏台在形式上较为富丽堂皇。也就是说,祠堂台这个符号直接指向了其背后的族群意识与戏曲文化,它的形态构造又连接并像似着宗族是否兴旺;随着宗族意识的增强、戏曲民俗活动之繁盛,祠堂台又逐步成为一种文化规约符号。

万年台是戏曲文化和民众生活联姻的产物,它之所以被命名为万年台,是因为它寄托了万千观众对戏曲的热爱以及期待戏台能千秋万载永存的美好祝

---

① 参见政协乐平市委员会编:《中国乐平古戏台》,南昌:江西人民出版社,2008年版,第28—32页。

愿，因此它也是这五类戏台中数量最多的戏台。它一般坐落在村庄中心位置，连接着周围的街巷，也易于观众集散。在戏台形态上，万年台与祠堂台也是不一样的，万年台基本只有晴台，演出是向外敞开的，其演出内容也是生动的，故能够受到更多民众的喜爱。典型的万年台有：众埠界首戏台，始建于清代，方志敏同志曾于 1930 年在该台上宣布成立中国工农红军第十军；2001 年 6 月，该戏台被中共中央宣传部定为全国爱国主义教育基地；坑口戏台，始建于清道光二十五年，原属晴雨双面台，后改建为万年台，因与浒崦戏台相像，与之同誉为"姊妹双葩"。①

上面这两类戏台是如今较为常见或者说留存较多的戏台，因为某些历史原因，庙宇台、会馆台、家庭台都随着时间流逝而消失。但仅从其名字来看，我们就会发现其中关联。具体来说，庙宇台是戏曲文化与宗教活动联姻的产物，因为戏班在庙宇内演出，不仅香客云集，还可以宣传佛教，扩大影响。会馆台是戏曲文化与商贸活动联姻的产物，演出活动和商贸活动在会馆内展开，聘班演出广泛联络同乡同行，畅谈贸易。乐平的会馆戏台最早建于清末，延续至民国，源自商人会馆。家庭台则是戏曲文化与中上层家庭娱乐联姻的产物，相传当时为避免妻妾子女外出看戏招惹风流韵事，很多人在家中建台，主班供养子弟，也曾率班外出巡演。总之，这五类戏台均体现出戏曲文化渗透到日常生活中的各个方面，它们的产生与当地族群的凝聚性、归属性、娱乐性是密切相关的，平时热闹的演出场面也形成了一种文化符号景观，既有族群意识背后的娱乐狂欢，又有民间习俗的信仰与沿袭。

戏台存在最大的一个实用功能就是承载戏剧演出活动。由乐平古戏台数量之多，可见其戏剧演出活动之空前盛况。笔者曾经在乐平考察，就听当地老人描绘乐平热闹的戏剧演出活动。在每年特殊的节日（如修谱），上百人云集在戏台前，大人们看戏嗑瓜子，小孩在周围玩耍。戏台将居住在周围的乡人甚至远方的同族凝聚起来。这个活动也是一种梳毛的活动，我们在之后章节会具体讲到"梳毛行为"。

戏剧演出对于当地人来说是一件非常重要的事情。仅从旧时一年四季都有

---

① 政协乐平市委员会编：《中国乐平古戏台》，南昌：江西人民出版社，2008 年版，第 36—38 页。

酬神应节名目我们就可以看出演出活动之频繁之重要。

正月：春节、元宵戏。剧目多演出彩头戏，如：《满堂福》、《全家福》、《龙凤配》等。

二月：花朝戏、土地公公、娘娘戏。［娘娘是以前儿童出天花种苗（即种牛痘），请戏班演出敬天花娘娘。有的地方种苗前或种苗时做戏，有的地方出天花后做戏，由天花痊愈户开戏金并供子弟吃饭，也有由天花户或有儿童的人家摊派凑钱演戏的，剧目不拘，认为无碍娘娘神灵即可］。

三月：娘娘戏、行会戏（景德镇市多在三月做娘娘戏。并于三月十六日开始做行会戏）、祭祖戏（清明前后，多演出《陈大官祭祖》、《寿阳关》等剧目）。

四月：胡老爷等菩萨戏，暖窑神戏等。（乐平县涌山乡长源供奉当地的胡老爷菩萨。乐平县黎桥张家供奉当地的烂脚侍公……等，各地供奉的菩萨不尽相同。又如：景德镇市窑工供奉烧窑业祖师童宾，瓷工供奉师主赵慨等。演出剧目不拘，认为无碍于神灵皆可）

五月：端午节戏、关王戏、划龙船戏、许真君戏、牌面戏。（剧目常演出《白蛇传》、《临江会》、《水携庞德》等）

六月：老郎菩萨生日戏（常演出《凤凰山》等），李老君戏、观音戏。六月十九日演出《大香山》等剧目，自六月后，每月十九日，各地都有做观音戏的。

七月：关公戏、周王菩萨戏、地藏王戏。

八月：许真君戏、观音戏、周公菩萨戏。关公张飞戏、开赌戏、中秋戏。演出《嫦娥奔月》、《阴阳河》等剧目。

九月：重阳戏、观音戏、周王菩萨戏、九皇戏。乐平县南港九月做重阳戏，隆重纪念当地侍奉的李老爷，做戏九天，其中两个天光戏。乐平县语口于十七或十八日开始做观音戏，历十五天，其中十九、二十三两日做天光戏。乐平镇十九日在观音阁戏台做观音生日戏，历三昼夜。景德镇市亦做观音戏，多演出《大香山》、《万寿图》等剧目。

十月：花朝戏、李献忠戏、祭岳侍公戏、还愿戏、三仙戏、立冬戏、牌名戏。乐平县卢鹅埠乡韩家十三日演还愿戏（朱洪武封韩修为平浪王）；乐平县坎上余家做立冬戏，1947年村中摆下近三百桌宴席，同姓华宗，女氏亲乐头天来赶晚餐。

十一月：祭祖戏、祭冬戏。

十二月：打会演赌戏、修谱戏。

中秋以后，农事收割完毕，农闲时节，各地往往演目莲戏，或修谱戏、攀华宗戏等。①

由于戏台繁多，很多时候戏台与戏台是相对着的，就会出现类似"打擂台"的情况。譬如，临近的几户人家都有戏台，这些以家庭为单位展开排练与演出的班社，到了特殊的节日，就会出现家家户户相对演出的盛况。演出是否"得劲"，表演是否到位，对于他们而言是具有一定的符号意义的，因此，他们会使出全身解数暗自较劲，比比哪家演出更好更受欢迎。而将一次宗族祠堂活动推向高潮必不可少的重要举措就是祠堂戏台上的连日演出，这种狂欢活动，其目的就是要在铿锵的锣鼓声中强化主权，巩固宗法，凝聚族人。除了以家庭为单位进行表演的情况，还有另一种就是挨家挨户上门演出，这时家家户户忙于上门接戏，谁家客人越多就越风光。就像之前各家演戏一样，观众越多演员越带劲，也越觉得风光。

乐平人看戏，经常为演出戏班子"打彩"，即用金钱、物资为演员喝彩，打彩钱物均归打彩对象。当演员演到精彩处，当演员是名角，或演员所演角色与演戏宗族同姓时，村民均要包钱或赠送锦旗为其"打彩"，有时则当场往台上抛糖、香烟和钱等。"打彩"是乐平民间演戏做戏必不可少的重要环节，它充分体现了村民们对演员的尊重与褒奖。②

需要说明的是，以家庭为单位的班社并非完全以演戏为生，他们白天务农，干活之余排练特殊节庆日里要演出的剧目。无论是自家班社演戏，还是接戏看戏，当地人们都十分重视，戏曲是一项娱乐活动，更是声望与美好愿景的寄托。

说到这里，根据景德镇市文化局、景德镇市戏曲志编纂委员会编印的《景德镇市戏曲志》，再补充一个与接戏之所以盛行有关的故事，即挨门戏的传说。

传说过去浮梁县东北乡瑶里，有个蘇丛大王，乃画龙点睛的九头鸟下

---

① 景德镇市文化局、景德镇市戏曲志编纂委员会编：《景德镇市戏曲志》，2003年版，第320页。
② 政协乐平市委员会编：《中国乐平古戏台》，南昌：江西人民出版社，2008年版，第90页。

凡。他占山为王，鱼肉百姓，横行霸道。浮梁东北乡瑶里、鹅湖一带的钱粮税捐受到他的层层盘剥，更有甚者，凡有人新婚，新娘子必须先侍奉他三夜，所以当地百姓对其莫不切齿痛恨。官府虽多次派兵征剿，无奈蒜丛大王盘踞的山寨地势险要，加上他武功高强、喽啰强悍善战，所以一直未能剿灭。直到朝廷派来了足智多谋、作战英勇的蓝葵将军（他还很有文才，十分喜爱戏曲，其妹蓝英亦是巾帼英雄）。他领兵来到浮梁，定下计谋，准备趁着蒜丛大王做寿，欲请戏班大肆庆贺之机，以戏班名义从内部攻下。蒜丛大王做寿那天，各方庆贺，热闹非凡；晚上演戏，锣鼓喧天。蒜丛大王一伙喝得醉醺醺的，在前呼后拥下，坐在那里看戏。剧情步步发展，动情处，蒜丛大王看得津津有味；诙谐处，他开怀大笑；武打紧张处，扣人心弦。蒜丛大王看得神痴志迷，忽然间，台上兵将飞身而下，真刀真枪地对蒜丛大王动起手来，蒜丛大王等一伙尚且丈二金刚摸不着头脑，就见刀枪剑戟一齐下，呜呼哀哉人头落了地。原来戏班跑龙套的子弟全部是蓝将军及其部下扮演，好在当时戏班武打演出时用的是真刀真枪，此时戏班子弟亦助阵参战，个个奋勇当先。

且说蓝将军猛挥刀砍去了蒜丛大王的头颅。谁知头颅刚被砍下，一瞬间，其身躯上又长出一颗。蒜丛大王神志骤醒，迎战蓝将军，你来我往，杀得天昏地暗，难解难分。蓝将军使出浑身解数，酣战不休，最后使出撒手锏——祖传八卦刀绝招，连连向蒜丛大王头颅砍去，谁知砍下一颗头颅霎时又长一颗，砍几颗长几颗……原来蒜丛大王的真身是天上九头鸟，是不怕砍头的。在蓝将军感到棘手无策的危难之际，蓝英姑娘忙从胯下扯出马片布，当蓝将军再挥刀砍下其头颅时，蓝英忙用马片布裹住其颈部，秽其元气，这才使之立刻毙命。众喽啰也死得七零八落，余者见大王呜呼，纷纷跪地投降。蓝葵将军因征剿有功，受到朝廷嘉奖，并让他长驻浮梁景德镇，永保当地平安。嗣后，蓝将军子孙繁盛，在景德镇半边街曾建有蓝家祠堂。戏班因协助征剿蒜丛大王有功，蓝将军便会同官府下令：今后，凡戏班下乡演出，戏班外班头下了写戏的帖子，各乡各村都要依次接待演出；若确有原因不便接待，也要派人写帖，并要包回箱钱，打点戏班。戏班每到一村，即使不演出，村里也要招待一宿两餐（即安排住一夜，供两餐饭）。故而，将戏班下乡演出称为演挨门戏，有的人也称戏班为挨门班。

此民俗不仅浮梁县四乡相沿成习，还延扩到浮梁与波阳，浮梁与乐平、婺源等交界处的广大乡村。

与古戏台、戏曲演出活动相关的传说还有很多，尽管它们属于传说的体例，但是这类传说的产生及其所讲述的故事可以从另一个方面揭示家家户户对演戏的重视程度。

小　结

重复是意义世界得以建立的基石，乐平上百座戏台在不断共现的过程中建构了社群的某种"意识"，它借助符号得以绵延，在人与人、代与代之间得以传承。

第三编 新媒体符号现象

第一章　符号场域

新媒体时代刷新了我们对符号场域的认知，微信、各类短视频 App 等为我们组聚了不同的符号场域，它模糊了物理的空间感，为人们提供了诸多展示的可能。本章主要从微信等日常社交娱乐的软件出发，来看其符号场域下人们的各类交往行为。

第一节　近在微信与远在天边

"我微信，我存在"很好地诠释了现代人主要的交往方式和生活方式，但是这种无时不微信的特征，有时候真的会让人哭笑不得，甚至到最后令人愤然想要卸载微信。当然，也许很多人曾有过这样的想法，但是能够真正实施此类行动的人是独具勇气与个性的，随着时间的淘洗，微信的更多功能被不断发掘，这些人也只能渐渐地被媒介改变。①

就一些"社畜人"而言，微信体验确实有点妙。它让人切切实实地体验了媒介即身体、媒介即人格、媒介即存在的诸多特点。一旦手机不在身边，一旦没有 Wi-Fi，一旦没有看微信，一旦在开会培训，很可能就有人在微信的另一头急着找你，甚至在微信群里摇旗呐喊："TA 不见了，TA 去哪里了，有急事，联系不上！"最害怕也最无奈的就是看到"要耽误事情了""后果自负"等字眼。而通常你会感觉这些事都发生在你离开手机的十来分钟左右。不得不感

---

① 注：比如在异国他乡的人，没有比微信更方便与人取得联系的软件。特别是 2020 年，传闻美国将禁止使用微信和抖音，这一消息引得在海外留学、居住的华人彼此提醒，赶紧存留其他能够联系上的方式。纵使禁止使用微信的消息被证实为谣言，却从一定程度上说明微信在人们日常联络中所占据的分量。

慨微信对人们日常生活方式之巨大影响力。这种影响力会让人逐渐不爱聊微信，不想发朋友圈，下班回家后就想把手机给搁置起来。也许有一批曾经沦陷于微信的朋友正经历此类感受，因此本节主要聊一聊微信带来的社交泛化现象，及其导致的交往疲劳、情感疏离状况。

微信的产生开启了网络社交的新形式，它最先打开了碎片化、即时性的"微"时代纪元。它让时间、空间无限扩张的前提是手机、Wi-Fi 与人体的融合，即前二者一同成为人体的"综合器官"。这两个延伸的器官实现了微信各种场合下的交流交往方式——通过线上线下扫码、添加附近的人、现场摇一摇、面对面建群等展开一对一、一对多和多对多的认识与交流。这就让原本以为是私人性质的社交媒体变得很不"私人"，因为它对时空的扩张方式、敞开方式充满不可预期的开放性，私人的感情也被公共空间攻占了。我们可以是因为在某个平台的互联共享了朋友；可以因为工作和生活需要添加了彼此的微信；可以因为身处同一个圈层有意无意地加了个朋友；可以因为某一次吃饭开会的机缘巧合扫了一个二维码；还可以是被朋友的朋友变成朋友，而这些关系又会通过朋友圈点赞留言的方式再次构成某种熟悉又陌生、陌生又带点尴尬的联系。而当各种类型的"朋友"组聚在一起，便潜移默化地改变了朋友这个词的本来含义，似乎但凡有一点联系便是朋友，这也使得原来寄存于朋友名义的情感交往变味了。

起初，我们使用微信功能，通过它可以找到曾经久未联系的朋友，可与远在他方的朋友进行多种形式的互动交流，以增进感情，但是，它本身并不能弥补多年的情感缺失。久未联系的朋友，经过一番问候被勾起短暂回忆之后，很可能会陷入"话语贫乏"的状况。毕竟多年不见，缺乏日常交往基础，由于性格、地位、文化等方面的差异，加上不同的人生经历，难以找到可持续的聊天话题。有时"联系"便成为一种心理负担，也难以持续下去。这种体验在同学聚会之际最为强烈，怀着某种情怀加上老同学的微信却发现彼此只能寒暄。

微信虽然可以通过作为身体延伸的表情符号或视频等功能弥补身体的不在场，但是这隔着屏幕的身体，始终与自我之间存在一定的区隔，我们仍旧会陷于身处不同地理位置的"隔空喊话"。很多时候，无数次线上交流体现的情感效应，倒不如一次见面的拥抱。因此，以微信互动取代现实交往，并不能达到情感互动的预期效果。最简单最常见的一个例子便是异地的情侣纵使可以每天通过微信联系，但大多数失败的经验告诉我们，微信里身体的不在场最终可能还是敌不过身边人的嘘寒问暖。身体的不在场是自我意识缺失的重要原因。而找到自我力量的中心，才能"使我们抵制住周围的混乱和困惑"[①]。不仅如此，缺乏身体调性的表情、无姿态的语言有时候还会造成一定的误解，它可以使得原本仅凭一个眼神就能明白对方意思的事情，变成了闷在心里的猜忌怀疑；它可以使得不怀好意者断章取义，扰乱正常秩序，甚至造成一定的舆情事件。因此，微信只是一种用于联络的工具，情感增进与意义的正向传递，仍旧离不开原始的面对面感知。

小 结

虽然微信属于强联系的媒体，但它更多的是一种"总体"联系；缺乏实体接触，缺乏安全感和信任度，缺乏深度交流的情感话题，容易导致沟通双方疲于交流，进而陷入一种情感疏离的境地。

第二节 "群体"的出演

微信以一种弹性的方式，营造了各种不同的社交手段及社交圈，以此迎合、满足人们的多样化需求。很多时候这种被迎合、被满足的需求，是通过表演的方式呈现出来的，或通过一种"群体"出演的方式呈现，而这在日常生活中是难得的。这里，我们就来谈谈微信群、朋友圈中的"群体"出演。

在微信平台要达成"群体"出演，一定程度的"朋友"数量是必需的。这些所谓的微信朋友可能有着某些关联，或是相识之人，或者置身于某一个微信群中。在具备这些条件之后，"群体"出演即将开始。

当你在朋友圈"晒"出与自己有关的任何信息时，群演们就要出场了。除了好友的点赞和评论，对你有所期待、有所企盼的微信"朋友们"会尽其所能地展开热烈的夸赞，你方唱罢我登场。这是一种相对静态式的群体表演，可能这些参与的人互不认识，且不能在同一时间段内同步出场，但是他们的行径是

---

① 罗洛·梅：《人的自我寻求》，郭本禹、方红译，北京：中国人民大学出版社，2008年版，第29页。

一致的。虽然从反应到反馈的过程比较缓慢，但是它的时间比较持久。

而当你在微信群里分享某些消息，或者说别人晒出与自己有关的某些消息时，你将会感受到群内气氛的一阵热涌。这种"热涌"内容很可能包括文字、表情包、红包甚至不断被"@"。"夸夸群""喷喷群""抬杠群"里的聊天内容便是很典型的一类案例。什么是"夸夸群"？顾名思义，在以"夸夸"为名的微信群组里，你只听得到别人对你的夸赞，也只能对别人进行夸赞，抬杠、批评乃至平淡的"哦"，都被群公告明令禁止，假若违反，等待你的只有被踢出群的命运。正如大部分"夸夸群"的群公告宣称的那样——"这里是夸夸群，没有讽刺、没有杠精、只有夸赞"。这种类型的"夸"无处不在。很多时候，只要群中有人有一点动静（看似好消息），群内的"演员们"便开始了他们的表演，鲜花、手动点赞排队接龙而去。有时候，这场表演会有一个"主演"，或者说是第一个引发夸赞的人，后面的"演员"为了保持队伍的整齐，接续跟上。其中，夸人的套路是八仙过海各显神通的，有逆向升华式夸赞（总能找到崭新的夸赞空间），有联想升华式夸赞，有排山倒海式夸赞（夸人夸不到点，但气势不能输），有指东打西式夸赞（把夸奖的对象转向为物，又重新找到了可表扬的落点，照样能把坏事夸成好事），有夸张归因式夸赞，最常见的，就是把所有坏事的原因，都夸张地归因为可爱、萌、帅等正面元素，还有无脑闭眼式夸赞，等等。这类群体表演的集中性强、互动回馈热度高，但是由于其他消息的置入与刷屏，很容易就被替换掉，因此持续时间较短。

群体出演的行为还有其深层的原因。在日常生活中，人人都是表演者，我们认识到别人对我们行为的期待以及我们对他人的思想、感情和行动的期待，不断促使我们根据自己身处的舞台以及交往对象调整自己的行为。"有时，个体会以一种完全筹划好的方式行动，以一种既定的方式表达自己，仅仅是为了给他人造成某种印象。"[①] 这种调整而来的"表演"，这种特意制造的某种印象，不仅仅体现在晒朋友圈，将自己的好消息发到群里的这类人群身上，在这群为捧人而表演的群体身上亦是如此。这一现象同时也揭示出一个身份问题，或者说一个社会关系结构问题。

---

① 欧文·戈夫曼：《日常生活中的自我呈现》，黄爱华、冯钢译，杭州：浙江人民出版社，1989年版，第6页。

正如曾一果所说：微信所形成的"圈子"，不仅映射着现实社会的"圈子"，复制着现实中的各种社会关系，甚至强化了现实生活中的权力结构。在一个越来越碎片化的微信时代里，每天都有大量信息涌现。在这样的情况下，加谁为新的好友、为谁点赞，都变得越来越讲究了。在微信群里，人与人之间看起来互相可以自由平等地交流，但事实并非如此，现实生活中的文化和权力资本已经渗透到微信圈子中。"大咖"（现实中有地位的人或者微信里面的"意见领袖"）的发言总是会得到更多的"点赞"，有些大咖在某一个微信群里随便发个言或者贴张图片，立刻赢得无数点赞。但是那些在现实生活中本来就地位不高的人，在微信里面发言，通常应者寥寥。"弱者"在微信朋友圈里所扮演的角色通常只是给别人点赞，偶尔发张和大咖们的合影图，以显示自己的存在感，并以此作为跟其他人炫耀的文化资本。[①]

小　结

微信提供了一个演示的平台，这个平台使得原本特制的媒介符号"出逃"，成为舞台上的非特质媒介，通过"演出"这一行为，重新组聚圈子，试图汲取存在意义。

[①] 参见曾一果：《由陌生社会回归熟人社会——微信中的新圈子文化》，《探索与争鸣》，2017年第7期。

第二章　演示平台

人生如戏，无处不表演。人们可以在微信群和朋友圈进行社会表演，也可以在更直观的视频直播平台表演。演示平台改变了人们记录和展现自己的方式，还将被表演的人设特定化了。本章将从演示平台上的视频文本谈起。

第一节　翩然而至的 Vlog

短视频是数字时代的一种新型展示方式，是大众热衷的一种消费方式，其内容的碎片化、生产的简单化、参与的大众化、表达的个性化以及传播的社交化等特点使得它为广大受众所追捧。而在短视频刚发展之际，Vlog 也翩然而至。

什么是 Vlog？年轻的朋友们自然十分熟悉。它就是视频博客（Video Weblog 或 Video Blog）的简称，属于 Blog 的变体，也称为视频网络日志。其"策源地"YouTube 对此的定义非常简单粗暴：一种个人创作的视频类型，最大特征是有人对着镜头说话。2009 年 Vlog 这个词在美国出现，并被收录进韦氏大词典。从时间上看，国外盛行 Vlog 的时间较早，且其市场已然十分成熟。Vlog 风潮大致于 2016 年吹入中国，以加拿大华人"冬瓜孙冬山"开始尝试制作以搞笑内容为主的 Vlog 为一个标志性事件。直至 2019 年我们明显感觉到越来越多人开始倾向于用 Vlog 这种"影像+音乐"的方式记录和分享自己的生活，在某种程度上，其风头开始越过短视频。目前，国内 Vlog 多集中于 B 站（哔哩哔哩），众多 Vlog 制作者在此发布自己制作的 Vlog。除了 B 站，微博、小影等 App 也有 Vlog 分布，但是总体上 B 站 Vlog 种类最为丰富，点击率最高。从时兴短视频到 Vlog，二者之间的差异性在何处？

从本质上说，两者所表达的内容风格注定了其差异性。具体来说，短视频强调镜头的密度，要求在非常短的时间内给受众带来某种感官的刺激，因此追求噱头、炸裂、爆笑的"刺点"①，对"展面"会有相当程度的取舍；而 Vlog 时长较为灵活，它介于短视频与长视频之间（这个时长可让人们从容代入舒缓的镜头中），更强调一种分享与对话，整体感觉更为日常，它可以是没有预期主题策划下的即时记录，有时还带有些许文艺色彩，即时长为增加其深度提供了各种可能。因此，有人就认为 Vlog 记录的是一个灵魂——当短视频制作者们四处搜罗博人眼球的题材之时，Vlogger（视频博客主）在不知不觉间完成了用灵魂去叙述一个故事的举动。因此，两者对于发布平台是各有倾向的。就快手、抖音等演示平台而言，短时间内博人眼球的主题较多，它包括一条知识的分享、一个简单的恶搞视频、被浓缩剪辑的影视片段（偏向于高甜高密度情节）等，而在不限时长的 B 站、YouTube、微博等平台，Vlog 出现的频率较高。

从受众层面来看，在虚拟社交与现实界限逐渐模糊的符号场域中，Vlog 体现出更为真实的互动性（它不是依靠推荐某物、购买某物建立起的被刺激消费的互动形式），Vlogger 与粉丝也更易形成"亲密关系"。它之所以具有极强的用户黏性，一方面是因为它本身展示的内容更贴近粉丝的生活，有着更强的真实感；另一方面是因为这个被展示的"人设"也更为真实。这样就反过来要求 Vlogger 懂得如何塑造自我 IP 标签，比如，要拥有比短视频"红人"更强的人格魅力、更稳定的创意、更专业的视频设计及制作能力。另外，由于短视频播放时间较短，观众在观看结束后滑动屏幕即可播放下一条视频，当观众连续观看多个单一的、非集中主题的短视频后难免会遗忘先前观看的短视频，而 Vlog 时长稍长，观众能有更强的沉浸式体验，这也可以让 Vlogger 与受众更为亲近。

可以说，Vlog 的演示时长以及其类似直播日常生活状态的内容是其取胜于短视频的一个原因，这种恰到好处的与直播不谋而合的日常感，容易勾起人们对他者生活的想象。同时，其高情态性的视听感受容易制造出一种沉浸体

---

① 注：刺点与展面是由巴尔特提出的一个有意义的观念，通俗地讲，刺点是对文化"正常性"（日常状态）、文本常规的破坏，它能造成文本之间的风格差别，也可以造成同一个文本中的跌宕起伏。参见赵毅衡：《符号学：原理与推演》，南京：南京大学出版社，2011 年版，第 167—169 页。

验，让观看者想象徜徉其中，既满足了窥私欲，又共享了生活。这是对于观看者而言的优势所在，于使用者而言，Vlog 可以给他们提供更多更好的表达自我、凸显个性的机会，还可以通过记录的形式完成一种情感寄托仪式。比之于短视频，通过演示的方式，Vlog 较好地诠释了看与被看、寄情与抒情、他者想象与自我想象的一种切换。Vlog 的这些优势让直播带货的商家看到了增强客户黏性的方式。譬如，挑选合适角色打造一类人设来分享日常使用好物、穿搭日记等，通过分享每日生活点滴吸引更多人来到直播间购买其日常穿搭中的推荐款式。

考虑到潜在的大众需求，演示平台不断更新的风格和推送机制会模糊 Vlog 的"原有形态"或者说改变 Vlog 固有的展示风格。具体来说，Vlog 涉及的体裁内容日渐丰富，在抖音上关于日常、美食、健身、游戏的内容均有覆盖，在选择传播渠道时也并不具备特别明显的倾向性。这使得大多数观看者认为在抖音、B 站、快手、小红书、微博等演示平台上的 Vlog 基本没有什么区别，都是照搬上传。实际上不同演示平台对 Vlog 的培植机制是不同的，而机制的设置首先就是为了避免不同演示平台上视频文本的同质化现象。譬如，抖音曾全面开放 1 分钟视频权限，并宣布了"Vlog10 亿流量扶持计划"（重点扶持旅行、美食、时尚、日常四大内容）。虽然 B 站 Vlog 部分题材与抖音重合，但为了避免陷入同质化的局面，B 站经常通过设置新话题，主导其特色平台内容，例如"聊聊我的职业""我的探店笔记""带你参加我的家"等。微博 Vlog 则更多导向明星和亲子话题，经常发起♯全明星 Vlog 大赛♯、♯超红 Vlog 挑战赛♯等。由于要打造特色，在流量平台上，B 站和微博分别在"广场"分区和"视频"专区增设了"Vlog"入口，抖音则没有给 Vlog 分配专门的入口。不仅如此，B 站和微博也会对优秀的 Vlog 专门予以编辑和推送（以专栏、专区的形式），前者倾向于推荐内容好的用户作品，后者倾向于推荐明星和认证用户的作品。可见，演示平台上的视频文本风格并非一成不变，它产生于用户需求，塑形于平台运作机制。

小　结

演示体裁直接作用于展示内容，大众需求刺激视频的风格走向，播出平台引导符号文本的编码规则。

第二节　暂替书写的抖音

短视频以种种非线性的（如画面跟随音乐卡点、画面转场快速跳切、主题点状式展开）、演示性的（借助面部表情、肢体动作等非特制媒介展示）形态记录分享生活，传播知识与信息，其可操作性和易于普及性又使得它逐渐替代了书写或阅读文字的日常。越来越多的人习惯用镜头记录生活，围观视频的受众也逐渐多于翻阅纸质书籍的群体。特别是在疫情暴发后，线下的诸多活动涌入线上，抖音短视频平台的日活跃用户量居然突破了六亿。记录与观看的媒介惯常也让抖音成为公共传播的主要阵地之一，并且逐步取代原有的客户端，与微信、微博形成了"两微一抖"三足鼎立之势。不断壮大的抖音用户队伍以及层出不穷的短视频作品，在无形中勾勒出人、事、物的形象。新开发的知识话题、美食探店打卡、搞怪整蛊类话题等视频内容从不同人群的视角编织着视频文化中的地方形象，它们在前仆后继的重复中突出了地域特色。对此，我们可结合同类型主题视频在不同地域的呈现与同一地域的多重主题呈现两方面来看。

在抖音视频作品中，与美食主题有关的视频占据了大多数。尽管美食视频用户拍摄短视频的风格、目的、话术、品位皆有差异，但这些视频文本可以在不同层面直观形象地呈现出异域空间下的味觉版图，它们也可以迅速地为各地区贴上一个诠释标签。比如，在"饭食间""胡茬王叔""潇洒的二驴""吃主老田""丁子沪""特别乌啦啦""张宝盒"等探店博主的美食攻略或美食视频中被体验打卡的上海热门海派餐厅、本地特色小吃（生煎包、红宝石奶油小方、虹口糕团、鲜肉月饼、葱油饼、百年炭烤胡椒饼、真园粢饭团等）等，其所讲述的、品尝的美食，所体验的消费场景在一定程度上指向了海派文化与传统城市文化兼具的魔都形象。相比于上海，哈尔滨美食在探店博主的镜头之下被贴上了"好玩好吃实惠"的标签，十分接地气，分量大且便宜，这些好吃实惠的店也基本藏在居民楼和老街小巷当中。

图3-1 哈尔滨美食博主的探店日常

在众多视频中，有关哈尔滨夜市①内容的视频较为集中，逛夜市几乎成为到哈尔滨游玩必须打卡的一项。不在场的抖音受众可以跟随短视频中的博主感受夜市上的东北特色饮食，如烤鱿鱼、烤猪手、烤冷面、传统臭豆腐、大白梨等色香味俱全的食物，并沉浸其中。在看过短视频之后，热衷于美食或好奇的受众会前去"打卡"，再次用镜头记录下他们的体验，而这些短视频与之前的短视频形成了一种互文本关联，它们共同将哈尔滨夜市美食价格亲民、好吃好玩的特性凸显出来。有"吃货天堂"之称的广州，相关短视频更是洋溢着浓浓的市井吃货味道，倘若统计广州播放量前十的视频，可能其中就有一半与广州的食物有关，不仅如此，在与广州有关的话题中"不出广州吃遍亚洲"的系列短视频播放量就达到了6.3亿次，"吃遍广州美食之路"的系列短视频播放量达到了1087.6万次，还有其他与广州美食有关的系列视频播放量也都不低。广州市井所洋溢的吃货味道与短视频文本所传递出的内容相互印证，同时也加深了人们对广州人的印象——无所不吃。

同一类型的视频更容易凸显出地域文化的差异性，这一点在同一美食博主探寻不同地域美食时有着较为鲜明的体现。比如，2021年抖音账号拥有九百

---

① 注：据说哈尔滨夜市有师大夜市、香坊夜市、学府司夜市、星光夜市、民强夜市等。其中师大夜市人流量较大，它以往被称为文兴街夜市，因紧临哈尔滨师范大学，夜市主要消费群体为大学生，被大家称为师大夜市。夜市上有来自大江南北的各色小吃，每到夜晚，慕名而来的人总是络绎不绝。

多万粉丝的美食博主"特别乌啦啦",传说他是拿着"五险一金"的空中飞人,工作出差之余边走边吃,分享各地美食。他的一条短视频曾将街边的黑暗料理带向了吃货的世界,引得大家冒雨排队前去打卡。在他的两百多个视频作品("乌啦啦全国乱窜""乌啦啦重启京城美食""乌啦啦上海流浪记"系列)中,有太原的山西油泼面、济南的把子肉、柳州的螺蛳粉、京城的胡同烤鸭、上海的本帮小馆、石河子的凉皮、大同的刀削面、乌鲁木齐的爆辣炒米粉、绍兴的次坞打面、南京的赤豆元宵、青岛的鲅鱼饺子,等等。跟随他品尝美食的过程中,可以感受到当地人的性格、口味等方面的喜好特点。比如,博主在济南深夜花58元尝把子肉之时,被当地前去品尝的人围观(其中也有看过他美食视频的喜爱者),他一边吃一边解说,热情的济南人在旁边异口同声地回应其体验的整个过程,博主在视频最后也提到济南人的热情以及第一次获得这种特别感受。他在山西太原尝试沾串时,店主知道其不远万里来到太原,觉得有缘想给他免单,也能在一定程度上窥见太原人的性格。该博主探店并没有一个固定的时间点,可能因出差飞到另一个城市或加班到深夜一两点,饿了就在街边找寻仍在出摊的小摊,通过吃东西折射出一个城市的夜晚生活状况。下雨天,他在南京深夜吃煎饼的那条短视频中就记录了摊主董阿姨的讲述,她平时晚上九十点钟睡觉,晚上两点开始出摊,直到上午十一点收摊,一天睡不了几个小时。而镜头最后扫过旁边一片仍在忙活的小吃摊点,描绘了南京深夜至凌晨百姓认真勤劳的生存状态。有意思的是,博主本人似乎酷爱面食,他所拍摄的视频中"面条子"占据了一定比例,同时他在吃饭时,除了必备的大蒜子,还喜欢吃辣(品尝新疆爆辣炒米粉、点凉面时多要辣油,吃江西炒米粉辣到用荷包蛋解辣等)。若从面食、食辣这一角度总归其视频,也可以比较出各地"面条子"的特点以及各地人吃辣的版图。

当然,也有博主以不同主题内容来呈现某个群体的生活状态。比如博主史黛拉的一个抖音账号是通过办公室同事的整蛊视频与采访小话题揭示出上海白领的生活状态。譬如,点赞达到八十五万的视频"大家在办公室都穿什么鞋",发现很多女士都穿的小CK的鞋,价格在四百元到八百元左右,而男士的鞋子多数为从德日购买的皮鞋,价格在一千元到三千元不等。而与该主题类似的还有"办公室都开什么车""大家毕业后的第一份工作""办公室同时都用什么手机壳""同事们在办公室都喝什么""同事们不在办公室都穿什么""大家在办公室都穿什么""魔都白领下班日常""大家最近朋友圈都发了啥""办公室都背什么包包""上海白领午餐吃什么""办公室都喷什么香水""上海外企办公室到底怎么样""上海白领办公室日常""办公室皮肤大比拼""来看看同事包里都装了什么"等主题内容，共同拼凑出上海外企公司白领的形象与日常工作生活状态。其中，"上海女子图鉴（未婚篇）"揭示了上海女性白领对于爱情与婚姻的看法，"办公室整蛊之集体装晕""假装咖啡被洒""整蛊老板的爆笑巅峰""办公室漏水了"等视频也说明了其所在企业文化以及同事之间的友好关系。

抖音博主通过自我呈现的自拍实践将不同的地域特色或一类群体的生活观念与状态生动地呈现在受众面前。由于博主们的性格素养、叙述方式、表现风格、目的等方面各有差异，他们呈现出的城市形象、群体形象自然不同，即被建构的形象在虚虚实实中穿梭。

小　结

文化底本是一个不可穷尽、不断堆积、比较抽象的符号文本，该文本的呈现形态多样，可以是被讲述出来的，被写出的，被演出的，或是被拍摄剪辑出来的。其中，优质抖音博主为城市文化底本提供了十分具象的诠释。

第三章　交流过程

人们交流传播的过程中，形成了一系列有意思的符号现象，譬如，为何有些谣言经久不衰？为什么人们喜爱成群结队？为什么大伙抢来的东西最好吃？为什么总有一些"牢骚族"？为什么经过节假日的洗礼后会迎来"上班恐惧症"？为什么电话铃响会引发焦虑？等等。对于诸如此类的有趣现象，这里将选择两例予以分析，即"不停歇"的谣言以及梳毛行为。

第一节　"不停歇"的谣言

听说小龙虾的分类特别麻烦，小龙虾是湿垃圾，去黄的龙虾头就是干垃圾；龙虾肉、龙虾黄是湿垃圾，龙虾壳又是干垃圾。

听说"可口可乐"和"百事可乐"合体，共同推出新口味可乐。

听说水果有公母之分，母的水果更好吃。

…………

这些以"听说"开始的句式，往往是谣言即将展开的一个标志，即它是制造谣言的一类最普遍用语（或者以"有人说""根据某消息灵通人士说"等形式出现），它试图将传播的消息源头和责任推给那个模糊的"说者"，另一个用语则是提出某个权威的、能力与可信度不容置疑的人，以人们对其的信任或者说对其身份所对应的知识掌握度、话语权来肯定传播的内容。这两个句式以一种简单的、中转人介入传播的方式，让谣言悄悄地绕过人们的精神防线，产生意想不到的作用。2019年8月四川涪陵榨菜名扬两岸就是一个典型的例子，就因号称台湾财经"名嘴"的黄世聪在《关键时刻》节目中语出惊人地说"大陆人连榨菜都吃不起了"，导致谣言四起。"某某某说"式的谣言被广泛传播，后引来大陆网友的讪笑:"吓得我赶紧去买包榨菜炫一下。""别说了,我都在啃树皮了。"乌江涪陵榨菜甚至还寄了一箱榨菜送给黄世聪,说"'关键'是我们吃得起,也能让《关键时刻》人人吃得上"。"大陆人吃不起榨菜"的笑话刚刚爆红,另一个"五粮液涨价"的故事也来"抢戏"了。同样是在《关键时刻》节目中,有台湾"名嘴"称"大陆经济不好,民众借酒浇愁,因此五粮液价格大涨"。有大陆网友留言说:"我吃不起一元一包的榨菜,所以每天借酒浇愁,每天喝一瓶一千多的五粮液。"台湾"名嘴"大谈"榨菜"与"五粮液",不禁让人想起自相矛盾的故事——大陆人穷,吃不起榨菜,一千多元一瓶的五粮液却在热卖。① 在此之前,台湾就有教授说"大陆百姓收入低,吃不起茶叶蛋",还有人说"大陆人没见过手提包""大陆人买不起计算机"等,这些散播的谣言都符合谣言的两类句式。如果说这些谣言还不足以让所有人都有切身体会,那新冠肺炎疫情期间的一些谣言则令人印象深刻。正因为它们的影响力,国内各大官媒均多次倡议,疫情当前,不造谣、不信谣、不传谣,并开辟了辟谣专栏。这一行为在一定程度上也说明了那些被信以为真、竭力传播的谣言,很可能会产生不可预估的后果。

那么,谣言到底是什么呢?它为何得以广泛传播?

纳普(Knapp)认为,谣言是一种旨在使人相信的宣言,它与当前时事有关,在未经官方证实的情况下广泛流传。② 谣言研究领域的两位奠基人奥尔波特(Allport G. W.)和波斯曼(Postman L.)认为,谣言是一个与当时事件相关联的命题,是为了使人相信,一般以口传媒介的方式在人们之间流传,却缺乏具体的资料以证实其确切性。③ 彼德森(Peterson W.)和吉斯特(Gist N.)指出谣言是一种在人们之间私下流传的,对公众感兴趣的事物、事件或问题未经证实的阐述或诠释。④ 卡普费雷(Jean-Noel Kapferer)则认为,"谣

---

① 参见中国新闻网:《从"吃不起茶叶蛋"到"吃不起榨菜",谣言是怎么产生的》,2019-08-15,http://www.chinanews.com/tw/2019/08-15/8927506.shtml.

② Robert H. Knapp, A Paychology of Rumor, *The Public Opinion Quarterly*, vol. 8, no. 1, 1944, pp. 22-37.

③ G. W. Allport, L. Postman, An Analysis of Rumor, *The Public Opinion Quarterly*, vol. 10, no. 4, 1946-1947, pp. 501-517.

④ W. Peterson, N. P. Gist, Rumor and Public Opinion, *American Journal of Sociology*, 57, 1951, pp. 159-167.

言既是一种信息的扩散过程，同时又是一种解释和评论的过程"①。

在中国，也有对谣言的不同界定，譬如，杜文澜编的《古谣谚·凡例》中，就有这样的阐释："谣谚二字之本义，各有专属主名。盖谣训徒歌，歌者咏言之谓，咏言即永言，永言即长言也。谚训传言，言者直言之谓，直言即径言。径言即捷言也。长言主于咏叹，故曲折而纡徐，捷言欲其显明，故平易而疾速。此谣谚所由判也。"②即"谣"和"谚"是有区别的——"谣"是"长言"，"谚"是"直言"。黄宛峰指出，"谣言"指民间流行的歌谣。"'曲合乐曰歌，徒歌曰谣'，与乐曲配唱的韵语便谓歌；不配乐曲的韵语，则称谣"③，即"谣"形式上或押韵或对仗，简单明快，因而便于口头传播。苏萍认为谣言是"旨在使人相信的宣言，它与当前时事有关，在未经官方证实的情况下广泛流传"④。胡钰更直接地指出"没有的事情说成有，这就是谣言"，它包括"人的反常性行为"和"社会现象或自然现象的反常性表现"两类。⑤

人们对谣言的阐述有很多种，但它们均指出了其内容的"不确定性"和"广泛传播性"，因此就要求它的体裁是简短且易于上口的。它的形成体现了一种交流互动的状态，因为人们对谣言的态度，经历了从被动接收到主动寻求阐释这一过程，其间，人们在填补这种不确定性（建构某种记忆），同时也呈现出某些社会和心理诉求。它之所以广泛传播，本书认为与接收者自身的需求，或者说与整个群体的状况和需求有密切关系。只要人们愿意去传播，谣言的传播速度是很快的，主要原因有以下几点。

第一，谣言与群体恐惧、嫉妒、取乐的情感诉求密切相关。在一个充满焦虑和不确定的氛围里，就容易滋生可怕的谣言。我们在影视作品或是在现实生活中都会看到这种现象，比如有人谎称某处布下了炸弹造成集体恐慌、《烈火英雄》中油罐着火引发群体出城。新冠肺炎疫情期间产生的用盐水、茶水漱口，闻风油精等举动会消灭口腔、鼻腔中的新冠病毒等谣言亦是如此。集体焦

---

① 让-诺埃尔·卡普费雷：《谣言：世界最古老的传媒》，郑若麟译，上海：上海人民出版社，2008年版，第8页。
② 吴超编：《中国民歌》，杭州：浙江教育出版社，1989年版，第6页。
③ 参见黄宛峰：《汉代考核地方官吏的重要环节——"举谣言"与"行风俗"》，《南都学坛（社会科学版）》，1988年第3期，第63—66页。
④ 苏萍：《谣言与近代教案》，上海：上海远东出版社，2001年版，第6页。
⑤ 胡钰：《新闻与舆论》，北京：中国广播电视出版社，2001年版，第1—2页。

虑越严重，就越容易变成谣言的工厂，因为人们似乎喜欢通过传播信息来化解恐惧和未知。即便交流的信息是荒诞的，交流本身也能给人一种知晓事态的感觉，来抚平不安。谣言的存在说明人们希求事实的心理，传谣却是为了抑制内心潜藏的某种恐惧。嫉妒的心态也可以触发谣言，只要一个人声望和赞誉达到了一定程度，嫉恨的谣言工厂就会自行开启。诸多名人、成功人士被爆料出的各种真真假假的新闻、消息，与此心态无不关系。那么，为何名人谣言流传甚广又牢不可破呢？部分是因为有些人幸灾乐祸、消遣取乐心态由来已久，且谣言中包含着一些有人希望发生的事，他们才会认同它，并乐于去传播它——

> 人们就像品味餐后消化酒或茴香酒那样将它们流传下来。它们奉献的，是实实在在的瞬息间的消费快乐。它们是一块巨大的集体口香糖。伟人们的私生活，他们最新崇拜者的名字，都在所得到的刺激和快乐中找到传播谣言的动力。我们每一个人都像一个小型的总编辑一样行动：报刊也同样传播某些因不恰当令人吃惊的新闻，它们肯定会引起人们的注意。信息本身是否真实，这并不重要，它所造成的效果足以使它的出现成为合法。①

第二，谣言顾及偏见，并试图说服别人。前几年经常看到有关买卖器官的帖子（女生在酒吧醉倒，醒来之后发现躺在一个装满冰的浴缸里，旁边有一张纸，上面写着"打电话叫救护车，否则你会死"，结果发现后腰两侧的伤口，原来双肾被偷走了），告诫女生别深夜在外喝酒。正因为其内容生动劲爆，且不离谱——犯罪分子很可怕，器官移植很紧俏，喝醉了以后会毫无知觉任人摆布，这一例子曾谣传甚广。为了说服别人证明这类犯罪分子的确存在，类似这样的帖子仍有传播，即便已有证据反击谣言，人们仍会执迷于成见。

第三，谣言贴近当下生活，是自我解放的一种缓解方式。由于人的大脑更擅长记忆具体的感官对象，人们从接收谣言到传播谣言的过程中，会经历遗忘以及填补的过程，此时需要的是那种栩栩如生、触手可及的词语，而它们就来自日常生活。同时，人们会用其感兴趣的内容以及某种意愿去填补碎片信息，譬如，关注养生，那么与其有关的谣言极可能在这类话题里滋生，或者那些关

---

① 让-诺埃尔·卡普费雷：《谣言：世界最古老的传媒》，郑若麟译，上海：上海人民出版社，2008年版，第60—61页。

于节日类的话题（像端午节不能祝"快乐"而要祝安康），即日常生活中哪个话题受到热议，便容易成为谣言诞生之地。关注、讨论、编织一些形象生动的、与当下有关的事情，实际上也是通过自我宣泄减少焦虑抑郁，因为"谣言总是被认为从他人那儿得来的，是'有人说'，从而消除了人们的犯罪感觉，允许人们最为自由地表达其被压抑的、迄今为止不可言明的冲动"①。

第四，谣言为说而说，具有梳毛与想象的功用。即并不追求谣言的真实可靠程度，甚至根本不想去证实，或者明知是假仍要传播。很多谣言常常包含一点儿事实，可以让人拿去验证，非专业人员可能无法识别或者懒得识别，或者有些谣言已经超出当前科学技术水平，不能被证伪。而更多的情况是，谣言本来就是一种叙述，它符合编织讲述故事的本质。尤其是当人们社交闲聊之时，总要说些什么，那么被编织的谣言恰好可以填补这一空缺，使聊天继续下去。这也就是为什么一些人群聚集处是谣言滋生的场所。同时，谣言成为一种情感交流，它邀请另一人一起参与编织的过程，引发共情，"带来一个谣言，意味着他想和交谈者开始或继续一种更为密切的关系，在这种关系中，每一方都更多地暴露自己，在毫不谈及自身的情况下，使自己的思想和才华赤裸裸表现出来"②。这时谣言最容易建立小团体关系，由一人发展到多人一起编织、评价，最终完成一种社会关联。

新媒体时代加速了谣言的产生与传播，一方面碎片化的信息越来越多，很多话题与细节变成了被编织、被填补的对象，即新媒体时代为谣言提供了素材以及快速传播的平台。曾经就有网友爆出一则事件后引发大家围观，继而同一时间不同角度目睹该事件的人也上传不同角度的照片，全网开始"信息拼图"。另一方面这个传播进程突破了人与人之间面对面传播的局限，传播范围更广，点点串联形成谣言，再经过不同的圈层逐步传播开来，此时被触发和卷入的情绪就会形成集体共情，引发从众效应。

---

① 让-诺埃尔·卡普费雷：《谣言：世界最古老的传媒》，郑若麟译，上海：上海人民出版社，2008年版，第59页。
② 让-诺埃尔·卡普费雷：《谣言：世界最古老的传媒》，郑若麟译，上海：上海人民出版社，2008年版，第63页。

小　结

情感欲望诉求推动了谣言的生成与传播，人们在不断编织与填补符号文本的过程中，无限地衍生出诸多意义可能。

第二节　梳毛行为

本节要谈谈一类十分常见的行为，即梳毛行为。一开始大家可能觉得诧异，日常梳头发这个行为有什么好讨论的，难道要分析梳头发的益处或如何梳头？是，也不是，该行为是我们日常生活中常见的一种传播交流互动的行为，也就是说，这里所说的梳毛有着更广泛的意义。它既具有形象生动的具体动作，又指涉一种抽象的交流结伴行为。此处先从梳毛行为的源头讲起。

当我们去动物园，或者看《动物世界》的时候，会经常看到动物三三两两地聚集在一起，例如猩猩，为同伴整理毛发，抓抓虱子。没错，这里所说的梳毛，最初是一种动物行为，特别是对于这类灵长类动物而言。身体接触与梳毛往往占据它们的大量时间：大部分社会性较强的物种每天会拿出10%的时间为同伴梳毛，有些物种甚至会拿出20%的时间。较之于它们四处觅食已然消耗的大部分时间，这可以算是不小的付出了。在猴和猿类当中，梳毛时间的长短大致上与群体规模大小相关，而且，如果梳毛是巩固联盟的凝聚剂，为同伴梳毛的时间越长，联盟就越稳固。[①]

为何梳毛会有形成凝聚力和归属感的作用，我们不得而知。但是杜伦大学的教授向我们证明了狐猴梳毛的主要目的是保持卫生，因为给同伴梳毛的位置主要集中在头部和背部等自己够不着的地方，因此这样的梳毛社交是一种互惠互利的活动，你帮我我也帮你。

单从生理机制来看，梳毛体验是愉快的，可以让体验对象更放松。因为

> 梳毛会刺激身体产生一种天然鸦片物质内啡肽，从而产生轻微的麻醉效果。脑啡肽和内啡肽（统称内源性鸦片物质）由大脑深层区域的下丘脑

[①] 罗宾·邓巴：《梳毛、八卦及语言的进化》，区沛仪、张杰译，北京：现代出版社，2017年版，第47—48页。

分泌产生。这种大脑自带的天然镇痛剂在日常生活中发挥重要作用。脑啡肽和内啡肽的化学结构与鸦片及其衍生物吗啡的基本一样，作用也基本相同，都能抑制产生痛觉信号的神经通路。正因为吗啡等鸦片制剂与内啡肽化学结构相似，我们才容易对鸦片上瘾。在大脑的不同区域中分布着随时准备接收人工鸦片的内啡肽感受器，然而我们不会像吸食鸦片和吗啡那样对内源性鸦片物质上瘾，因为大脑产生的剂量较少。经过数千万年的进化，神经系统确保只会产生人体所需的量……

内源性鸦片物质在人体中发挥着重要的化学作用。我们没有想到的是梳毛也会促进它们的分泌。研究表明，梳过毛的猴子会分泌更多的内源性鸦片物质。而注射小剂量的吗啡就能够抑制猴子的梳毛活动，当大脑接收了大量鸦片，猴子便对梳毛失去兴趣。如果给猴子注射小剂量能中和吗啡的纳洛酮，阻碍鸦片物质的自然分泌，猴子会异常暴躁，不断让笼子里的同伴给自己梳毛。梳毛之所以充满吸引力，是因为它背后有一种能产生放松和轻微愉悦感的机制。这就是为什么猴子愿意花大量的时间来给彼此梳毛，否则这项活动便毫无意义。尽管梳毛可以保持皮毛干净，但像狒狒、猕猴和黑猩猩等动物用来梳毛的时间远远超过满足这一简单需求所用的时间。[①]

相信很多人也会有所体验——当有人给自己轻轻梳头发的时候，会触动神经末梢，带来一种轻快愉悦的刺激感，甚至有时候灵感顿时降临。当然，有时候这种体验和感受会让动物陷入一种麻痹大意的放松状态，过度则会带来不妙的影响。这也就是说，梳毛所能带来的不仅限于这种生理体验，更多的还是为了更实际的目的，譬如加深友谊、联盟。因为愿意让他者为其梳毛，首先就说明一种信任的关系，二者都需要花时间投入这个活动，也体现了彼此忠诚的契约关系。

动物的梳毛行为与人类又有什么关联呢？实际上，梳毛是一种沟通和交流的行为，人类也需要沟通、交流、结盟，以获取某种利益等，因此人类也需要"梳毛"。不一样的是，语言替代了这种具体的梳毛行为，它是一种广义上的梳

[①] 罗宾·邓巴：《梳毛、八卦及语言的进化》，区沛仪、张杰译，北京：现代出版社，2017年版，第48—51页。

符号学：我们的生活

毛行动。

毫无疑问，语言确实具备两个特点可以替代这种梳毛行为，进化成一种有声形式的梳毛：

其一，我们可以同时与几个人交谈，这样就增加了我们联系的频率。如果交谈和梳毛具有同样作用，那人类至少可以同时给几个人一同"梳毛"。其二，相比起猴子和猩猩，语言可以允许我们在更大范围内彼此交流信息。如果猴子和猩猩梳毛主要是为了建立信任，了解盟友信息，那么语言更有优势。我们可以通过语言谈论自己的喜好、为人等个人信息。通过语言，你可以在不知不觉中向他人表露出自己是个多么可靠的、值得信赖的朋友……你如何描述自己，甚至是你说话的方式，任何的细节都有可能是别人用来衡量你是否有诚意做朋友的依据。我们要了解那些谈论某些事情的人，以此判断自己是要亲近，还是远离他们。语言还有一个无价的好处，让我们可以彼此交换他人的信息，节省了我们亲自去了解他们为人处世的精力。而猴子和猩猩就只能靠自己观察。①

其中，语言进化还可以让我们更好地聊八卦，它也是一种促成小团体的行为。前面提及谣言的传播也揭示了语言对形成团体的作用。有了语言，可以让我们比较高效地交流彼此的思想，而不是简单地花费更多时间做具象的梳毛动作。语言让我们在同一时间内能联系更多人；让我们能够交流各自社交圈子中的信息，掌握社交圈中成员的动态，分享彼此的世界或了解社交骗局；让我们能够自我推销，还加强了远距离梳毛的效果（释放内源性鸦片物质）。正如下面这段话所说："语言是思想史的一个关键因素。语言使得我们能汲取前人的知识发展自己，也能让我们彼此交流知识，好有一套共同的信念将整个团体维系起来。如果黑猩猩有宗教的话，那有多少只黑猩猩就一定有多少种宗教。"②

值得注意的是，这里的语言不只是诉诸文字的语言，还包括手势语言等，

---

① 罗宾·邓巴：《梳毛、八卦及语言的进化》，区沛仪、张杰译，北京：现代出版社，2017年版，第103—104页。

② 罗宾·邓巴：《梳毛、八卦及语言的进化》，区沛仪、张杰译，北京：现代出版社，2017年版，第140页。

我们之前说到的演示媒介符号均属于此类。本节所提到的语言是广义的语言，它既包括特制符号也包括非特制符号，并且它们都被展示出来。

1. 通过口音辨识身份，人以群分

曾经就有电影讲到口音的重要性，譬如《茶花女》《傲慢与偏见》等电影中就有情节交代了口音与身份是关联着的。邓巴认为，下层社会男性缺乏优势的时候，就会更依赖自己的老乡人脉，"对他们来说重要的事情是确保自己是个看起来就像个有集体归属的人，标准的乡土口音和方言让他们产生集体归属感，有了老乡才有朋友给他们介绍工作和资源，不然他们将无从获得。要是生来就是穷人，还说着与同乡人不同的口音，就等于自掘坟墓，断了自救的人脉"[1]。可见，乡音是辨识身份的一种标识，它让身处异地的个人快速发现目标群体，并通过带有特定口音的交流加强某种关系。

2. 通过声音强度、厚度，吸引群体

几乎所有人类文化都运用低沉的声音打造持久印象，这种声音有种特殊的魅力。就拿当下流行的音乐来看，有一类所谓烟嗓的声音极易吸引人，它携带的某种质感会将你卷入某种情感世界中。当然，历史上关于低沉声音的例子还是有很多的。譬如，毛利人和马赛勇士用最低音哼唱战曲，成功的演讲家通常降低音调或振振有词或娓娓道来，即便是低声怒吼也极具煽动性。更典型的一例是1979年玛格丽特·撒切尔取得选举压倒性胜利后的发声。1975年撒切尔当选英国保守党领袖后，便经形象设计师训练，把正常说话声音降低将近半个音阶。事实上，撒切尔夫人的智库想让她像男人般说话。这让人不禁联想到男性青春期变声，声音变得更深沉浑厚的现象。为何男性会变声而女性则没有这一过程，"低音"现象给出一个可能的答案：人类男性择偶压力大，性活跃期声音进化变得深沉。男性彼此竞争，争夺女性，交配，声音比拼始终（至今亦然）为决定胜负的方法之一。[2] 女性对男性低沉磁性嗓音的喜爱在现代社会依

---

[1] 罗宾·邓巴：《梳毛、八卦及语言的进化》，区沛仪、张杰译，北京：现代出版社，2017年版，第239页。

[2] 罗宾·邓巴：《梳毛、八卦及语言的进化》，区沛仪、张杰译，北京：现代出版社，2017年版，第188页。

旧有所表现，譬如，在看短视频时，下方评论除了提及博主容貌，关于噪音的评价也很常见。

3. 通过身体语言或某种演示仪式，维系群体感情

通过交流维系群体，更需要情感的表达与卷入，这方面仅仅靠文字是不够的，因为它在情感层面力有不逮，故而有言之不足，手之舞之足之蹈之用以弥补。语言确实可以精准传达某些信息，却无力表达触动灵魂最深处的感情。当不足以表达，或"无以言表"之时，我们又会回到最古老的方式，即用身体进行直接接触和直接互动。一个眼神、一个触碰比用文字语言更能令人意会。人们在交往之时也是这样，刚开始通过介绍认识有了初步的了解，但随着关系深入发展，我们就会逐渐抛弃语言回归到古老的仪式——互相接触和直接互动。从初见到逐步发展为恋人关系的情侣便是最典型最常见的例子。因为碰触确实会产生某种奇怪的物质，好比之前说到抚摸、梳头等碰触行为会刺激神经产生"内源性鸦片物质"，这是语言所不及之处。正如罗宾·邓巴所说："语言本身不能维系群体。冰冷的言语逻辑需靠更深层次、更动情的东西来温暖。为此我们需要音乐与身体接触。我们拥有自然界最了不起的计算机器，最能言善辩的交流系统，最缜密的思维，但为求生存和有效繁衍，我们最终还得用回原始的情感招数，才能团结一致、同心同德。"[①] 某些仪式会让人产生眩晕迷醉的感受，渐而形成一个共同体，与其中跳舞等产生的肢体接触不无关系——大脑产生内源性阿片类物质，激发人们的情绪（迷恋、迷醉），达到鼓动人心的效果。

遍观人类日常交往，梳毛行为无处不在，只是它早已超越了动物之间简单形象的动作，而是诉诸更多的身体-媒介符号。

小　结

梳毛行为是一类符号交往行为，语音、身姿、表情、肢体动作等伴随文本的出现，使得符号文本表现出较强的情绪性与交际性。

---

① 罗宾·邓巴：《梳毛、八卦及语言的进化》，区沛仪、张杰译，北京：现代出版社，2017年版，第191页。

第四章 流行话语

新媒体技术的发展,加速了流行话语的产生。特别是在自媒体火速发展后,越来越多的平台成为大家的秀场,催生了一系列新奇的词汇,土味情话也卷土重来,鸡汤文和"戏精"式话语更是来得令人猝不及防。

第一节 "土味"情话

土味情话作为网络流行语词,是一个比较常见的"梗",最初多用来形容那些闻者恶心,听者肉麻,腻死人不偿命,具有"乡(想)土(吐)"气息的情话。

1. 土味情话梗之由来

"土味情话"是"土味文化"的一个小分支,由来已久。它因偶像男团养成类真人秀《偶像练习生》("你很能干,但是有件事你不会……不会离开我"等肉麻句子)而爆红网络,从原本的小众文化逐渐发展成大众文化。2018年5月16日周杰伦发布新歌《不爱我就拉倒》,其中歌词"哥练的胸肌,如果你还想靠,好胆你就麦造"遭到了网友们的广泛吐槽,也被大家一致评价为"土味情话""土味情歌",这让该词再次受到了大家的广泛关注。2021年,王思聪追某网红的聊天记录在网上曝光后,大众都被王思聪的"土味情话"逗乐了(输液梗:我今天去输液了,输的什么液,想你的液),以至于各大自媒体再掀一波"土味情话"造梗句式。不仅如此,之前所流行的土味句式也再次席卷而来,如:

你是什么血型?别闹了,你是我的理想型!

符号学：我们的生活

你知道我的心长在哪边吗？右边？错，是你的那边！
我身上有一个最大的缺点，你知道是什么吗？那就是缺你！
你是哪里人？我是你的心上人。
最近谣言说我喜欢你，我要澄清一下，这是真的。
我是九你是三，我除了你还是你。
现在几点？十点。不对，是我幸福的起点。
如果我丢了怎么办？报警啊。不用，抱紧我就好了。
你夹娃娃很厉害吧，不然你怎么能紧紧夹住我的心。
你脸上有点东西。有什么？有点帅。
等下可以帮我洗一下东西吗？可以啊，洗什么？喜欢我。
"小姐姐，你的快递到了。""什么快递？""我的一厢情愿。"
我身体很好，可以扛米袋子，扛煤气罐，可就是扛不住想你。
"刚刚地震了吗？""没有啊。""那为什么看到你，我心头一震？"
…………

当这些土味情话猝不及防地出现，作为信息接收者的你会作何感想？可能脸红一阵子，可能瞬间"懵圈"，可能无法应答。那么为什么这波土味情话如此风行，我们是否可以找到其中的套路？

2. 情话的精髓——"土味"

"土"在《现代汉语词典》（第7版）上有七个义项，分别为：土壤、泥土；灰尘；土地；本地的、地方性的；民间的、民间沿用、非现代化的；不合潮流、不开通；未熬制的鸦片。在词典的词例中，并没有出现"土味"一词，而只有"土腥味儿"，专指泥土的气味。实际上，"土味"一词早就在人们的日常交际中使用，一般充当句子的宾语，主要包含三个方面的意义：专指泥土味；专指质朴的乡土气息或土特产；专指土里土气、不合潮流的风格。

"土味"一词于2018年上半年在网络上发酵而产生新的意义——通常是用来描述一些俗气但符合潮流，让人有点嫌弃但又欲罢不能的言语、人物、事物的描述。它可以形容宣传图、歌词等，或寄托某种情感、希望，或者呈现直接简单接地气的表达方式；也可以形容某些商品（如"土味"美妆单品：泸州老窖香水），结合了大众与小众，洋气又接地气，让人忍不住想尝试。

"土味"的新义不仅有对旧义的继承,还有一种逆向的发展。语义的继承主要体现在"土味"的理性意义本质依旧是简单的、质朴的,具有俗文化的特点。在网络上流行和搜索频率很高的含有"土味"的词组("土味歌词""土味情话""土味时装""土味影视剧""土味男神""土味青年"等)中,"歌词"的"土味"表现在语言之直白简单,"时装"和"影视剧"的"土味"指自然大气、不奢华的配置,"男神"和"青年"的"土味"主要表现在他们亲切简单的性格上。可见,"土味"的新义中有一部分是对旧义的继承。"土味"的新义中最大的变化就是词义的逆向发展,即"土味"本来指俗气与不合潮流,但新义的"土味"反增"合潮流"的含义。"土味"意义的不断扩展,体现了人们对这种文化现象的赞同和追捧,从侧面体现了"土味"符合潮流的特点。因此,"土味"一词的含义可以概括为简单的合乎潮流的俗文化。

随着词意的扩展,"土味"在感情色彩的呈现上也有一些变化。旧义中"土味"一般体现为中性和贬义,尤其在表达对乡土气息、土里土气不合潮流等现象的讽刺时,感情色彩大多为贬义。新义中,"土味"主要是中性和褒义。例如,土味励志的"村花"杨超越、逆风翻盘的王菊、给粗腿打阴影的"胖虎"高秋梓……选择综艺节目《创造101》走出了一批"非典型"爱豆,其共同特点就是真诚做自己。

那么,"土味"文化为何如此盛行呢?笔者认为有以下三个原因:

第一,语言的求简求易原则是"土味"流行的重要原因之一。生活节奏加快,社会压力不断增长,人们渴望言简意赅、直白的表达。避免油腻,避免烦琐,避免包装,原原本本的表达更得到语言使用者的认可。

第二,诙谐幽默的"土味"表达给人们带来轻松的心情。很多"土味"情话的表达,都是在常规话语后连接出其不意的反转表达,给人一种轻松愉悦、诙谐幽默的感觉。有点像冷幽默变体,先预设一个套路,让人接不下去,感觉好冷、好土又有点甜。

第三,大众文化的发展和文化的包容也是重要因素。"土味"有着扎根于底层的粗犷生命力;新兴的"土味"表达的是对美好事物的个性追求,是生活的希望与向往。

总之,"土味"一词的流行并非偶然现象,它符合大众文化的通俗性、娱乐性、消费性、复制性的特点。文化是具有丰富内涵的,也取决于人们的主观态度。"土味"是俗文化的反映,作为一种新兴的表达,虽然符合人们的心理,但是也应注意其深度不足的平面性特点。

小　结

"土味"情话主要是为了愉悦的当场实现,过后即忘,它可以被不断生产,却不再作无限衍义。

第二节　人们缘何爱"鸡汤"

曾经有一位老师,因上课中有很多"心灵鸡汤"式的表达,迅速在网络上走红。该现象说明"鸡汤"文在一定程度上是有市场的。但为何它有这样一批受众群体,则需要从其源头谈起。

鸡汤文,从字面意义上看自然指涉比较有滋养效果的符号文本,就像人们观念里的鸡汤对身体的效果一样。这一指代用法在美国作家杰克·坎菲尔德的《心灵鸡汤》一书中有较早体现,其出版《心灵鸡汤》的过程也是一碗"心灵鸡汤":20世纪60年代从哈佛毕业的坎菲尔德如同当时的嬉皮士一样唾弃成功,打算作为中学教师浑浑噩噩地度过一生,但是80年代后期他欠了14万美元的外债无力偿还,于是决定写书来偿还债务。他写下了100个小故事后,准备投稿到出版社,但接连143家出版社都拒绝了他。最后,他选择了一家快要破产的公司,因为它只要1500美元版费就可授权出版。没想到这以《心灵鸡汤》命名的100个小故事大获成功,第一年就销售了800万册。该故事完全符合一篇成功"鸡汤文"的所有要素:遇危机,立志解决危机,最后努力获得成功。作者的出书经历加上《心灵鸡汤》系列丛书本身所宣扬的逆境中成功的精神,使得读者更加确信自己也可以像故事中的人物一样获得成功。

也许正因如此,心灵鸡汤成为一个指示符号,指向一种抚慰个体心灵的,充满温暖、励志和知识及情感的话语。它通过故事加哲理的套路,达到安抚人心的目的。这个套路与普罗普在故事形态学中谈到的故事稳定不变的要素("角色的功能")不谋而合。"角色的功能"充当了故事稳定不变的因素,它们不依赖于由谁来完成以及怎样完成。它们构成了故事的基本组成部分。① 所以，我们可以把鸡汤故事的组成部分归纳如下：

1. 外出——2. 潜在禁令——3. 打破禁令——8. 缺失——
9. 调停——13. 主人公对馈赠者的反应——31. 问题圆满解决

鸡汤文的开始都是由"缺失"开始，以"调停"作为转折，直到问题被解决。其中，从调停到问题被解决这个过程近乎于飞速，即跳跃了叙事的逻辑，更与事实经验有着很大的差距。但是，接收者却满足于这样一个自我安慰、自我说服的过程。这是人们喜欢消费鸡汤符号文本的一个原因。

此外，"鸡汤文"的语言柔软而且弹性很大，它时常用一种纯粹的情操上的追寻来代替事实上的理解。在这种柔软的语言之下，人们很容易解绑，陷入无思考状态，进而被这种弹性的语言逻辑带着走。特别是当使用某种权威性的编码时（"某某名人说""子曰"等），某种说服力的光环效应更是会使得读者陷入一种盲目相信的状况之中，受宠若惊般地感受到自己被认可，从而引发共鸣；或者被抚慰的心理得到了满足，进而开始转发。

再者，鸡汤文多有修饰，有时词语鲜活，易于抓人眼球。重点飘忽不定的"鸡汤文"，其句子多有修饰，经常用某种私人化的、温情的方式去承担公众的情感。譬如：

> 最好的朋友是你们静坐在游廊上，一句话也不说，当你们各自走开时，仍感到你们经历了一场十分精彩的对话。
>
> 我们退让了，我们就像是怕事的乌龟，永远地缩进了我们坚硬的保护壳里，不再出来，不再坚持，不要了梦想。
>
> 最好的诺言，是依约盛装莅临。而最迷人的诺言，是不管有没有结果，却能让一个人一辈子满心欢喜地等在路上。

有些"鸡汤文"的标题极具活力，呈现出抓人眼球的特征，像《当幸福来敲门》《阿甘正传》等。以下是节选自《当幸福来敲门》的一段话：

> 你要尽力保护你的梦想。那些嘲笑你梦想的人，他们必定会失败，他

---

① 弗·雅·普罗普：《故事形态学》，贾放译，北京：中华书局，2006年版，第18页。

们想把你变成和他们一样的人。我坚信，只要我心中有梦想，我就会与众不同。你也是。

不要让别人告诉你，你不能做什么。只要有梦想，就要去追求。那些做不到的人总要告诉你，你也不行。

在这段话中，不断重复并且闪耀在我们眼前的就是它的中心性词语："梦想""追求"。它们生动地勾勒出这样一个形象：落魄但是坚定，贫穷但是乐观。这种极具正能量的词汇，鼓动着鸡汤爱好者只要坚定、乐观，就能解决所有问题。

可以说，心灵鸡汤在某种程度上抚慰了人们的心灵，但是它将所有面对困难的方式，都轻描淡写、删繁就简地跳过了，甚至让人沉醉在这种语言文字的自我满足与安慰的过程中。因此，它有时又被冠上了"毒鸡汤"的名称，并且，"心灵鸡汤"这一消费符号有时还被以一种玩世不恭、反叛的态度进行戏谑化的解读。我们可以具体看看：

案例1　只要是金子，到哪里都会发光。或，只要是石头，到哪里都不会发光。

解读：是的，是金子确实是会发光，可问题是你是不是一块金子。心灵鸡汤只允诺给你一个虚幻的美好假象，却从不会告诉你人生图景的黯淡部分。

案例2　华盛顿砍樱桃树的故事：华盛顿小时候学着大人的样子用斧子砍断了门口细小的樱桃树，但是这件事让他的内心一直很煎熬，父亲并没有直接责备他，而是赞赏小华盛顿非常能干，砍了这么多柴；小华盛顿在作了思想斗争后，终于向父亲坦白了自己砍断樱桃树的真相。父亲听后说：你只要做人诚实，即使砍断了1000棵樱桃树也没关系。

解读：这是最经典的鸡汤故事类型，林肯、华盛顿、爱迪生、洛克菲勒等无数名人在此躺枪，他们必定在小时候不是砍树就是丧父。即便是真的，别人砍树和丧父之后取得了成功，就好像他人也可以一样。网友对这篇文章肆意解读，更是调侃说：之所以父亲没有惩罚小华盛顿，是因为小华盛顿手里还拿着斧子。

由此可见，不论是干了这碗"鸡汤"，还是反对"毒鸡汤"，"消费""鸡汤文"的符号现象均在无形中揭示了其背后深藏的一些问题。譬如,在新媒体时代,存在着一批"单向度的人",即丧失否定、批判和超越能力的人。这样的人失去了追求与处理现实生活不同状态的能力,同时也没有了追求的想象力。单向度的人几乎只剩盲目的物质追求,没有自由独立的思想。在肯定性的文化环境中,单向度的人只能看到一片欣欣向荣,沉迷于虚拟的情感消费,他们能看到的东西都是被精挑细选乃至美化过的,而不是应该呈现的自然状态。当然,也存在着一批勇于探寻真正世界的样子,寻找"真善美"的本来面目的人。他们可以识别出欺骗性的"心灵鸡汤"中的问题,而且能够以一种更加智慧的形式进行反击。而不管是虚假满足还是勇于直面真实的举动,都是透过现代社交媒体呈现出来的,即媒介赋予其行为权利,赋权之后还可能会掀起某种狂欢式的效应。这里就有一个这样的例子:

2016年5月25日105岁的杨绛先生在北京逝世,消息一发布,许多人就在朋友圈开始转发这样一段话:"我们曾如此渴望命运的波澜,到最后才发现,人生最曼妙的风景,竟是内心的淡定和从容。我们曾如此期盼外界的认可,到最后才知道,世界是自己的,与他人毫无关系。"

这段早就被证伪的"杨绛百岁感言",因为其心灵鸡汤特质和名人效应引发了狂欢式的转发。这句话在传播多时后,开始有人指出其错误之处。从关注到转发再到澄清,整个事件持续不到半天,就进行了一场从加冕到脱冕的仪式。而在短视频盛行的时代,这种狂欢的模式更是以重复播撒的方式逐渐模糊现实与虚构的边界,以单轴化方式影响着现代人的价值观取向。

小　结

"鸡汤文"试图以一种安抚个体或逆境重生的意图基调,不断扩张"符号慰藉"的意义场。

第五章　演示人格

演示平台下的众生投射出各异的人格符号，因为人一旦面对他人表达意义，就不得不把自我演示为某一种相对应的身份。其中，最典型的两类自我人格便是网红人格与"戏精"人格，它们属于在新媒体平台下被媒介塑造或挖掘放大的某一符号自我。

第一节　网红人格即媒体人格

有一个脑筋急转弯题问道：21世纪什么最红？其中有一个回答是：网红！

不错，网红确实很"红"，一方面，它自带的商业价值创造力成为时下消费社会的一股重要推动力，吸引各类资本的关注，带动电商等周边产业的迅猛发展；另一方面，它成为生产网络内容的主体力量，通过自下而上的形态，深耕培养受众群体，所以被万千粉丝拥趸。当资本与人群相遇，一个奇妙的群体壮大起来，因此它也就成了反观数字时代社会文化生活的一个重要维度。

我们知道，微博、微信、视频网站、直播平台等数字演示平台是网红诞生的先决条件，有了不同媒体平台的加持（即新媒体技术的加持），网红迅速成为数字媒体时代最火的一类大众传播现象。这里，媒体平台的作用不可小觑，是媒体成就其人格，让其在短时间内迅速崛起。为了了解网红如何影响受众，如何作用于消费时代和人们的日常生活，这里有必要对网红人格是如何形成的，以及如何与受众形成一种强关系等问题进行具体的分析。

网红人格的呈现，主要通过现实生活中真实的自我与各类社交媒体平台中虚拟交错的人设镜像混合而成。网红能够受到粉丝的喜爱与追捧，恰恰是因为这类混合而成的人格有着独特的魅力，它可以通过塑造和呈现真实感来拉近与粉丝的距离，当然此处的真实并非全然现实世界的真实，更多的是一种拟态真实。这类被打造的、吸粉的人设就如同偶像电视剧中万千少女喜欢的霸道总裁人设，是一种现代人渴望填补内心愿望的人格类型，或者是一种引人猎奇的人格类型。它可以形成某种独特的个人品牌，进而带动整条相关产业链的运行。

反过来说，如果想要成为网红人物，首先需要熟知媒体平台的呈现规则，了解受众的需求，即根据这种展示平台的作用，设计出这个平台所需要、所能打造的人格特征（即它的呈现是符合网络传播规律特点与受众心理的）。这便是我们常说的"经营人设""打造 IP"。

网红人格即媒体人格，是在媒体空间下被营造出的亦真亦幻的消费人格。2015 年一位洛杉矶艺术家在 Instagram 上虚构了一个名为 Amalia Ulman 的名媛，通过用照片分享日常行为，描述了 Amalia 从小城镇搬到洛杉矶追求梦想、陷入迷途、重拾希望的一系列故事，在四个月的时间里吸引到了 9 万名粉丝。显然这 9 万名粉丝喜爱的并不是这个艺术家本人，而是她通过分享照片塑造出来的虚拟人设。这个例子恰好地说明了数字演示平台为大众提供了自我呈现的多种可能，以及将现实生活中的艺术家、现实生活中的某些元素与其想象的人设耦合在一起的"拟态真实"。很奇怪的是，其实对于这类极具戏剧性的虚构情节，或者类似鸡汤文虚构的励志人物故事，仍旧有许多粉丝相信并喜欢。

笔者认为这主要与现代演示平台的属性有关。首先，它的呈现方式并非全然诉诸文字，而是通过一种动态展示的方式将被消费的人设呈现出来。而对于读图时代的人们来说，有图便有了真相。通过输出这些看似真实、源自现实生活、会让受众认同的符号文本，可以拉近受众与网红的距离。受众对网红人格的心理状态便由卷入情感到发生共鸣，并以此为身边的偶像或榜样，并且还会自然而然地转为某种商品购买行为。

其次，这一被消费的人格的呈现，并不会占据很长时间，而是多频率、短时间、小体量的精致内容产出。演示平台的特质也决定其内容生产的形式势必是短小精悍的——下到百余字的精辟段子，上到几十秒或是几分钟的短小视频，它也与当前人们繁忙的日常生活状况相呼应。换言之，它可以更好地填补人们的碎片化时间，如晨起、等车、吃饭、睡觉前等从前尚未被媒介侵占的时间模块。这种传播模式更能卷入并裹挟人们的日常生活，甚至形成一种全面侵占的态势。笔者常听周围的朋友说,一有时间刷短视频便停不下来,明明要入睡了,结果一看就看到了深夜。

总之,网红人格是数字媒体平台的一个产物,可演示的平台为其提供了前后与后台的切换功能。在这里,网红可以对这身体不在场的人格进行不同程度的美化、修饰,并选择性地呈现信息,同时在这一空间中充分体现其生产"剩余价值"的能力。

小 结

演示平台被认同的网红人格,需要经过范畴化、比较、归属三个排异过程。范畴化,即给相对于自我的他人贴上标签,以便知晓贴上标签的群体所喜欢的人格;比较,则是将其身处的群体与其他群体进行比较;之后将自己所需演示的人格身份归于某个群体。这便是常说的"经营人设""打造 IP"的过程。

第二节 "戏精"是一种怎样的存在

"戏精"一词同样由来已久,最早是形容演员的演技很好,或对戏剧表演非常热爱的人。

直到 2017 年网络上衍生出了贬义的用法,"戏精"变成了指生活中一言不合就给自己"加戏",演技浮夸,只为了引起身边人注意的人。生活中的"戏精"是指在某些特定的时间地点,设想自己处于拍戏的状态,并将自己代入角色,说一些演员在戏中说的话,做出一些演员在戏中的动作,借以引起他人注意或活跃周围气氛。随着"××本×"梗(比如可爱本爱,就是可爱本人的意思,形容这个人很可爱)的流行,又衍生出了一个常见的用法叫作"戏精本精",即形容某人就是"戏精"本人的意思,或者吐槽某人"戏"多时用到的"你是不是中央戏精学院毕业的"。

歌手徐秉龙有一首同名歌曲就叫《戏精》,歌词很好地诠释了其本质:

不用再帮我设计剧情/滋生那些无聊的伏笔/听说人设太满太刻意/会不堪一击

你真是一个戏精/出场就自带剧情/我竟然有些羡慕你这过人的演技

你就是一个戏精/没获奖我都替你可惜/你看你/浑身都是戏

没人比你思绪更清晰/知道在哪才应该动情/你收放自如的那个样子/真的好细腻

你真是一个戏精/一秒钟就能入戏/连我都有些嫉妒你这份天赋异禀

你就是一个戏精/迷人得让人无懈可击/情绪摩擦都毫无阻力

你真是一个戏精/德高望重的戏精/你眼神循序渐进一直指引我飞行

你就是一个戏精/戏没演够就不肯死心/这多值得我们去尊敬

"戏精"这个词尽管是最近才热起来的,但是"戏精"的表演行为却是一直都存在的。譬如,契诃夫的小说《变色龙》里,有个虚伪逢迎、见风使舵的巡警奥楚蔑洛夫,他遇到平民就嚣张跋扈,遇到长官就卑躬屈膝,性格好像装了开关一样,一按就变。从某种程度来说,每个人其实多少都有变色龙的属性,这不是完全的变形,而是对个性在某个程度上的微调,是人生存的本能。就像自然界的动物在不同的环境下变换保护色一样的道理。特别是当人的虚荣心开始膨胀,想要从身边攫取得越多,就越容易长期把自己隐藏在某种完美的伪装下面,对自己无法做到的要求,摆出一副完全做到了的样子。于是,人们开始戴上多重"人格面具",开始演戏、加戏。

在戏精的眼里,演戏就是生活,只要人生在,处处是舞台。我相信你们身边就有这样的朋友:

每次"我"蹲下来绑鞋带,她会快速绕到"我"的前方:"爱卿平身!"

"我"一室友生理期,"我"轻轻拍了下她的肚子,她就摸着肚子说:"我的孩子呢?还我孩子啊!"

看到天上飞过的飞机和前方驶来的豪车,"我"都会和身边的朋友说:"我的司机来接我了,你们自己去玩吧。"

整个人类社会本就是个大型的角色扮演游戏。只是,"戏精"将爱秀、爱演、爱作发挥到极致。特别是在新媒体时代,这一行为被无限放大。如图3-3中的例子:

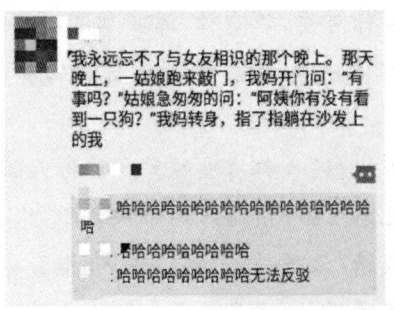

图 3-3　"戏精"的朋友圈状态

"戏精"的外向性（extraversion）较高，这意味着他们通常是开朗、爱社交、热情、自信而容易兴奋的。同时，他们的开放性也比较高，体现在擅长表达自己的情绪，有想象力，好奇心旺盛，也愿意尝试新鲜事物。有时，他们会通过不断给自己"加戏"的方式，告诉周围人自己生活中发生的一系列戏剧性事件，都是为了从"听众"那里获得他们想要的关注、同情、表扬或肯定。但"戏精"们的恶意程度不高，他们在社交中的表现通常是友好的，也少有恶意剥削他人的倾向。

人们曾对"戏精"的朋友圈状态做了一个归类总结，大致有以下五类：

"鸡汤戏"。每天大清早发一句"××成功人士说，你怎样过一天，就怎样过一生"，然后补上一句"新的一天，新的开始，大家加油！"每每看到这种，可能很多人总会忍不住将其屏蔽。

"炫富戏"。"到了冬天，手越来越干燥"，然后屏幕的三分之二是DW的手表；"今天雾霾真严重"，然后屏幕里是汽车的方向盘和一点点前窗的视角，很明显提亮了中间光线，露出汽车的标识。

"感情戏"。这类戏精分三种，一种秀恩爱，一种秀失恋，还有一种纯属秀个人魅力。

"自拍戏"。这类人自然是沉迷于自己的美貌无法自拔。整体晒自己的身材，局部晒自己的美颜。

"能力戏"。譬如，"今天终于学会煮泡面了，宝宝是个饿不死的人了"；"手都快脱皮了，第一次自己洗衣服，成就感满满"；"偷偷告诉大家，我会骑自行车啦"；"看，胖小厨养成记，本仙女学会做青椒鸡蛋啦"。

当然,上述表现的内容可能是有针对性的,即设置好微信朋友分组,针对不同的人群发不同的内容,譬如,在老同学的分组里,晒旅游、晒美食、秀恩爱;在同事和上司的分组里,发的是认真工作,推广公司产品的信息;到了某些特殊人群的分组里,比如男神、女神类,发的状态可能是某种感性的倾诉,或者是美丽帅气的镜像符号。仅仅是在微信上,他们就在不停切换人格面具。被分组的朋友圈简直就像一个平行宇宙,当不同分组的人凑到一起,才会知道原来这人如此多面。

根据戈夫曼的"拟剧理论",日常生活中人人都是表演者。人们表演的区域有前台和后台之分,前台是人们正在进行表演的地方,后台则是为前台表演做准备的、不想让观众看到的地方。我们在不同情境中认识到别人对我们行为的期待以及我们对他人的思想、感情和行动的期待,就会不断根据自己身处的舞台以及交往对象调整自己的行为。不一样的是,在微信群或者朋友圈中,人们表演的区域不仅仅有前台和后台之分,还有前台与诸个前台之分。人们不仅在前台的行为举止与在后台不一样,就连在诸个前台中的行为举止都有差别。

小　结

在具体的符号活动中,自我必然以某种表意身份出现,演示平台的开发为身份变换提供了更多可能,让多重的身份暂替了自我。

第四编 影视艺术符号

第一章 演示文本

用身体-实物媒介手段讲述故事是人与生俱来的本能,凡是人,就会用身体、语言、实物演示故事①,因此,演示文本也是一种叙述文本。对符号接收者进行展示是演示文本形成的前提,文本展开时的不可预测与即兴情况、接收者可参与其中等,属于该类体裁的特征。可以说,演示叙述似乎无处不在,一旦被展示,发送者与接收者进行传播交流的行为,便可视为一种演示文本。本章主要就演示文本之谱系以及一种特殊的演示文本展开分析。

第一节 文本内外的电影彩蛋

任何一个符号文本都携带了大量社会约定和联系,这些约定和联系往往不显现于文本之中,而只是被文本"顺便"携带着②,"电影彩蛋"便是其中最典型的一个例子。它作为电影文本所携带的附加因素,即作为影片的伴随文本,有其意义,甚至有着比文本更为深长的意味。好莱坞痴迷于彩蛋、观众因电影彩蛋而反复观看该电影、院线掐掉彩蛋引发观众不满甚至招来官司等情状说明电影彩蛋的重要性。由于彩蛋作为一类伴随文本,积极地参与电影文本意义的构成,极大地影响着电影意义的阐释,因此有必要对电影彩蛋的文本属性展开讨论。首先来看看何为"彩蛋"。

"彩蛋"一词来源于西方复活节,寻找彩蛋是复活节当天的一项固定节目:大人们准备彩蛋,孩子们以找到彩蛋为乐趣。彩蛋作为复活节的一种象征,意

---

① 赵毅衡:《广义叙述学》,成都:四川大学出版社,2013年版,第37—40页。
② 赵毅衡:《符号学:原理与推演》,南京:南京大学出版社,2011年版,第141页。

味着惊喜与意外。自然,"彩蛋"一词是具有这一含义的,只是最初,该词是用来形容蜂尾之尖刺,后又可指飞机的舱尾部分。电影诞生后,"彩蛋"一词被引申为电影字幕结束后的片段部分。20世纪80年代,"电影彩蛋"这一术语才正式确立了下来,而后电影彩蛋涵盖的范围很广,片中特意放置的小细节或元素也属于其中一种。这也就是说,"电影彩蛋"出现的位置并不单一局限于片尾,它可以存在于片头或正片之中,起到解密剧中留下的悬念、为续集埋下伏笔、带来意外之喜等效果。由于其所处位置不同,带来的作用各异,它的文本属性亦不同。我们可以根据电影彩蛋所处位置以及和文本的关联性进行分类,以便深入了解其作用。

电影彩蛋是一种伴随文本,我们可以从其框架性(或显性)、场域性(或生成性)、解释性来看其文本特征。而这三类特性又是相对而言的,即这三个特性并非完全独立的,它们在一定情形下会相互转化。

1. 作为框架性伴随文本的电影彩蛋

框架性伴随文本,顾名思义与隔出文本的框架有密切关系,它往往是显而易见的,最典型的两类为副文本(指"暴露"在文本框架边缘上的文本因素,有时它比文本更醒目)与型文本(指明文本所从属的集群)。电影彩蛋作为副文本的现象十分常见,因为它常常作为文本的框架出现在影片的前面或后面,以隔出影片的正片部分。《致青春》开篇的梦境便是一例,它营造出了一种魔幻色彩,与正片的风格截然不同,但片头彩蛋中的大树等意象却预示着片中人物的情感走向,观众在看完整部影片后便可体察其中寓意。

过于热衷或过于相信电影彩蛋的内容,很可能直接让观众放弃其个人判断。譬如,片头彩蛋在正片播放之前营造出一种逼真的氛围,向观众传达出后面所发生的故事均为真人真事的信号(实际上电影是虚构的),使得观众以某种特定的情感代入电影之中,或潸然泪下,或惊恐万分。又或者在正片结束之后,电影彩蛋所传达的意味与正片相悖,或揭露正片中的"错误"与"骗局"让人瞬间恍然大悟。此类情况均可说明电影彩蛋具有定调的作用。

有时,电影彩蛋可具有型文本功能,它指向电影史上文本归类的某种方式。例如,好莱坞大片制作的电影容易让人想到电影彩蛋,即有电影彩蛋的电影很容易让人想到好莱坞电影。其中,最为典型的是漫威宇宙电影,因为每部漫威系列电影均有电影彩蛋，一系列的彩蛋与一系列电影相互交织，让观众产生对彩蛋的期待。当然，电影"彩蛋"除了可以从影片制作公司方面对电影类型予以归类，还可从导演风格类型、题材类型等方面进行归类，因此也属于一类文本的框架因素。

2. 作为场域性伴随文本的电影彩蛋

场域性伴随文本指的是文本生成时某一符号场域集合给文本留下的各种痕迹，包括前文本（先于该文本产生的文本）与同时文本（和该文本同时产生的文本）。[①] 基本上，每一部电影都会有其前文本，它可以具体到与之关联的前一个文本（可以引用戏仿某部小说、电影等，所形成的文本是狭义上的前文本），扩大来看也可关联到电影史甚至文化史、人类史等（即广义上的前文本）。以此来看电影彩蛋，出现在影片之中的电影彩蛋大都具有狭义上的前文本之作用，如《复仇者联盟 2》中奥创强调自己挣脱束缚（strings）这一彩蛋贯穿了整个片子，其中"strings"一词引用自 1940 年迪斯尼《匹诺曹》里面的歌曲 No Strings on Me："I had string, but now I'm free.""There are no strings on me."片中奥创在说"There are no strings on me"这一句话时，字幕就标出其引用自《匹诺曹》。

电影彩蛋与其产生之前的电影史、制作发展经历呈现出广义上的前文本关联。这一点我们从漫威影业或 DC 影业的文化发展史较之漫威或 DC 制作的电影也可以看出。简言之，区分前文本之广义与狭义，可以从其关联的文本范围与功用来看，广义的前文本其文本范围不限，多偏向于篇幅较大的史类文本，其符号文本多有象征性、隐喻性作用；狭义的前文本其文本范围有限，小至某一细节，大至对整个具象文本的戏仿，其符号文本多具有明确的指向性、补充性作用。

作为与文本同时产生的同时文本，理解"同时产生"是找到同时文本的关键。首先，文本的同时产生并不仅限于与文本上映、面世的时间同时，它还包括接收者的同时接收。其中接收时间可以指某一时间点、某一时间段，即依照文本的篇幅、体裁特征或符号特征而定。其次，由于演示性体裁的叙述时间较

---

① 赵毅衡：《符号学：原理与推演》，南京：南京大学出版社，2011 年版，第 145 页。

为特殊，即展示时间、被叙述时间与接收时间三者同时进行，被展示的一个文本与接收者的文本有所不同（如"一千个读者有一千个哈姆莱特"），又或者说，发送者意图阐释的文本与观者接收的文本是同时文本，只是因为演示性体裁的叙述时间重叠造成这两个文本重合的假象。

简言之，对于同一个文本而言，由于体裁与接收差异，亦会产生同时文本；对于不同文本而言，由于接收者在同一时段接收并关联起来，会产生同时文本。电影彩蛋亦是如此，随着电影文本的展开，观者对电影彩蛋的解读文本与电影彩蛋本身所指涉的文本是不同的。另外，经由漫画、小说、电视剧改编的或相同主题的电影，被改编的文本与改编文本的同时展开（同时播出或同一时段被观众观看），也会形成电影彩蛋的同时文本。正如，漫威宇宙电影陆续上映之时，漫威影业制作的电视剧《神盾局特工》也在播出之中，电视剧中的情节事件与电影彩蛋属于同时文本，而没有看过《神盾局特工》的观众便不容易理解漫威电影中的彩蛋。

3. 作为解释性伴随文本的电影彩蛋

文本生成之后带上的新伴随文本可称之为解释性伴随文本，它包括元文本（关于文本的文本）、链文本（接收者解释某文本时，主动或被动地与某些文本"链接"起来，一同接受的其他文本）。[①] 注意，元文本并不一定在这一文本生成之后，并且它也可以是框架性伴随文本。而链文本指向性很强，与其所链接的文本会形成一个先后顺序（像先/后文本），在阐释之余又会生成新的文本，在新文本生成之后，它转而又可以成为前文本。

电影彩蛋作为元文本的情况不少，它常常出现在电影正片的末尾（花絮）。如《战狼》片尾放置的花絮，将影片拍摄过程展示出来，让观者看到演员与拍摄者之艰辛。除了设置在片尾部分，作为元文本的电影彩蛋也可出现在片头部分，类似预告、小故事或者框架性伴随文本，它可以是后期被剪辑并特意放在正片之前的文本。另外，还有一种较为特别的元文本情况，电影彩蛋与该电影本身并无直接关联，但是该影片属于系列片，彩蛋所评价（暗示）的电影并不是处于文本框架边缘的影片，而是该影片的续集。当观众观看续集之后，回想

---

① 赵毅衡：《符号学：原理与推演》，南京：南京大学出版社，2011年版，第146—149页。

起上集的电影彩蛋（真正意义上的被接收），进而影响观众对续集的阐释。

电影彩蛋作为链文本的情况更是多样。从体裁类型来看，可有同体裁链接与异体裁链接文本，比如上一部电影的彩蛋指涉下一部电影属于同体裁链接，电影彩蛋指涉电视剧内容属于异体裁链接。从主题关联性来看，可以有文本内的链接与文本外的链接，如系列片中的电影彩蛋链接了上下两个影片，可以视为内链接文本，而电影彩蛋链接了系列片之外的文本，属于外链接文本。这一点，我们可以漫威公司为例。该公司利用影迷的心理——喜欢漫威电影，为深入了解电影会去关注周边产业（漫威漫画、电视剧等），便开启了其他影视计划，拍摄了番外篇《神盾顾问》、电视剧《神盾局特工》等，取得了巨大的商业效益。那么，倘若就整个漫威宇宙世界而言（漫威电影宇宙是从最初就开始计划将旗下的超级英雄拍成系列电影，因此每部电影都制作了彩蛋，目的是让观众把每部电影联系起来，而不是看作一部部独立的电影，影片塑造的角色并非只出现在一部影片之中，而是一个系列的多部影片为这个角色提供支持），漫威公司所制作的产品（电影、电视剧、漫画等）均互相关联。其中，影片后的彩蛋可将旗下所有文本链接起来，即电影彩蛋在这里属于异体裁链接文本和内链接文本。就漫威电影而言，链接上下两部影片的彩蛋则属于同体裁链接文本和内链接文本，链接起漫威电影和电视剧的彩蛋则属于异体裁链接文本和外链接文本。

上述三类文本其实也说明了电影彩蛋的呈现状态——从明显位于文本框架边缘，到随着文本生成而显现，再到文本被接收之后的最终显现。这三个呈现状态代表文本生成转化的三个阶段，分别对应于已生成的文本、正在生成的文本以及接收后的新文本。这也就是说，电影彩蛋的功用是会改变的，经过展示到阐释又形成了新的文本。文本转化的情况之所以会发生，关键是文本范围和文本框架在何处。

小　结

当电影彩蛋成为阐释文本时无法摆脱的伴随文本，它将被考虑到电影的全文本范围之中。

第二节　论"表演"的谱系

具有演示性的符号文本无处不有，人们的举手投足，或展览、旅游等日常生活行为/事件，都可以理解为具有演示性的符号文本。演示性文本首先需要向受众展示出来，同时十分注重受众的参与、互动和体验，因此也逐渐成为当今文化产业的核心体裁。

贝拉·迪克斯在《被展示的文化——当代"可参观性"的生产》一书中就曾提道："文化展示承诺的首先是对丰富意义的体验。用文化所指装扮的城市飞地，将人的身份特征一笔一笔刻画到它们的物质结构中。"① 如何让大众体验这种丰富的意义，如何将人的身份特征纳入城市的物质结构中，与形式有着密切关系。

通过对不同形式的运用，"各种空间（自然的或虚拟的）被生产或被转化，积极召唤或吸引游客的注意力"②。譬如，在某些设计新潮的展示场所，它们还会不停地与参观者互动，提供对话、挑战、选择按钮、小工具，具备声音、质感、动作等。在露天博物馆或主题公园内，我们可以与角色进行对话，主题或故事都是通过活动的、活生生的人物来表现，而不是固定在墙上的图形或玻璃容器里的物品。③ 这充分体现了演示文本的特征与优势——面向观者展示、让观者参与并互动、用非特有媒介吸引并表达丰富意义，等等。

演示体裁是人类叙述史上最重要的一类体裁，那么就有必要了解一下它所涉的范围，并且对它的具体类型进行深入了解。譬如，我们知道戏剧、电影、电视剧、展演、游戏、竞技等都属于演示文本，甚至但凡被展示出来的、具有动态性的符号文本，也都可以视为演示文本，但是它们之间就仅仅是属于同一个体裁大类的关系？事实并非如此。赵毅衡先生根据媒介-时间向度、经验真实与否，将演示文本划分为记录演示类与演示类。也就是说，我们还可以继续

---

① 贝拉·迪克斯：《被展示的文化——当代"可参观性"的生产》，冯悦译，北京：北京大学出版社，2012年版，第9页。
② 贝拉·迪克斯：《被展示的文化——当代"可参观性"的生产》，冯悦译，北京：北京大学出版社，2012年版，第8页。
③ 贝拉·迪克斯：《被展示的文化——当代"可参观性"的生产》，冯悦译，北京：北京大学出版社，2012年版，第10页。

细分这一体裁。

由于戏剧表演是演示叙述体裁中的一个大类,所以笔者以戏剧表演为例具体说明(见表4-1):

表4-1 戏剧表演的文本分类

时间向度	媒介	纪实型体裁	虚构型体裁
过去—现在	记录演示类:胶卷与数字录制	戏剧纪录片、戏剧电视栏目	戏剧故事片、戏剧演出录音录像
现在	演示类:身体、影像、实物、言语	电视、广播的戏剧演出现场直播	戏剧、影片、赛博戏剧

这张表说明被影视化的戏剧演出可衍生演示叙述的其他类型,如戏剧演出的电视现场直播、转播,戏剧影片、戏曲电视剧,以及记录演示类(演示类亚类),如戏剧演出的专题纪录片、电视采访、实况录像等体裁。从各种叙述体裁与经验真实本体地位关联的角度来看,被影视化的戏剧演出又可分为纪实型叙述体裁与虚构型体裁,前者包括戏剧演出的专题纪录片、电视采访、电视现场直播、电视转播;后者包括戏剧演出的实况录像、戏剧影片、戏剧电视剧。

受媒介因素和体裁风格的影响,戏剧演出的呈现被赋予了多种新形式。胶卷、数字录制、影像等媒介的产生,使得戏曲演出得以保存下来,或以现场直播的形式,或经过后期剪辑转播的方式供观众欣赏。而不同的剪辑、播放方式促成了戏剧演出呈现方式的多样化,也就形成了表4-1中与戏剧演出相关的不同演示叙述类型。

前文谈到"似戏非戏江西傩"之时,就提到它既可以是仪式,也可以是戏曲,甚至可以变成一种游戏。那么在这种情况下又该如何区分?随着新媒体技术的不断发展,跨媒介符号文本、融媒体符号文本的情况越来越复杂。电影、电视与互联网技术的合谋,掀起了一股影游互动的新型体裁。而这与电影、电视、戏剧融合在一起的演示文本究竟属于哪一类?诚然,不管是哪种类型都需要被展示,都需要有人(人格)的表演,都体现出人格身份的转化。此处以"表演"为切入口,大致分出了以下几类:

表4-2 以表演为切入口的体裁分类

"戏剧"一词可涵盖范围	与之对应的"戏剧性"	身份问题
舞台上的戏剧演出或"准戏剧演出"	各种假定性身份之间的张力关系	同一虚构世界中不同身份的分化
泛艺术空间中的戏剧演出	真实身份与假定身份之间的张力关系	现实世界与虚构世界不同身份的转化
网络世界中的虚拟"扮演"	多种虚拟身份之间或真实身份与虚拟身份之间的张力关系	现实世界与虚构世界不同身份的转化
日常生活中的社会"扮演"	多种社会身份之间的张力关系	现实世界不同身份的分化
自然界中的角色"扮演"	原发性身份与被赋予的身份之间的张力关系	现实世界不同身份的转化
宇宙世界中的"扮演"	任一变化（不仅仅是身份的转变）就意味着"戏剧性"	可能世界中的身份赋予

表4-2中六类并非各自独立，它们随着人格身份的转变，或表演场景氛围的转变而相互转化。它们之间是有个模糊地带的，连接着却又隔开了不同层级，既体现出跨媒介的出位之思，又推动了演示形态的创新，影游融合文本也属于这一类。

小 结

以"表演"为切入点来看体裁分类，会发现演示文本的一个谱系。它通过表演者的身份、媒介-时间之不同形成不同类型符号文本。

第二章 多媒介编码

演示文本所用媒介较为多样，涉及我们的五种感官媒介，因此演示文本是由多媒介联合编码而成，由于接受者会参与其中，编码的过程也是解码的过程。媒介符号组合对演出文本形态和意义是有影响的，正如"在演唱的故事中，词语的顺序与日常语言常常是有差别的。动词可能被放到很奇怪的位置上。助动词可能被删掉了，所有格或宾格可能用得不规范"[①]，但是下一位传唱者或接受者可能会被这种奇特的效果感动，进而把这些句法上的特殊性与故事演唱联系起来，重新建构文本的意义。仅是语言顺序和语法规则上的变换就会影响演出文本的意义，更何况这由多重媒介组成的文本。在演示文本受到多媒介符号之"协同"作用、不同媒介符号系统之转换、被多种媒介符号"前推"的定调媒介这三方面作用之下，原有故事的呈现形态和文本意义也在发生变化。

第一节 盛行的改编之风

人们经常会看到某某改编自小说、电视剧的电影或游戏，以至于在2017年、2018年开始出现IP改编剧热潮，在2019年之际国内又刮起了一阵影游互动融合之风，融合之初实际上大部分也呈现出这类改编的态势。改编之风如此盛行，原因大致有二：前文本与先文本等诸多伴随文本，为即将面世之文本打下了一定的基础，譬如造势宣传、积累粉丝流量等。通常改编比创作新的故事要来得更快，在故事取材和受欢迎程度上，风险系数较小，制作时间周期也

---

① 阿尔伯特·贝茨·洛德：《故事的歌手》，尹虎彬译，北京：中华书局，2004年版，第43页。

较短。

如今，最盛行的改编方式是游戏、电影、电视、小说等相互转换。此处以游戏为例，来看看这几类演示文本之间的互动关联。

1. 纸媒与游戏

有两大类纸媒时常与游戏发关联，一类是小说，特别是网络小说。大家比较熟知的有《斗罗大陆》《斗破苍穹》《雪鹰领主》等，它们都被改编成了电视剧。《斗破苍穹》由吴磊主演，当时收视率还是挺高的，该电视剧播出之时所插播的广告便是介绍同款游戏。《雪鹰领主》则高度还原了小说设定，原著人物逐一登场，并通过对剧情的回忆，让游戏构架更加流畅。

另一类是游戏漫画，譬如日本早期的《游戏厅风暴》，它以游戏攻略为题材，成为当时日本少年漫画划时代的主题。国内则是借助网游的兴起产生了以游戏为中心的国漫。起初它主要模仿日本漫画的规制（如人物形象与动静技巧切换），在叙述结构上则直接套用被改编文本的叙述模式，如今已发展出更多自己的特色，吸引了大批受众。

2. 影像与游戏

影像与游戏涉及的类型比较多，包括动漫、电视剧、电影和直播等。先来看游戏与动漫，它们其实就是游戏式的动漫。二者的关联可以是：高度重视被改编对象的游戏，就像《游戏厅风暴》一样；或者直接转译其叙述要素，或遵照其叙述结构；再或者直接形成某一固定类型的动漫游戏。譬如，《全职游戏》《超神游戏》等，不过这类被模式化、类型化的动漫游戏已经脱离了单纯漫画文本中的艺术性感受。游戏与电影的关系更是密切，赵毅衡先生就曾指出几乎所有游戏都带有过场动画或电影，角色扮演类游戏更是无一例外地会在游戏中添加"过场动画"或"过场电影"，用以介绍玩家可以扮作人物参与推动的剧情。[①]

近几年由电视剧改编成游戏的现象非常多，它往往在某类电视剧热播之际上线，与前面谈到的网络小说改编成游戏的情况有些类似，如《花千骨》《三

---

① 赵毅衡：《广义叙述学》，成都：四川大学出版社，2013年版，第269页。

生三世之十里桃花》《烈火如歌》《延禧攻略》等，当然，也有很多电视剧是由游戏改编而来的，如由大型古风武侠网游《剑侠情缘》改编的电视剧《剑侠情缘之藏剑山庄》（该剧讲述了网络世界公认的三剑客穿越到游戏中的唐朝后发生的一系列故事，并于 2011 年 7 月 21 日由湖北综合频道首播），由单机游戏《古剑奇谭：琴心剑魄今何在》改编的电视剧《古剑奇谭》（该剧是由欢瑞世纪影视传媒股份有限公司、北京光线传媒股份有限公司等联合出品的古装仙侠剧）等。

游戏电影这一类案例也比较多，它有两大类趋势，一个是游戏式电影，一个是电影式游戏。前者主要是借用游戏 IP，实际上和游戏的形式与游戏文本的目的性并没有太大关联，如《古墓丽影》（*Lara Croft: Tomb Raider*）系列、《魔兽》（*Warcraft*）。而电影式的游戏则是运用电影叙述视角、拍摄手法表现游戏机制，即用电影语言转译游戏文本。

新近产生的一种文化消费模式——游戏直播则属于一个特例，它是一种改编（广义上的），但更倾向于一种融合。游戏主播改变了游戏原有的形态，即现场改编了游戏的形态。其中，游戏主播是否现身，是区别其直播类别的一个指标。也就是说，主要有靠技术取胜的直播与靠颜值取胜的主播，它们所用的游戏输入设备和主播方式是不同的。其中，部分形貌出众的主播更容易成为人们关注的焦点，即形成了一定的镜像符号的消费群体。

纵观游戏与纸媒、影像文本之间的触碰与转换，会发现改编这一行为实际上是一种符号的双轴操作行为，对被改编文本中的某些元素进行选择、转换或转译其他符号体系、融入其他新的元素等。当然，这是发生在文本与文本之间的符号系统的转换，并非一个文本中不同符号体系的转换，因此比较容易看出选上与选下的行为。

小　结

符号文本的双轴操作在任何表意活动中必然出现，在跨体裁转换的过程中，组合聚合过程呈宽轴选项。

第二节 爱互动的"影"与"游"

史蒂文·斯皮尔伯格执导的《头号玩家》一上映就掀起一阵热潮，有人反复看了很多遍，将其中几百个电影彩蛋一一找了出来；有人还发现，它是对游戏幻想小说《玩家一号》的直接改编。这部电影最大的亮点就在于巧妙地将游戏融入电影当中，试图实现电影与游戏的"跨媒介融合"，比如通过 VR 游戏实现场景切换，通过上百个电影与游戏等经典 IP 的符号等元素让大众为其情怀买单，而它也成为当下富有"征候性"的一类文化现象。

融媒发展的大背景之下，电影和游戏这两类演示叙述文本时有互动（改编、融合等）。好莱坞电影的叙述结构越来越电子游戏化，电子游戏视角的呈现越来越电影化。无论是电影向游戏靠拢，还是游戏向电影靠拢，有一个前提条件就是它们内在有着某种"通约性"，即它们均属于演示叙述体裁，便于彼此靠拢，也便于被改编。其次，它们均是广受欢迎的消费体裁，在这个重视互动体验和试听观感的时代，二者是具有极强互补性的。本节主要讨论电影是如何游戏化的。

1. 采用游戏的叙述模式

选择将游戏改编成电影，在一定程度上会保留其叙述结构或者某些叙述元素，譬如不断闯关、升级这样的结构。在《勇敢者的游戏：决战丛林》中，主人公无意间开启一款古老的游戏，选定人物角色后，便从"现实世界"进入游戏的虚拟空间，若要回归现实，唯一的途径就是完成任务，实现救赎。《头号玩家》在设置游戏元素方面则显精彩，它为主人公创造了一个由现实切换到游戏空间的通道——有 VR 眼镜便可进入虚拟游戏空间"绿洲"。在"绿洲"中主人公通过寻找线索实现了三次闯关，完成任务后，最终成为"绿洲"财富的合法继承者。《失控玩家》同样也需要经历闯关的过程（即拯救不真实的世界），但不同的是它是由游戏内人物向外闯关施以拯救，因为主人公一开始并未意识到自己其实是身处游戏世界的 NPC（大型电游的背景人物），而后发现他是唯一能拯救所处世界的人。闯关式的电影叙事是一种游戏化的叙事模式，它增强了电影的沉浸感和代入感，吸引观众成为电影游戏中的一个角色，电影主人公成为观众的一个化身。

关于叙述元素的保留，《头号玩家》中增添了许多只有在游戏中才会出现的情节与桥段，比如主人公因为拥有"加命币"，于是在最后的大爆炸后能原地复活，在"绿洲"中被杀死的玩家也只是退出游戏回归现实世界而不会真正死亡；又比如主人公可以在"绿洲"中使用金币购买虚拟物品来提升自己的"能力值"，以应对不同程度的危机与挑战；抑或是玩家可以选择性进入不同的游戏关卡或场景以得到某些物品与线索来推动电影剧情的转折与发展，比如主人公可以随时选择进入虚拟"档案馆"来调取想要获得的重要线索，以推动电影剧情发生关键性转折，这种随时转换场景的叙事方式与我们常见的意识流电影或一些描绘人类梦境的电影（如《八部半》《盗梦空间》）的叙事方式有很大的相似性，主人公在"绿洲"中对时空的选择拥有主动权，就好像一个人能够随意控制自己的梦境一样。①

2. 营造游戏化的空间

游戏一经嵌入电影，就开辟了电影的虚拟游戏空间，它反过来增强了电影虚构世界的现实性或者说真实性，进而给观众制造出一种幻觉：自己好像置身于电影的"现实世界"中，开始体验虚拟的游戏空间。这些游戏化空间一般以"乌托邦"或"异托邦"的形式出现——《生化危机》以"异托邦"的空间呈现了病毒传播造成的人类生存危机，《头号玩家》则以"乌托邦"的方式呈现了沉迷于网络游戏的人们在虚拟空间中的生活状态。而不同的体验空间则为观众提供了对异域空间的想象，成为吸引观众进入电影情节的重要方式。

嵌入游戏、营造游戏化空间的方式也十分有意思。譬如在《头号玩家》中，通过 VR 眼镜让观众一同浸入游戏世界，不仅如此，导演还通过精心埋藏的细节点让观众进入游戏空间，比如"赛车"片段中，有一辆车的引擎盖上被印上了一个二维码名片，观众扫描这个二维码便会获得一个暗藏的网站"http://www.jointhequest.io/"，登录网站后会进入一个类似于游戏的"做任务"的环节，此时观众需要继续从片中搜寻其他的密码来继续解锁网站中的

---

① 参见陈旭光、李黎明：《从〈头号玩家〉看影游深度融合的电影实践及其审美趋势》，《中国文艺评论》，2018 年第 7 期。

任务链，最后才能解开谜底获得奖励。这一互动环节不仅增强了电影的互动性，也同样让观众置入了游戏的空间。

3. 增设游戏化的互动方式

游戏化的互动方式可以为观众打开一扇能与其互动的大门，其手法主要通过两重交互实现。第一重交互是现实中观众与影片的交互，这种互动主要是通过游戏电影的沉浸感和代入感引导受众进入故事情节当中实现的，即通过"看"引发的情感交互。当然，弹幕电影可以进一步推进"看"的行为，是卷入观众情感共鸣的一种具体措施，让观众以片中人物的身份共同体验并完成故事。当然，前一点中《头号玩家》导演设置二维码也可视为这样一种互动方式。

第二重交互指片中主角历经的虚拟现实交互，形成一种"戏中戏"的奇妙观感。《头号玩家》影片的主人公便是通过开启游戏的方式进入虚拟空间，由此实现了人物与虚拟游戏空间的交互，观众在观看之余也被带入其中，通过游戏玩家与游戏文本的互动实现电影观众与电影文本的互动。这种互动方式实际上实现了三重空间的交互，即观看电影的现实世界、片中的虚构世界和片中包含的虚拟世界，空间的切换不仅推动着情节的发展，还引导着观众和电影从一个空间到另一个空间。

当然，电影与游戏的互渗融合方式并不止于此，近年来不断出品的游戏电影以及新的技术，会为影游叙述提供新的模式，给受众带来新的体验。而无论方式如何变换，互动性、体验性、沉浸感始终都会是影游文本最重要的特征，尤其是在注重体验经济的大环境之下。

小　结

"影"＋"游"模式及其变体都是嵌套与被嵌套的关系，而跨媒介分层比同类媒介叙述更容易识别嵌套关系形成的框架。

第三章 演示时空

演示文本存在的一个前提是展示,因为演示媒介需以空间化形态存在,对时间的表现也需要借肢体动作呈现出来,即通过空间呈现出来。正在进行的演示文本本身就是一种空间式的描述。换言之,在演示叙述中,时间与空间是密切关联的,甚至可以说,是以时间空间化的方式展开的。本章将就演示时空的时间空间化结构展开分析。

第一节 时间的空间化结构

本节所说的时间,主要指叙述行为时间[①],而"空间化"则主要指抽象的空间性结构。其中,通过情节-时间逻辑形成的空间结构,以及通过展示场面所呈现的空间结构,属于两种较为典型的叙述行为时间"空间化"方式。前者——情节时间性展开的空间化结构,简称为情节的"空间化";后者——被展示场面时间性展开的空间结构(简称为演出场面的"空间化")。下面具体来看这两类时间空间化结构。

被叙述情节的时间性可以通过文本中的各种符号标明,也可以由情节的展开以及叙述节奏为人们所感知。常用的空间化方式有反复叙述(可造成"空间并置")、嵌套叙述(可造成"空间套层")、插入式叙述(可通过隔出空间促成"空间回环")等,它们可以将线性的、连续式的时间性展开方式转向多层次的空间性结构。

---

① 注:"叙述时间"是个伞形概念,学界对"叙述时间"的研究多集中于被叙述时间、叙述行为时间、叙述文本内外时间间距等方面。可参见赵毅衡:《广义叙述学》,成都:四川大学出版社,2013年版,第145-147页。

与演出场面空间化方式相比，情节时间性展开的空间化方式没有演出场面的空间结构效果明显，因为后者很多时候可以通过可见、可闻、可触碰的形式呈现出来。以汤姆·斯托帕德（Tom Stoppard）的《罗森克·兰茨和吉尔·德斯特恩已死》（简称《罗》）为例展开说明，该剧是出于对《哈姆莱特》"戏中戏"舞台前后情节的补充，做了另一场"戏中戏"（或者说是对莎剧的改写），详尽叙述罗森和吉尔在宫廷路上与一群戏子的相遇，以及陪同哈姆莱特坐船赴英格兰的过程，并直接引用莎剧中与两人有关的片段（大多在舞台后半部演出区域上演），巧妙地嵌入自己的剧目。

　　《罗》与《哈姆莱特》中虽然有相同的人物，但在情节结构和设置上是有区别的。其一，人物功能设置不同，《哈姆莱特》剧中两个小人物罗森和吉尔成了《罗》剧中的主角，而哈姆莱特则成为配角。其二，戏中之戏，或者说被嵌入的故事有所不同。该剧第一幕为国王召见罗森和吉尔，他们在遇到一群悲剧演员后，终于见到国王。第二幕则是二人再次遇到悲剧演员时，演员给他们上演的一出戏，而演出的戏实际上就是他们的命运。第三幕，两人陪同哈姆莱特前往英国，哈姆莱特将交给英国国王的信调包后脱身，致使二人性命不保。《罗》剧直接将《哈姆莱特》剧中的片段引入其中，再度形成一种包裹与嵌入的关系，使得情节的延展立体起来，即情节时间被空间化了。而被嵌入的两个片段又形成了一种并置的关系，通过两段不同命运的比照，传递出人生荒诞的意味。另外，该剧在演出之时，斯托帕在灯光转换、舞美设置、演员表演上有意区隔了叙述上层与下层，这也使得故事情节时间性展开的空间化与演出场面的空间化情况相重合。

　　演出场面时间性展开的空间化则偏重于通过演出风格形态造成的空间化结构呈现出来。中国当代话剧导演林兆华的舞台剧《三姊妹·等待戈多》就是一例。为了反映出两个不同时代的社会文化心理，表达人类的命运在于永恒等待、长久追寻的主旨，林兆华大胆地将契诃夫的《三姊妹》与贝克特的《等待戈多》这两部风格相去甚远的话剧作品拼贴在了一起。舞台上两种风格——一静一动，优美沉郁与荒诞怪异的呈现，不仅将演出的空间感凸显出来，使得舞台空间更为立体，还将两部西方经典剧作平行并置起来，俨然一出结构严谨的二重奏。可以说，该剧演出场面（片段）的并置是消解了整个话剧的旋律性的，即打断了时间性地向前推进的故事情节，促成了一种动静交错、回环往复的节奏形态。如此处理，为的是促使观众以更理性的方式比照两部西方剧作背后的文化隐喻，领会二者互为指涉的思想内涵。

演出场面的空间化还可以通过演出媒介区隔出多重空间，以显出演出场面的空间结构、层次。最直观和常见的方法是利用某些具象的物体将空间分割开来——将演出区域分为舞台前/后、上/中/下、左/中/右部分等。譬如，利用楼房的特殊结构，向观众展示一栋楼的横切面，亦即多个楼层、多个家庭正在生活居住的空间；向观众展示某一层几户人家的横切面，亦即一个楼层、多个家庭私有以及公共的居住空间；向观众展示一户人家多个房间的横切面，包括楼上、楼下房间以及水平面几个相邻房间的横切面等。又可以将演出区域设计为可移动的形式，根据演出情况移步换景，或将演出区域分为内环和外环层叠关系。

除了利用有形的实物道具进行特殊设置或隔断，由于叙述框架的作用——不仅能把身体和物件这些日常物品转换成演示媒介，还能将演出空间被"特用"的情况呈现出来[①]，灯光、演员姿势这类可塑性极强的媒介配合演出情境，也可形成演出场面的空间化结构。这在呈现人物心理、意识流方面较为典型。如用不同色调的灯光将人物的内心独白或意识流凸显出来，此时人物的追光与周围的灯光色调或者场景色彩基调出现了差异，演出场面的空间化结构显现出来。此类效果时常需要与静场的方式相互配合，即有时舞台上没有其他人，或者其他在舞台上的人都不说话、静止不动，等等。

演示文本的时间空间化结构呈现的方式还有很多，本节只是列举了一些戏剧演出文本的例子. 电影文本这一通过影像符号呈现出来的时间空间化稍有变异，下一节将有所涉及。

小 结

情节时间的结构化、演出场面风格形态的差异化以及演出媒介区隔的增设，可以让演出文本的叙述时间空间化。

[①] 埃罗·塔拉斯蒂：《表演艺术符号学：一个建议》，段练、陆正兰译，《符号与传媒》，2012年第5辑。

第二节 被"延展"的影像

电影在处理时间的空间结构上,与戏剧演出有着异曲同工之处,尽管对这些方式的使用频率各有侧重。我们可以通过被"延展"的影像一一察看。

1. 通过定调方式以扩展时间

定调被视为一种减慢时间的方式,它通过破坏日常生活中的时间流,起到了某种意想不到的效果。而同一个场景内改变定调有助于把场景分为不同的部分,并且/或者把人物划分在不同的世界。例如,在《巴顿·芬克》中有一个场景:

一个上了年纪的白头发老人,穿着布满油渍的栗色制服,坐在呼叫面板对面的凳子上。他没有注意到巴顿的进入。一会儿之后——巴顿:

"麻烦按一下六楼……"

电梯员慢慢地站了起来。在他关电梯门的时候——电梯员:

"下一层,六楼。"

科恩兄弟为了呈现出刚到纽约的剧作家巴顿·芬克对新环境的陌生感,通过定格旅馆电梯,外化巴顿内心的不安与焦虑——巴顿一进电梯,就好像进入了另一个平行宇宙,电梯员的每个动作都明显迟钝,造成巴顿与电梯员仿佛生活在一个不同时区的现象。

2. 通过动作重叠(overlapping action)以扩展时间

重叠的动作可以使某一特定时刻或整个场景成为亮点,因此它常被用来强调重要的情节纠葛(plottwist)、高潮场面(climactic scene)以及关键的情绪提示。动作的重叠可以通过不同摄影机角度和视角对同一时刻的表现来实现。典型的例子便是影片《低俗小说》里最具悬念的场景之一——"注射肾上腺素"。这场戏中文森特给米娅扎针,希望能够救活她。在现实生活中,扎针只需三秒就可以完成。但是主角文森特在影片中数的这个"三秒钟",在现实生活中却花了四十秒的放映时间。为什么会持续这么久?因为这一扎针的动作被多个角度和多个反应镜头呈现出来，扎针动作伴着文特森焦虑的呼吸声重叠出现。

3. 通过慢动作以延展时间

慢动作往往可以产生一种戏剧性效果，它的一个标志性特征是可以通过与实时动作的对比从视觉上暗示两种意识状态——正常与异常。马丁·斯科塞斯的影片《愤怒的公牛》中就诠释了这样一个镜头：当杰克·拉莫塔（JakeLa Motta）在拳击台上被打得死去活来时，我们看到慢动作下残忍的拳击世界。当杰克变得虚弱时，影片速度变为慢动作。在挨最后一拳之前，观众以杰克的视角看清了这个（拳击）世界。

4. 通过闪回与闪前以扩展时间

闪回和闪前的目的都是给观众补充或提供一些重要的信息，可以是某些重要的故事背景，也可以是为后设内容埋下的伏笔。它们的出现均反映出某段时间的流逝，而且原本没有被叙述或者被跳过的情节元素，突然通过快速闪回和闪前方式呈现出来，也是一种特殊的扩展时间的策略。影片《日落大道》和《性书大亨》便是一类典型的例子。

在经典影片《日落大道》中，主角以画外独白（voice over）的方式登场。主角告诉我们一个好莱坞的电影编剧刚刚死去，警察正在调查。在若干镜头中我们获知叙事者就是死去的电影编剧，然后我们看到了叙事者——在比弗利山游泳池里脸朝下漂浮着的一具尸体。

在《性书大亨》中，拉里·弗林特（Larry Flynt）在被枪击之后经受了长期的病痛。由于长期服用止痛药物，弗林特发现自己上瘾了。随后弗林特的妻子也跟他一起使用药物，他俩都陷入药瘾而不能自拔。闪前场景由卧室门"呼"地关上开始。这是一个带锁定系统的大型钢制安全门。一旦锁上，任何人（包括观众）都进不去了。摄影机停留在门上，一个文字发生器滚动着以示流逝的岁月。五年的时光流走之后，门又重新打开了。

不一样的是，在影片中，对闪回和闪前方式的处理要十分注意，它们不能被频繁使用，或被大段使用，因为单一的影像形式会让观众因为多次的闪前闪回造成观影的不畅，或因过于抓人眼球导致其忽视余下片段，或因为闪来闪去的时间错置生成一种不被理解的凌乱感。

小 结

定调、动作重叠、慢动作、闪回与闪前等方式可以拉伸或扭曲人们对影像时间的感知。

第四章　浸入体验

消费时代，人们消费得更多的是一种体验。经济学家阿尔文·托夫勒（Alvin Toffler）曾在其书《未来冲击》中做过一个重要的预测。在他看来，服务业将以一种代表社会发展更高水平的经济兴盛起来，叫作"体验业"（Experiential Industry），这是因为：

> 人们的生活愈加富裕和多变，这一趋势无情地改变了人想要占有物品的老习惯。消费者以前买物品时所用的那份认真和热情现在被用来购买体验。在今天，体验一般还是作为传统服务的附加物搭着出售的，这种体验就好像是蛋糕上的奶油。但是当我们进入未来的时候，越来越多的体验将会为了它们自身的价值而单独出售。
>
> ············
>
> 我们正在从一种"肠胃经济"（gut economy）转向一种"心理经济"（psyche economy），因为肠胃需求的满足毕竟是有限度的。[①]

托夫勒的预测已然逐步变成了现实，并且这种"体验性生产"[②] 波及各行各业，仅从演示文本如今被视为文化产业的核心体裁这一点上就可以看出。这种体验性首先就需要提供受众参与的可能，进而卷入场景之中，它在戏剧、电影体裁中表现得最为典型。

[①] Alvin Toffler, *Future Shock*, New York: Bantam Book, 1970, pp. 226—236.
[②] Alvin Toffler, *Future Shock*, New York: Bantam Book, 1970, p. 227.

第一节　被卷入场景的方式

前述在谈到"影游"互动时，提及了受众与电影的二重交互，它就是受众被卷入演示场景的一种方式。换句话说，邀请受众加入电影游戏当中，是最直接的一类卷入文本的方式。当然，就目前的电影发展状况而言，直接邀请受众参与到文本中的效果可能不及现场演出，因为现场演出可以直接碰触，突发即兴与不可预测的情况也时有发生。但是不论参与程度如何，演示文本为受众提供的参与和体验可能，主要包括如下几种：

1. 情绪感染渐入式

受众容易受到单一媒介或多种媒介的作用渐渐引发并卷入某种情感，参与到演示文本的展示时空中。譬如，观众受演员（目光或眼神）的"煽动"，走上舞台，一同演出。这是"目光"让观众产生"幻觉"，激发其感情，甚至引发行动的一种情况。亨利·霍姆（Henry Home）在其著作《批判的标准》中就指出，"表情和姿态"都是正建立的符号，这些符号打开了"通向心灵的笔直的路"，在演员的身上透过他的目光引发感情，而这种情感传递的是他所扮演的人物的情感（见《批判的标准》第一卷）。[①] 被展示的文本在观众的"目光"中产生了"幻觉"，以至于触发行为，让观众参与其中，"枪打黄世仁"便是最典型的一例。另外，人们也容易受到故事内容的作用渐入其中，譬如一些根据真人真事、新闻事件改编的戏剧、电影，受众一旦有这样的经验，或者将自己置入这一角色之中，产生感同身受的共鸣。

2. 直观感触进入式

直接的感触主要来自两个方面，一个是直接产生的碰触瞬间将受众代入演示文本当中。它包括实体或真实肢体的一种碰触，譬如约瑟夫·鲍埃斯（Joseph Beuys）和汉尼希·克里斯蒂安生（Henning Christiansen）在巴塞尔

[①] 参见艾利卡·费舍尔-李希特：《行为表演美学——关于演出的理论》，余匡复译，上海：华东师范大学出版社，2012年版，第88页。

一个地下室里演出的"洗足"。① 该演出场地以前是一个地下室（原定的观众席无非是一些木板长凳），可容纳上百人观看。人们为了清楚地看到整个表演，都围在演员的周围，有的甚至站在板凳上观看，以获得更好的视角。鲍埃斯在一条木板长凳前跪下，与一个年轻女性（观众）攀谈，希望征得时髦女性同意，让鲍埃斯为其洗脚。鲍埃斯脱去她的皮靴——非常专业地、实实在在地，几乎像个卖鞋人，并把她的双脚浸到注满了水的搪瓷容器内，接着他抓起搭在他肩上的一块麻布毛巾，把她的脚擦干，而且一个脚趾一个脚趾地擦干，并用同样的程序洗了女士的第二只脚。这样的行为可以直接将受众卷入演出文本当中。还有一种是虚拟的碰触，AR和VR技术通过逼真的画面和仿真的感觉带来这样的效果。另一种则是在文化规约之下体裁的影响造成的效果。在我们看来，新闻直播或转播、纪录片等纪实性的体裁展示现实世界中发生的事件，譬如播报火山地震灾害，容易引起大众恐慌。但是现在很多虚构体裁经常拼贴、模拟、戏仿这类体裁形态，构建一种真实感，让人们在一开始就卷入其感情。电影《流浪地球》的开篇、电影《中国机长》的开篇和结尾均是如此。

3. 主动寻求填补式

除了前面我们谈到的游戏电影，主动寻求填补的情况最容易发生在文本留白之处，典型的就是置入游戏环节等待受众填补。一般来说，任何文本都会存在不可叙述、不能叙述、无法叙述等情况，因此就会造成叙述空白或者叙述断点。这类有着明显"空白"或者"瑕疵"的文本，很容易引发观众主动寻求或填补的情况。

总之，演示体裁的文本特征为受众浸入文本场景提供了诸多可能，也为今后戏剧、电影、游戏等体裁各型的互动体验开辟了很多途径。

小　结

戏剧、电影浸入体验的首要原因是接受者能够参与其中，并产生情感反馈，以便发挥参与者的联想、想象作用。

---

① 注：约瑟夫·鲍埃斯和汉尼希·克里斯蒂安生于1971年4月5日在巴塞尔演出了《凯尔特语+……》(*Celtic +…*)。演出前已公开告示，这是一次艺术性演出。参见艾利卡·费舍尔-李希特：《行为表演美学——关于演出的理论》，余匡复译，上海：华东师范大学出版社，2012年版，第80页。

第二节　情感浸入的临界点

当人们将情感浸入演示文本之后，很可能会触发某些行为，譬如，悲痛万分、痛哭流涕，或者产生"枪打黄世仁"、愤然离去等举动。并不是说所有的情绪都会引发这么明显的举动。换言之，从情感卷入到浸入其中引发受众的具体行为是有一个临界点的。究竟在什么情况下会触发受众参与呢？本书认为主要有以下几种：

1. 敬畏与喜悦

这两种情绪容易使人们经历临界状态。将敬畏与喜悦放在一处来讨论，是因为这看似不同的情感，实际上具有深刻的内在联系和相通性，即这两种情感是不可分割的，它们往往会相互转化。亚里士多德论悲剧所引起的恐惧、怜悯以及净化作用（Katharsis），在某种程度上展现了由畏惧向精神愉悦转换的过程——他将戏剧演出中所产生的某种状态提高到极不平常的程度，并通过身体表现出来。亚里士多德的"Katharsis"这一概念，实际上来源于祭祀仪式，当被激发起来的某种情绪处于"临界状态"时，"Katharsis"便会进行转换，由恐惧转向精神愉悦。

康德在讨论崇高感时，也指出过由不愉快到愉快的过程。他是从大自然强大的力量与人类对抗的弱小能力说起的，一旦人类处于安全地带，那些可怕的景象反倒更加吸引人。因为此时的观看险境者"只是企图凭借想象力使我们自己参与其中，以便感到这同一个能力的强力，并把由此激起的内心活动和内心的静养结合起来，这样来战胜我们自己中的自然，因而也战胜我们之外的自然，如果它能对我们的舒适的情感造成影响的话"[①]。这也就是观看险境者内心由不愉悦到愉悦，由畏惧到喜悦的一个过程。而在观看演出时，这持续的情感同样能作用于剧场的观众：使观众"精疲力尽"，并"没有能力""去阻抗他自己的激情"，之后又让观者凭借想象力参与其中，忘却丧失自我的威胁。仅从医生的某些治疗手段——医生建议患者常去看戏，因为通过观看，患者的内

[①] 康德：《判断力批判》，邓晓芒译，北京：人民出版社，2002年版，第109页。

心可以得到舒展，有好的情绪和心灵状态，促使身体趋于正常——我们也能看到戏剧演出的这种转换能力。

2. 迷醉（trance）

迷醉是愉悦、狂喜达到最高程度，进而产生的一种较为特殊的幻觉状态。该情感状态有诸多促发因素：类似对宗教的虔诚与对信仰的执着所产生的心迷神醉或者神灵附体之感，这些在"通神者"身上表现得最为明显。以加纳的冈（Ga）和阿散蒂某些定期进行出神活动（神灵附体的出神可持续 2~3 小时）的人为例来进行说明。在这之前，通神者往往处于呆滞状态；当鼓敲起来后，通神者开始颤抖或跳跃，然后喊叫起来、歌唱起来，以另外一种语言或难以理解的话语作预言；在神灵附体之时，通神者常常做出一些正常人难以完成的动作（诸如，飞快地奔跑，像苏非派苦行僧那样旋转），当然也有安静得多的附体形式（通神者轻轻摇晃或跳舞，他的脸像是面具，毫无表情，眼睛一动不动地凝视某处或者滴溜溜地打转），而出神的结束往往十分突然——出神者一下子倒在地上，或猛地靠在墙上，或跌落在助手怀中，待他（她）醒过来时仿佛做了一场梦，他对自己的状况也很诧异，不过常常显得很累，很快真正熟睡过去。[①]

阿尔托就曾充分利用祭祀仪式中的这一唤起某种"临界状态"的作用，将戏剧演出转化为一种"魔幻的祭祀"：它可以"在观众身上完成（进行）一种驱邪术，应该医治在文明中病得不轻的西方人，（医治的方法就是）在观众身上重新产生'生活'和'人'——不是'具有不同感情和性格特征的人'"[②]。这里，阿尔托将戏剧比作瘟疫和仪式，强调戏剧会传染，会让人发狂的特征。也就是说，戏剧和仪式一样，是可以通过作用于观众的心理，引发观众迷狂情绪，甚至改变观众的身体状态。

另外，酒精等外力作用与生理刺激也会让人获得迷醉的体验。譬如，荣格曾提到，他在一次心脏病发作之后，经过注射，在一种无意识状态中就有过幻

---

① 参见杰弗里·帕林德尔：《世界宗教中的神秘主义》，舒晓炜、徐钧晓译，北京：今日中国出版社，1992 年版，第 89—90 页。

② 艾利卡·费舍尔-李希特：《行为表演美学——关于演出的理论》，余匡复译，上海：华东师范大学出版社，2012 年版，第 277 页。

觉状态，这种状态使他经历到最不同寻常的事物与美感。这是由麻醉药引起精神状态的改变，而最流行的也是最易于为大家所接受的是酒精。酒精可以极其迅速地产生一种自信、高昂和兴奋感，它具有激发人类情感与想象（或幻觉）的潜能。另外，类似玩游戏或扮演角色过度投入所导致的沉浸痴迷，也属此类。简言之，对宗教信仰、酒神精神的追求，对自我存在与满足的寻求，以及受外物（药物）刺激或生理刺激的影响较为容易达到迷醉、迷狂的状态。但是不管是对于迷醉者本身还是旁观者而言，迷醉状态都不容易被觉察出来：从迷醉状态中跳出的人往往不清楚刚刚发生的事情，就如做梦者有时会忘记整个梦境一样；旁观者也无法透视迷醉者的心理状态，有时也分不清对方究竟是处于无意识的迷醉状态还是有意为之的表演举动。

尽管个人内心的情感状态不易被察觉，但我们可以通过对非特有媒介的形式特性以及人们的行为举动进行综合考察。因为这些情绪的产生与作用需要经历一个过程，即在达到临界转换的状态、促发一系列行为之前，人们首先要被某些因素（非特有媒介等）感染触动，或引发回忆，或产生共鸣，进而移情置换。而演示文本之所以可以产生这样一种临界状态，为集体中的成员提供一致的情感和高度的参与感（将自己作为群体的一部分经验），与一个集体的元语言和元文化结构是有着密切关系的。

小　结

极度恐惧、敬畏、喜悦、迷醉的状态可以唤出情感的临界点，而情绪从酝酿直至达到峰值，除了与自我本身有关，有时还会受外力作用。

第五章　框架叙述者

我们在看电影、看戏之时,往往会听到一个声音,但这声音的发出者并没有在视野中显现。这时候,很多人会将这个声音的发出者称为故事的叙述者。倘若整个文本当中没有这样的声音出现,是否就不存在叙述者?诚然,叙述文本不能没有叙述者,叙述者是叙述的发出者,没有叙述者自然也就没有叙述。也就是说,明白叙述者身份十分必要,研究演示叙述的形态和叙述策略(怎么讲故事的),首先就需要找出故事"讲述声音"的源头,即"源头"叙述者。进入这个主题之前,有必要再强调一下演示性体裁的体裁特征:展示、即兴与不可预测、受叙者参与、非特有媒介性。演示性体裁是人类叙述史上最重要的一类叙述体裁,与人性密切相关,如今也是文化产业的核心体裁。

根据演示叙述的意向性,演示性体裁可以分为如下三型:

(1) 表演型:仅为演示目的而进行的演示,如戏剧、仪式、歌唱、演奏、口述等。

(2) 竞赛型:为竞争胜利、赢得各种目的物而举行的比赛、赌博、决斗等。

(3) 游戏型:似乎无目的或仅具有虚拟目的的各种游戏(包括电子游戏)等。①

戏剧、影视、游戏这几类是日常生活中我们经常消费的演示类型。由于戏剧演出发展历程较为久远,是演示叙述的一个大类,因此本章主要以戏剧演出为中心,展开讨论。

---

① 赵毅衡:《广义叙述学》,成都:四川大学出版社,2013年版,第41页。

第一节　谁在讲故事

戏剧演出的叙述者究竟"长"什么样？戏剧学家们曾从不同层面详细地探讨了叙述者的形态问题，所得观点不一，未能推演出其一般的叙述者形态。

黄佐临较早地对当代话剧舞台的叙述者问题进行了系统论述。受布莱希特戏剧观念的影响，他提出，舞台叙述者应和说书者一样，在舞台框架之外，另搭个台，放张桌子和椅子讲故事。此时，舞台叙述者处于剧情之外，只介绍剧情，串接上下场，进行评点干预。这类舞台叙述者时常被认为具有破除舞台幻象，连接多场次戏之功用。汤逸佩认为叙述者是活动着的，它可存于剧情内或剧情外，有一个总叙述者与多个角色的次叙述者共存或独存。①

陈厥祥对叙述者的思考则综合了叙述视角、剧场交流语境这两方面。他将戏剧叙述者视为沟通观众与故事的中介，并以新时期戏剧代表作品为例，归纳出了新时期的叙述者类型——显性叙述者、多元叙述者、中性叙述者。其中，显性叙述者并不具有全知全能的视点，即有所知，也有所不知，不避主观色彩。多元叙述者则具有复合、交错的局部视角，它由多个不同叙述者的价值观念构成。而中性叙述者则是剧作家或导演的化身，它可借用剧中人物充当代言人，随时就剧中人、事、物发表评论。

前面几位学者对叙述者的考察在无形中也触及了叙述者的隐现问题，比如在使用不同人称叙述、剧中人物"跳进跳出"、主唱人身份变换时，叙述者的"状态"（隐身/显身或人格化）都可能会有所变化。

国外学者也对戏剧的叙述者问题进行了思考。安德烈·戈德罗就曾具体探讨"戏剧叙述者在哪里"这一问题。尽管他的这一举动出于为电影叙述学理论做贡献的目的——最终谋求解决影片叙述者的问题，但他对戏剧叙述者的一系列思考，也揭示了研究戏剧叙述者之重要性。

在戈德罗看来，影片与戏剧的联系比与小说的联系更多，影片的叙述者与戏剧的叙述者之间的关系也更为密切（或者说，小说、影片之间的模糊地带便

---

① 汤逸佩：《叙事者的出场——试论中国当代话剧叙事观念的演变》，《戏剧艺术》，2002年第3期。

是戏剧）。为了找出影片的叙述者，清楚地阐明影片叙述的原则，戈德罗从叙述学链条中看起来最薄弱的环节——戏剧着手。接着，戈德罗从叙述与演示这一角度出发，对书写叙述与戏剧叙述、戏剧演示者与影片演示者问题展开了进一步分析。

无疑，戏剧演出这种具有集体性（要考虑到演员、场务、照明、参与者等因素）、即时性特征的体裁为寻找戏剧叙述的主体增添了难度，戈德罗按照拉费为影片设定的"大影像师"，将这种基本的"舞台叙述者"称为"大表现师"，由于"表现"一词的多义性，他又构造了另一个名词——"演示者"（monstrateur），用来表示负责舞台叙述传播的一种理论实体，以区别于书写叙述的叙述者。① 换言之，通过比较，戈德曼得出舞台叙述者是一个综合多元的机制，因此，成为作者化身的叙述者在舞台上不是显现的。

尽管在戏剧演出的叙述者问题上，学者们得出的结论并不统一，但是他们在一定程度上都涉及了叙述者的框架性，即触及了叙述者的一个普遍形态。

前文谈到了戏剧学家所持的戏剧叙述者、演述者的观点，其形态有多种可能，如：

具象的叙述者（舞台上可见的形象）与抽象的叙述者（舞台指令等）；
隐身叙述者与显身叙述者；第一人称叙述者与第三人称叙述者；
人物叙述者与媒介叙述者；显性叙述者、多元叙述者与中性叙述者等。

它们以隐身/中性/显身状态分别存在于抽象的交流层，或者说处于戏内戏外、台上台下。上述叙述者的隐身与显身状态、多元人格化状态的显现，直接受叙述者框架性的影响。它可以以剧中人物"犯框"叙述者显身，以被填充了人格的叙述者显身，甚至以多元化人格状态显身。也就是说，戏剧演出的叙述者是具有人格-框架二象性的。

赵毅衡先生曾从"文本构筑""接受构筑""体裁构筑"三方面出发，为找寻叙述全域的叙述者问题进行考察，得出"叙述者就是由此三个环节构筑起来的一个表意功能，作为任何叙述的出发点。当此功能绝对人格化时，他就是有

---

① 参见安德烈·戈德罗：《从文学到影片——叙事体系》，刘云舟译，北京：商务印书馆，2010年版，第107页。

血有肉的实际讲述者；当此功能绝对非人格化时，就成为构成叙述的指令框架。叙述者变化状态不同，是不同体裁的重要区分特征"①。

不论是何种叙述体裁，叙述者均具有人格－框架叙述者二象形态。但在戏剧演出叙述中（也就是演示类虚构叙述），叙述者的框架性最为典型。一旦没有展示框架，戏剧演出叙述便无法展开。而且，这一戏剧演出的叙述框架是可以活动的。受演员与观众的互动交流或者说受戏剧演出体裁特征的影响，戏剧演出的叙述框架可以随着现场观演互动的情况而发生变化。由于戏剧演出体裁本身的特殊性质，戏剧演出中的叙述者经常以其人格化形态显身——人物形态"夺眶而出"、观众"破框而入"等叙述主体填充框架的情况时有发生，因此其叙述者时常呈现出一定的人格－框架二象性质。其中，框架性是其叙述者的基础普遍形态，人格叙述者是特殊形态。

小　结

任何体裁的叙述者均具有人格－框架叙述者二象形态，框架性是其叙述者的基础普遍形态，人格叙述者是特殊形态。

第二节　叙述者如何显身

由于戏剧演出文本的叙述框架化程度较强（它包括舞台指令、舞美因素等整套舞台叙述机制），戏剧演出的叙述者"人格"时常处于隐身状态。但由于叙述需要"卷入人物的变化"，且戏剧演出自身的特征，这就使人物形态"夺眶而出"、观众"破框而入"等叙述主体填充框架的情况时有发生，即隐身的叙述者时常以人格化的形态显身。而当隐身的叙述者显身的时候，我们便可以察觉其存在。

隐身的叙述者暴露自己的存在有三种方式。首先，它可以通过评论或拒绝评论显身为某种人格。叙述者评论最为常见，这也是隐身叙述者显身为人格最简单的办法。中国戏曲叙述者显身为人格进行评论的情况颇为寻常，且类型多样。部分形成了固定的风格标记，下面试举几例戏曲中叙述者评论以显身为人

---

① 赵毅衡：《广义叙述学》，成都：四川大学出版社，2013年版，第93页。

格的情况。

戏曲每一幕的上场诗句、题目正名等开场形式或者下场诗、词云等戏曲结束形式中都会包含叙述者的价值观。该类情况在戏曲中已形成了特定的风格标记，属于隐身叙述者评论显身为人格的一种方式，只是在演出中需通过演员或人物之口念唱出来。如，《琵琶记》第一出的开场诗词（副末开场）：

【水调歌头】秋灯明翠幕，夜案览芸编。今来古往，其间故事几多般。少甚佳人才子。　也有神仙幽怪，琐碎不堪观。正是：不关风化体，纵好也徒然。论传奇，乐人易，动人难。知音君子这般另作眼儿看。休论插科打诨，也不寻宫数调，只看子孝共妻贤。正是骅骝方独步，万马敢争先〔问内科〕且问后房子弟，今日敷演谁家故事，那本传奇？〔内应科〕三不从琵琶记〔末〕原来是这本传奇。待小子略道几句家门，便见戏文大意。①

【沁园春】赵女姿容，蔡邕文业，两月夫妻。……孝矣伯皆，贤哉牛氏。书馆相逢最惨凄……极富极贵牛丞相，施仁施义张广才。有贞有烈赵贞女，全忠全孝蔡伯喈。②

上述开场诗词中，出场人物以【水调歌头】和【沁园春】曲牌表达了叙述者的意图——"不关风化体，纵好也徒然，不寻宫数调，只看子孝共妻贤"，并明确地对人物作出其评论——"孝矣伯皆，贤哉牛氏"；"全忠全孝蔡伯喈"。

有时，题目正名也会隐含叙述者的价值观，如郑廷玉的杂剧《宋上皇御断金凤钗》的题目正名：穷秀士暗宿状元店，张商英私见小御阶；杨太尉屈勘银匙箸，宋上皇御断金凤钗。其中，"暗宿""私见""屈勘""御断"指出了叙述者的价值倾向。对于这种开场形式，徐渭在《南词叙录》中就曾说过："宋人凡勾栏未出，一老者先出，夸说大意以求赏，谓之开呵。"③ 宋代的杂剧演出在演员登场表演前会有一人出来"夸说大意""提掇甚分明"，这实际上是代叙述者对所演出剧情作一番概括和评论。也就是说，"开呵"可作为隐身叙述者通过评论显身人格的一种方式，且多为可靠的叙述。但由于此类"开呵"的开

---

① 高则诚：《琵琶记》，北京：文学古籍刊行社，1954年版，第1页。
② 高则诚：《琵琶记》，北京：文学古籍刊行社，1954年版，第2页。
③ 么书仪等主编：《戏剧通典》，北京：解放军文艺出版社，1999年版，第102页。

场形式需要由演员上场道出,即演员(作为"行当"身份)上场念出场诗,然后转入戏中扮演人物,同一演员不同身份的突转容易给观众造成一种"局部不可靠"或"人物不可靠"的假象。譬如,元曲《窦娥冤》第一折"净"扮赛卢医的上场诗(行医有斟酌,下药依《本草》,死的医不活,活的医死了)、地方小戏《南瓜记》中恶霸王寿廷的上场诗(口是砂糖舌是刀,心比狼虎会生毛;为人不用千般计,怎得荣华富贵高)等例子都可以造成"不可靠"的假象。同一演员说出的话却让观众心生困惑:剧中人物赛卢医、太医以及恶霸王寿廷怎可能对大家自揭其短!所以说,此处是叙述者巧妙地借"行当"之口对人物进行针砭,向观众提前解释其卑劣品行的一种方式,同样也是隐身叙述者通过评论显身人格的一种手法。

隐身叙述者可以通过评论显身,拒绝评论亦可显身。因为叙述者在意义解释或价值评论上保持绝对沉默,会导致一种特殊的叙述不可靠,而低调、沉默、冷峻的叙述,则可与隐含作者的意义-价值观形成对比,这会造成隐身叙述者人格"非正常"显现的情况。① 此类情况在斯坦尼斯拉夫斯基的写实主义戏剧、先锋戏剧(或类似于行为艺术)、荒诞派戏剧等演剧中均有出现。贝克特《等待戈多》一剧只展现了两个流浪汉(弗拉季米尔和爱斯特拉冈)在苦等戈多时无聊贫乏的对话场景(即全剧以表现人物心理活动过程为主)便属此类。当第二天孩子又来报说"'戈多'今晚不来,明天准来"时,叙述戛然而止。该剧剧情没有任何发展(无冲突、无高潮),剧中人物没有鲜明的性格。面对剧中人物无尽的等待,叙述者人格拒绝显示任何态度、任何情绪,任由剧中人以无意义的方式消磨时光,其"冷酷"的态度(对结局保持沉默,在意义与价值评论上不予解释)与隐含作者的意义-价值观不相一致,属于隐身叙述者"非正常"人格显现的一种情况。

隐身叙述者暴露自己的第二种方式,即隐身叙述者通过次叙述者或剧中人物显身为人格。叙述必须卷入人物的变化,这使得叙述文本充溢着人格。一个叙述文本中,可以有多种人格化的叙述者,无论是第一人称人格叙述,还是第三人称框架叙述,都可以有更次一级的叙述者,即让某个人物开口说故事。②

---

① 赵毅衡:《广义叙述学》,成都:四川大学出版社,2013年版,第246页。
② 赵毅衡:《广义叙述学》,成都:四川大学出版社,2013年版,第247页。

所以，先来看这类以第一人称直接占满框架的情况。

由一人演出的独角戏最能清晰地展现作为次叙述者和作为人物填充框架并与框架互动的情形。它类似于口头说书、单口相声的形式，甚至近乎格洛托夫斯基或彼得·布鲁克所定义的最简戏剧形态。同样，这种"自导自演"式的演出也符合前文提到的舞台叙述机制委托一个人格进行叙述的特征，只是这时次叙述者有相当具体的身份，造成了在叙述世界中"实体化"的假象——台上只有演员一人在叙述框架内外时而扮演人物，时而讲述该人物的故事。而当舞台叙述机制处于最简化的状态（不需过多演示媒介、舞台指令），叙述者的人格性便被最大化地呈现出来。

以约瑟夫·格雷夫斯导表演的《一个人的莎士比亚》为例，该剧取材于格雷夫斯的亲身经历和丰富的莎士比亚戏剧表导演创作，讲述了一个发生在迷茫的六岁男孩（约瑟夫·格雷夫斯）与苛刻严厉又怀揣着"莎士比亚世界"的老师（克莱夫·瑞维尔校长）之间令人捧腹而又感人至深的故事。该剧没有华丽的灯光，也没有繁复的舞台背景，只通过两把椅子、一张长桌、一张莎翁的照片、一本莎翁全集以及一个演员表演将整个故事呈现在观众眼前：秃顶的"老戏骨"坐在/站在椅子、桌子上，分别扮演着古稀老人、六岁孩子、慈祥的父亲、酒鬼老师以及智力残障儿子，通过不同的动作与道具，惟妙惟肖地表现出人物的不同性格。这时，导演约瑟夫·格雷夫斯在舞台上是具有多重身份的——演员格雷夫斯，叙述者格雷夫斯，同时又是剧中的各色人物（格雷夫斯、父亲、老校长等），叙述者格雷夫斯通过剧中的各色人物"显身"。

除了一人充当叙述者填充框架，叙述文本中还可以有多个次叙述者一同充填框架。它存在两种情况，一类存在于"套层"的叙述（也即"戏中戏"）中，即在次叙述者所讲故事中的人物也开始讲起了故事。皮兰德娄的《六个寻找剧作家的角色》最具代表性。剧场里正在排演一部新戏，突然闯进来六个幽灵。他们自称是被剧作家废弃的一个剧本中的人物，来这里请求导演帮助把他们的戏排演出来。导演被他们的故事吸引，便答应他们的要求。于是，这六个"角色"就开始表演（次叙述者和次叙述者所演故事中的人物），而原来的导演和演员反而成了台下观众。又如汤姆·斯托帕德的《真情》，全剧第一场第一幕发生在一个典型的中产阶级家庭卧室，从情节到布景都类似易卜生的《玩偶之家》，丈夫麦克斯怀疑妻子夏洛特有外遇，两人发生口角之后，夏洛特愤而离家出走。正当观众期待第二幕看到后续情节发展时，却发现原来整个第一幕是一出"戏中戏"，麦克斯和夏洛特并非夫妻，两人都是演员，他们正在排练剧作家亨利（夏洛特真正的丈夫）所写的戏剧《纸牌之家》。可以说，此类"戏中戏"也是多个次叙述者填充框架的一种策略。

另一类则表现为多个叙述者并存，对同一个人或同一件事进行讲述的情况，该类方式较易造成"众声喧哗"下的不可靠现象。譬如，由芥川龙之介的小说《筱竹丛中》改编的舞台剧《竹林之谜》，其叙述方式类似于黑泽明《罗生门》，同样是通过多个次叙述者来讲述一件事，即由巡捕、强盗、武士的妻子和女巫（代表死去的武士）来讲述武士之死，然而，四个次叙述者的叙述并未完全还原武士之死一事的基本面貌，反倒使事实的真相蒙上一层迷雾：每一种叙述，都是对武士之死可能性的一种解释，又是对其他叙述的否定，从而营造出不可靠叙述的局面。而《芸香》一剧更是将这种扑朔迷离推至极点。该剧呈现了公共汽车上不同乘客对前不久发生的杀人案件的不同讲述——车上除了叶子的表哥直接与自己所述故事有关，其他十人均与杀人案件没有直接关联，甚至叶子和葛老太讲述的是否是同一件事，是否针对同一个人都难以确定。同样是多位次叙述者讲述同一个事件。由于次叙述者与其所述故事之间的关联程度各有差异（《罗生门》的次叙述者均参与了自己所讲述的事件，即属于同故事叙述；《竹林之谜》的次叙述者并未参与自己所讲述的事件，仅仅是对事发后的调查和猜测进行讲述，即属于异故事叙述；而《芸香》则是前类叙述者的综合)，使得该剧制造出了一个"众声喧哗"式的不可靠叙述局面。当然，以上两类多个次叙述者填充框架的情况也经常交融在一起，会加剧情节的复杂性，造成不可靠叙述局面的产生。

上述分析虽然是从次叙述者的角度来论人格填充，但也从另一层面揭示出人物通过其视角、话语充填框架的可能。以《绝对信号》为例，该剧通过一次没有成功的劫车事件，展现了不同处境下不同的人物心理：见习车长小号跟老车长的班押运货车，车匪试图利用小号的朋友待业青年黑子制造劫车机会。另外，在车上的还有野外作业的养蜂姑娘蜜蜂。面对老车长的教育、劫匪劫车的处境、三个青年男女之间的情感纠葛，黑子最终觉悟，以拔出匕首与持枪劫匪格斗而收场。

剧中对黑子形象的呈现不多（仅涉及少量人物行为），其余主要通过不同叙述者的不同视角呈现出来，主要包括：黑子自己的回忆、想象中的自我，小号的回忆、想象中的黑子以及蜜蜂姑娘想象中的黑子。他们想象中的黑子是被叙述出来的，由此均带上了剧中人物自身的价值观，也即在不同的人物视角下，黑子有三个完全不同的形象：在黑子自己的回忆中，他抱怨姐姐顶替了父亲退休的职位，怨恨老丈人嫌他没有钱将他拒之门外，是一个怨气冲天的倒霉鬼；在小号的眼中，他动辄拔刀相向、挥拳打人，是个手狠心毒的下流胚；在蜜蜂姑娘的眼中，他坦荡地将小号对蜜蜂姑娘的爱恋如实地转告给她，让她自己做出抉择，是个情操高尚的谦谦君子。由于人物的处境、心境和彼此关系的不同，每个人心目中的黑子形象差异极大。可以说，该剧通过具有主观性、片面性和带有情感色彩的人物视角呈现出了黑子立体丰满的性格特征（形象），这属于通过人物（视角、"心声"）填充框架的一种方式。

最后一种叙述者显身的方式就是通过展示、使用媒介（角色身姿等）、观看维度显身人格。

在戏剧演出的体裁特征中，受述者的参与会丰富人格填充叙述框架的情况，即受述者可作为叙述者、次叙述者和人物参与其中。即兴与不可预测情况的发生本来就与人格状态有关，它是满足叙述"卷入人物的变化"的一个方面，也会使得文本充溢人格。但是它们对叙述框架的填充需要以展示为前提，因为展示意味着文本的空间朝向是面对观众，是把故事"直接"演示给观众看。[1]

几乎所有的叙述，凡是视觉的或是隐含着视觉的，都有一个"引导接收者从哪里看"的问题，即戏剧、展览、旅游、比赛等文本都涉及观看的视角。特别是对于演示叙述而言，它不仅需要一个在其中展示的框架，这个框架还必须有一个为接收者观看的维度。换言之，戏剧演出的空间特点与展示的方式是引导接收者视线，并通过人物的叙述视角充填框架的关键。譬如，在小剧场上演的舞台剧《天上飞的鸭子》中设置的一个Y字形的演出区域（象征相爱的人总是走到了岔路，不相爱的人又总是磕磕碰碰），就引导了观众观看的视角——观看区被切割成三块，演出一开始，接收者便随着Y字形舞台的特点而转换视角，有时接收者甚至随着观看维度的变换而参与到框架填充的过程

---

[1] 赵毅衡：《广义叙述学》，成都：四川大学出版社，2013年版，第41页。

之中。

一旦有人物充填到叙述框架中，就可能产生"人物视角化"现象。在舞台演出中，观众看似无法改变观看视角，但演出却有个朝向问题，角色的手势身姿有引导作用①，即展示区域（叙述框架内外）的演示媒介（非特有媒介），如手势、身姿、灯光等对观者视线均有引导作用。注意，这个"引导"作用涉及两个方面，其一是引导接收者向哪儿看（具有指示符号作用），譬如，舞台灯光的强弱与色度，以及其对舞台区域与观众席区域、舞台区域与演出区域的投射；台上演员指向/面向某处说话，甚至跑下台与观众接触；"接受者"愤然离席等情况会产生不同效果。以贝克特晚期剧作《落脚声》在演出时展现的一个被凝固的特殊场面为例具体说明。该剧塑造了一个像是在回忆和习惯之间挣扎的"僵尸"形象。为了表现一个活着（内心在挣扎）却又处于静止状态（人物无具体行动）的形象，贝克特对演员的舞台表演是有严格规定的。从其舞台提示（造型、服饰、步伐节奏、声音处理等）来看：指示演员用特定的舞台行步方式，在有限空间内来回的缓步动作中有规律地戛然而止；用沉默和暂停创造出无声静止的场面；等等。其中，前者是为了呈现出人物的内心（用心声填满这个叙述层），后者则是为了表现人物的"僵尸"状态。此时，舞台上的沉默、空洞和人物外部行为的静止（如同"不在场"），将观者的视角导向人物的内心。该剧属于较为特殊的一个例子，全剧只有一个演员，用非语言媒介展现，虽无外部行为，内心却在挣扎的情形。因此，在表现静止的人物及正在挣扎的内心中间有一层区隔，即暂停。这个暂停的动作姿势具有引导的作用，将观者的视角指向人物的内心。加之空洞、静止与不在场等空符号文本的作用，人物内心活动被"前推"出来。

戏剧演出的叙述框架人格化的方式多样，这里主要讨论三类常见的叙述者人格化方式。电影叙述者的显身也会出现此类情况，就此举一个例子：

电影中插入的歌词可以作为一种叙述者声音呈现出来。通过它，可展现有关人物和主题的信息。《现代启示录》便是一个很好的说明。它以大门乐队（the Doors）的英文歌《结束》（*The End*）开场，其中文歌词如下：

这就是结束

---

① 赵毅衡：《广义叙述学》，成都：四川大学出版社，2013年版，第259页。

美丽的朋友

这就是结束

我唯一的朋友,结束

所有精心设计的计划,

忍受的一切,结束

没有安全或惊喜,结束

我将永不再窥视你的内心

你能想象那将会是怎样吗?

如此无限和自由

不顾一切地需要

某个陌生人的手

在一个

令人绝望的地方

迷失在罗马……疼痛的荒野

所有的孩子都疯了

所有的孩子都疯了

等待夏日的雨水

……

歌词建立了主题、冲突和作品的情绪(mood),有助于赋予影片历史感给人们展示了战争肮脏而不是光彩的一面。影片在开场之处,通过一首以"这就是结束"(This is the end)为第一句歌词的歌曲,暗示了一种疯狂世界里是非颠倒、好坏不分的感觉。这个最初的"颠倒"在影片里以其他方式多次重复。而主角首次出场的特写,其影像是上下颠倒的——这是对已经由歌词建立的主题的图像化阐释。

小　结

隐身的叙述者时常以人格化的形态显身,实现人格化的状态可以通过发声或沉默,也可以直接通过人物表演或人格视角展示出来。

第六章 符号物语

电影、戏剧等演示类体裁中，所使用的媒介物属于非特制媒介，它经历了一个从物到符号的双重转化过程。本章将选择两个日常生活中的寻常物，来看看它在电影中的呈现状态和意义。

第一节 被标出的口罩

新冠肺炎疫情的暴发，引发了人们对口罩的再次关注。不同社群在口罩这一符号物上的态度，不仅会通过抗击疫情的效果呈现出来，还会在电影中有相应的表现。像在《卡桑德拉大桥》（*The Cassandra Crossing*）、《极度恐慌》（*Outbreak*）、《末日病毒》（*Carriers*）、《病毒入侵》（*Pandemic*）、《传染病》（*Contagion*）、《流感》（*The Flu*）、《感染列岛》（*Kansô rettô*）、《盲流感》（*Blindness*）、《大明劫》（*Fall of Ming*）、《少女怪谈》（*Mourning Grave*）、《汉江怪物》（*The Host*）等电影中，口罩就被视为一种隔离具身、自我降级、代表群体身份的符号物。

1. 作为隔离具身的符号物

针对病毒传播最常见的防护措施就是隔绝、隔离，口罩是阻挡病菌传入具身的一种常见方式。美国电影《传染病》一开篇，导演就运用交叉蒙太奇手法呈现病毒迅速蔓延至世界各地，用各国不断增长的数量来暗示这场瘟疫惊人的传播速度。当时，女主角贝丝正从香港出差回到明尼阿波利斯，缺乏口罩导致她被病毒侵袭（她一度以为自己只是旅途劳累），两天之后便在医院急诊室里死去。无疑，与她接触的人群都被视为需要隔离的对象。镜头由贝丝患病到去世、爱人被强制隔离开始，切换到公交车上的镜头特写——已接触零号病人的男人咳嗽不止，下车后被强制戴上口罩。这里，口罩隔离具身的"在场性"作用开始显现。随后，镜头转向中国，借美国医生的视角呈现中国所有孩子老人都戴着口罩的场景。可以说，在任何潜在的、可能经由呼吸道传染的不确定因素之下，防护口罩是唯一可以阻隔或减少病毒传染的。这一点在该影片末尾处就有所强调，即米尔斯医生出现感染症状，最后死于病毒，乃做疫情调查时不注意自我防护造成。

口罩可以通过隔开人与人之间的密切接触，进而减少病毒的传染几率。但被隔开的日常交往距离以及不佩戴口罩的习惯，使得很多人对口罩的态度模棱两可。譬如，在韩国影片《流感》中，一群偷渡客携带流感病毒H5N1到达盆塘，负责接手的"蛇头"们在打开集装箱前争议是否要戴口罩时，弟弟坚持说："我本来就不戴口罩，为什么要戴口罩！"直到打开舱门，有液体流出，刺鼻的味道才迫使两人迅速戴上了口罩。弟弟返回集装箱取手机时，影片特写了"口罩戴反"的这个细节，则为弟弟将作为病毒传播源散播病毒埋下伏笔。这里，"口罩"是被用来阻隔异味病毒传染的重要物品，正是人们对它模棱两可的态度，使得病毒蔓延开来。在《极度恐慌》中，人们对口罩的使用力度以及对口罩的认知也在一定程度上投射出这种态度。譬如，全程只有医生戴口罩，但被感染者并不用戴上口罩，这便给了病毒扩散的机会——感染者每一声咳嗽喷出的病毒会通过医院通风管传送到不同的病房，最终导致病患的人数增多。该剧通过口罩这一物品在医疗物品中的性质和地位（"口罩"在美国是处方药品，唯医生和病患才可使用）也反映出了美国的防疫态度。对比《传染病》中的中国防疫对策——对感染地区进行全面消杀，民众全部佩戴口罩，中外各国对口罩的使用态度反差发人深省。

影片中，口罩在病毒传播的符号场域中表现出了阻挡病毒入侵身体的盾牌功能。而病毒的出现如同放大镜一般，照出人们防护意识的欠缺以及生命的脆弱。反观现实生活，正是中国应对疫情的方法和对口罩的认知态度，才使得所有人都能佩戴好口罩，阻预病毒，控制疫情，而大多数西方国家在佩戴口罩问题上出现的迟疑和纷争使得他们仍旧处于感染人数居高不下的情况之中。

2. 作为自我降级的隐含符号

自我降级源自病患意识到自身患病，在特定情境下产生异于常人、低人一等的心态。苏珊·桑塔格提出的疾病隐喻很好地诠释了这一现象，即"病毒等于死亡，只要某种特别的疾病被当作邪恶的、不可克服的坏事而不是仅仅被当作疾病来对待，那大多数癌症患者一旦获悉自己所患之病，就会感到在道德上低人一头"[①]。在新冠病毒肆虐传播的历程中也曾有过类似体现，譬如新冠肺炎疫情暴发初期，病毒的不可知性和危害性使得民众对与暴发地有关的人（暴发地本地人、在暴发地久居工作之人、近期去过暴发地之人）产生社交畏惧心理，对已感染的患者和已知的康复患者（及其周身有关的物件）更是避之唯恐不及，除了躲避，他们纷纷戴上口罩，以全副武装的形态呈现开始根植的观念，即口罩由防止飞沫传播的功能上升到指向特定群体以及群体背后的特定观念的一类符号。相关影视作品则更是将口罩的这一特征表现得淋漓尽致。譬如，《末日病毒》中那戴有"血口罩"的女孩，病情还未恶化，却已被众人视为一个"危险对象"，因为被感染者仿若被判死刑一样，这也让"血口罩"成为"活着"的对立物。四人选用隔离膜隔离与女孩的接触空间，甚至抛弃那对父女，并使用消毒水清洗车内环境等行为，将人们对病毒的恐惧展露无遗。如此看来，影片中口罩不仅具有隔离病毒的作用，还具有隔离恐惧、隔离个体与群体的作用，其中，隔离病毒是口罩的基本特征，隔离恐惧等其他作用项变成了口罩这一物品的衍生意义。当感染者与未感染者之间为生存去对抗时，女孩的血口罩无疑会被特殊化，让人很不自在。口罩逐渐成为人们特定观念下感染病毒的一种符号，要求感染者标出的，不仅仅是在场的人，而是整个文化，包括感染者自身。波比感染后惊慌失措的神态以及立即戴上口罩的举动，即是表达已感染者的自我畏罪感。影片借助口罩讽刺的是病毒对人格的毁灭性影响，它能隔离病毒、恐惧却又让特定群体以及群体背后的特定观念犹如病毒一样肆意蔓延。

口罩的"隔"与"不隔"，在电影文本中也均有呈现。国产电影《大明劫》里，军中瘟疫致病于无形（通过呼吸道传染），人一旦患上瘟病就会眼流黑血，

---

① 苏珊·桑塔格：《疾病的隐喻》，程巍译，上海：上海译文出版社，2003年版，第8页。

同一营帐内的官兵也会相继染病。吴又可医师建议协助治疗的官兵一律用"布块"遮盖口鼻，患者无需佩戴，仅健康者使用，小小细节已然在身体、心理层面将感染者与健康者划分开来。胳膊系白色布带为重症患者，军兵见之远离，隔离营帐成了军营重地。孙传庭将军担心大战在即军心涣散，为保全剩下的健康将士，不惜将隔离治疗已有起色的士兵一把大火烧死，以绝后患。韩国影片《流感》中集中营里的小兵兄弟发现队友被感染之后，他第一反应是告知队友戴面罩："赶快戴起来，不要被人发现"，因为政府对感染了还尚存活的民众直接放弃救治、残忍焚烧，口罩既是防护，也是为了掩盖被感染的事实。日本电影《感染列岛》中新型病毒传播迅速，人们起初以为病毒引发的是禽流感，于是迁怒于神仓养鸡场，活禽全被灭杀，场主和女儿饱受舆论责难。养鸡场场主在接待教授和小林医生调查病毒病原时，摘下头罩和口罩，深深弯腰鞠躬道歉。场主摘下口罩是面对死者的自责，也为场主自缢埋下伏笔。后经调查发现，病毒源头并不是养鸡场，而人们在危急时刻想迫切找到传染源，对病源存在的可能性无限放大化或直接定性为事实的行为，反过来揭示了口罩这一符号物所不能阻断的疫情流言危害，它让场主百口莫辩，直至献出生命。

影片中疫病出现时，特定群体（感染者和健康者）的思想观念大为不同，感染者担心有病治不好且会传染他人，内心背负道德谴责；未感染者怕被传染，同时占据主导权，优选远离或舍弃感染者以谋求生存，甚至出现因急于找到传染源不惜污蔑他人的情况。诚如《末日病毒》中人们对"血口罩"避之唯恐，《大明劫》中军兵对"白布带"恐而远之，《流感》中的"铁面罩"感染就被焚烧，《感染列岛》中"摘口罩"赴死等，口罩在电影中的符号丰富也侧面映射出各国面对疫情作出的应对政策和文化差异，人们没有死于病毒却死于文化植根下的思想观念。口罩背后隐含的思想观念犹如病毒，同样需要人们进行防御和自我反思。

3. 作为特定群体的标出符号

在重大疫情面前，"统治者会采取完善措施，而不是讲空话，对疫情建立切实的防止蔓延的壁垒。由隐瞒弱化疫情来抚慰群众焦虑到正式宣布封闭城市，最突出的后果之一是人们突然面临事先毫无思想准备的分离，一锅煮的方法让个人感情变而为全城人共有的感情，夹杂着恐怖、痛苦感。在毫不协商的情况下,'通融'、'照顾'、'破格'等词都失去意义"①。隔离是一种防疫策略,但强制隔离必然会引起冲突。在这种冲突中,我们会发现围绕着口罩的被标出以及被翻转的作用。

比如,电影《流感》中政府承诺民众的隔离时间远远超过规定的48小时,引发群众暴乱,当摘下口罩的指挥官出现后才暂时缓和。普通民众使用口罩预防病毒时,指挥官却将口罩遮掩下的面部示众,摘口罩这一动作显示出口罩的标出性意义——不戴口罩即被标出。但同时它又实现了由"隔离具身"向"显示权利"滑动的过程,去掉口罩揭开"指挥官"身份,话语权在此刻显出。当隔离完全失控时,盆塘民众"集体戴口罩"欲冲出隔离区,戴口罩作为标出项,由"隔离具身"向"奋起反抗"滑动,标出了"反抗者"群像。《汉江怪物》中强斗一家被诬陷携带病毒,强斗与父亲佩戴"灰黑色口罩遮盖面部",隐藏身份去营救玄瑞。当所有人戴医用口罩隔离病毒时,他们"戴灰口罩"显得特别,因而被标出,口罩由"隔离具身"向"伪装自我"滑动,以此推动电影剧情发展。片末美方在灭杀怪物过程中不顾民众生命释放致命化学气体,全景呈现毒气笼罩下戴着"画叉口罩"、举起双手抬着黑白遗照的五人群像,再一次标出了那些"弱势民众","画叉口罩"呈现出由"隔离具身"的大众向"反抗维权"的小众的翻转态势,控诉着政府的无能和社会的黑暗。《感染列岛》中日本政府主动给民众分发口罩,个体"患者"应佩戴口罩,"戴口罩"作为"标出项",标出"患者"身份。小林医生感染后也是"患者",但影片通过其"摘口罩"的动作,将其标出,即"奉献者"身份被标出,彰显了医务工作者的仁爱奉献精神,这无疑是口罩符号的又一种翻转。欧美出品的电影中也可见口罩符号本身的标出和翻转。譬如,日本、加拿大、巴西合拍的《盲流感》中唯有政府官兵身着防护服、佩戴"口罩",民众只能等待感染后被抓去隔离区域面对噩梦,最终导致整座城毁坏,口罩成为身份标识,标出"医生、患者、政治地位人士"群体,长此以往,加深了该标出符号的理据性,其象征意义深深植根民众内心。而在反映买药难和吃药难这一社会问题的电影《我不是药神》中,身患白血病的人佩戴口罩,其特定身份被口罩标出。但在特定情境之下,陈勇非法代购假药让吕受益看到生存的希望,他们初次见面连摘三次

---

① 加缪:《鼠疫》,顾方济、徐志仁译,南京:译林出版社,1997年版,第70页。

口罩的举动以及带病友见程勇时带头让大家摘口罩的举动,翻转了口罩"隔"与"不隔"的意义。白血病人"摘口罩"的举动被标出,表达白血病人对程勇的信任——有药就不会死。当程勇怕被抓不卖药时吕受益把口罩戴上,从"不戴口罩"到"戴口罩"的转变过程意味着信任崩塌,暗示吕受益和白血病人的结局。吕受益死后程勇继续卖药被抓,去监狱的路上白血病人们摘下层层口罩,暴露在有菌环境下,"摘口罩"的行为再次被标出,传递出崇敬之意。口罩的用法与含义在标出、滑动、翻转的动态过程中展现了人物"隔绝细菌—信任—不信任—崇敬"的心理变化过程。

影片中含有口罩意象的镜头被标出的情况主要看社会环境的设定以及使用者对意义的渴求,口罩落入被政府压制的民众手中,作用即会随使用者翻转,"口罩"的"标出项"与"非标出项"受制于民众的主观意识,更多是作为"医生、病人、官员、反抗者、伪装者、弱势民众、信任者"等特定群体的标出符号,口罩意义从身体隔离不断滑向思想边界、社会群体边界,说明了它本身具有物的属性与作为实用物、艺术符号、思想符号等符号属性共存的可能。

小　结

携带中项的非标出项称为"正项",中项排斥的则为"异项",即标出项。中项必须靠非标出项来表达自身,戴口罩与摘口罩的行为均需通过非标出项表达自身。

第二节　被选入的冰箱

冰箱是现代都市生活中必不可少的家用电器,它的诞生来自人们对新鲜的、凉爽的食物的追求。从其诞生到进入寻常人家,人与冰箱的关系经历了匮乏—拥有、渴望—惧怕等状态,它在无形中为人们赋予冰箱更多意义提供了可能,尤其是在电影中,冰箱的出场集中呈现了人们对它的一种"密切关注"。本节将结合影片中出现的冰箱符号,挖掘人们关注冰箱、想象冰箱的深层原因。

1. 影像中的冰箱

日常生活中的冰箱经常成为被拍摄和被想象的对象。尤其是在都市剧、家庭伦理剧中,其所讲述的故事、所展现的场景都与日常生活紧密相连。播放时长有限的电影中,冰箱的出镜频率依旧不减。正如表 4—1 所列出的五十部含有冰箱镜头的影片一样,冰箱的存在不仅司空见惯,它还像"契诃夫之枪"一样,其出现必有其存在的意义。

表 4—1　五十部影片中的"冰箱"镜头

类型	年代/国家	片名	与冰箱有关的内容
个人生活类（多为喜剧片、爱情片、伦理片）	1955/美国	《七年之痒》(The Seven Year Itch)	广告明星对出版商说她要去厨房穿衣服,因为夏季太热,把内衣都放在冰箱里,穿着更加凉爽。还建议在冰箱里放一个小电扇,吹出的冷风可降温。
	1961/美国	《蒂凡尼的早餐》(Breakfast at Tiffany's)	农家少女从冰箱里拿出鞋子,看了看,又放了回去。
	1968/美国	《古怪的一对》(The Odd Couple)	奥斯卡·麦迪逊从冰箱里拿出棕色和绿色的三明治,让客人选择。
	1983/英国	《人生七部曲》(The Meaning of Life)	身穿粉色西装的男子从冰箱里走出来,他唱着《银河之歌》,最终说服布朗太太捐赠肝脏。
	1986/美国	《爱你九周半》($9\frac{1}{2}$ Weeks)	闭着眼睛的伊丽莎白坐在敞开的冰箱前,约翰不断从冰箱中拿出食物喂她。
	1993/美国	《窈窕奶爸》(Mrs. Doubtfire)	丢了面具的丹尼尔在厨房寻找可以掩盖原本身份的物品。他发现了冰箱里的蛋糕,便把奶油都弄在脸上。
	1995/英国	《冰箱》(Fridge)	影片一直围绕着被困在冰箱里的小孩展开,冰箱清晰地划分了两类人:救人的流浪汉与高楼里冷漠伪善的旁观者。
	2001/美国	《BJ 的单身日记》(Bridget Jones's Diary)	单身的琼斯每日开冰箱取食,如取出冰箱里仅有的发了霉的芝士块,去除发霉的地方继续吃等。

第四编　影视艺术符号

续表 4-1

类型	年代/国家	片名	与冰箱有关的内容
个人生活类（多为喜剧片、爱情片、伦理片）	2002/美国	《风流老板俏秘书》（Secretary）	秘书定期查看，并保证老板的冰箱里有方形芝士块；被打开的冰箱里只有三堆方形的芝士块。
	2004/美国	《面子》（Saving Face）	妈妈打开小微的冰箱，看到有啤酒，便问她是从什么时候开始喝啤酒的。
	2007/美国	《小鬼上路2》（Are We Done Yet?）	尼克从冰箱里拿食物，粗心随意的他却让冰箱里的其他东西都掉了出来。
	2010/法国	《冰块的声音》（The Clink of Ice）	查尔斯和肿瘤化身打开冰箱，画面表明冰箱里全都是酒；老女仆露易莎和夏尔在冰箱前喝酒。
	2010/英国	《带着冰箱去旅行》（Round Ireland With a Fridge）	冰箱出现在整部影片中，并引发一系列事件。
	2010/美国	《127小时》（127 Hours）	阿伦从冰箱里拿出食物，准备去峡谷探险。在峡谷遇险时，他幻想着派对上的啤酒、冰箱里的各种饮料，包括果汁。
	2012/美国	《迫降航班》（Flight）	维普凝视着摆满酒的冰箱，拿出了一瓶打开盖子，闻了闻酒的味道，然后又慢慢地盖上盖子，将酒放在了冰箱上面。
	2015/美国	《泰迪熊2》（Ted 2）	约翰打开冰箱，泰迪迅速从冰箱中抢出啤酒，两人开始争夺啤酒。
	2018/意大利	《把外婆放进冰箱》（Put Grandma in the Freezer）	克劳蒂雅将外婆的尸体放入冰箱冷冻；赛门来到克劳蒂雅家中试图检查冰箱。
科幻类	1958/美国	《变形怪体》（The Blob）	史蒂夫和简躲进了步入式冰箱，外星生物（Blob）正渗入门下，但遇冷后便开始后退。
	1982/美国	《外星人E.T.》（E.T. the Extra-Terrestrial）	E.T.在冰箱里发现了啤酒，学着人类一边看电视一边喝啤酒，此时，正在上课的埃利奥特却表现出喝酒后陶醉的样子。

续表 4-1

类型	年代/国家	片名	与冰箱有关的内容
科幻类	1984/美国	《捉鬼敢死队》(Ghost Busters)	冰箱里传来闷闷的声音，达娜打开后发现里面有一个巨大的庙宇，其中有只名叫"Zuul"的怪物。达娜喊来了"捉鬼敢死队"的成员彼得·文克曼博士检查她的冰箱。
	1990/美国	《回到未来3》(Back to the Future Part 3)	布朗博士制造了蒸汽动力冰箱——机器的汽笛吹了气，转动阀门后掉出了一块冰块，并将它倒进了博士的茶杯中。
	2002/美国	《少数派报告》(Minority Report)	眼睛蒙着纱布的约翰摸索着医生家冰箱里的食物，两次摸索到的都是发霉的食物，这使他果断离开了冰箱。
	2008/美国	《无敌浩克》(The Incredible Hulk)	一个老头从冰箱中取出一瓶苏打水（沾有浩克血液），喝了一口立马死亡（死于辐射中毒）。
	2008/美国	《机器人总动员》(Wall-E)	WALL-E清理垃圾时发现冰箱里长出了一颗植物幼苗。
	2009/美国	《巫山历险记》(Race to Witch Mountain)	外星小孩用特殊的"外星钥匙"打开了冰箱后面的密道，然后走了进去，只有杰克停了下来。
	2013/美国	《钢铁侠3》(Iron Man 3)	史塔克为躲避刺客埃伦·勃兰特的追击，用微波炉触发煤气管爆炸，他则躲在冰箱门后阻挡爆炸物。
	2019/美国	《冰河时代》(Ice Age)	冰箱里呈现出了一个微观的人类世界。
	2019/法国	《智能伊夫》(Yves)	智能冰箱具有人格属性，它会买一些杰瑞姆不喜欢吃的食物、擅自作主为他订购音箱来安慰他等。

续表4-1

类型	年代/国家	片名	与冰箱有关的内容
惊悚恐怖类	1989/美国	《猛鬼街5：猛鬼怪胎》（A Nightmare On Elm Street 5）	爱丽丝发现冰箱里的食物开始长出眼球，她的朋友从冰箱里冒出来呼救。爱丽丝试图把她拉出来，但弗莱迪将爱丽丝推到一边，并关上了冰箱门。
	1991/美国	《冰箱》（The Refrigerator）	电影伊始，妻子打开冰箱就被它吸了进去。后来搬入公寓的夫妻也对冰箱产生了可怕的幻觉：史蒂夫看到冰箱里的迷你人物，艾琳看到未出生的婴儿。史蒂夫等人在公寓举行派对时，冰箱使其他厨房用具都"活"了起来，并开始宰杀客人。
	1992/美国	《推动摇篮的手》（The Hand That Rocks the Cradle）	保姆安娜打开冰箱，通过假装拿取冰块弄出的声音，吸引克莱尔的丈夫下楼查看。穿着性感的安娜站在冰箱前，试图引诱克莱尔的丈夫。
	2000/美国	《梦之安魂曲》（Requiem for a Dream）	冰箱经常发出奇怪的声音，直到影片最后，冰箱一边向饱受毒品困扰的萨拉移动，一边对着她高喊"喂我，萨拉！"
	2002/美国	《战栗空间》（Panic Room）	梅根女儿的胰高血糖素注射器在密室外的冰箱里。强盗之一伯纳姆帮助梅根打开冰箱拿到注射器，救了她的女儿。
	2007/美国	《囚禁》（Captivity）	戴着邪恶面具的酷刑者进入冰箱，取出了几个人体部位，将它们放入搅拌器中，迫使模特通过漏斗喝下。
	2007/美国	《1408幻影凶间》（1408 Phontom Horror）	麦克打开冰箱，一边击打冰箱一边对着冰箱自言自语。
	2010/美国	《燃烧的夜晚》（Burning Bright）	凯莉和弟弟为躲避屋内老虎，躲进了冰箱，顺利活到第二天。
	2012/菲律宾	《冰箱》（Pridyider）	一个外形诡异的冰箱发出呻吟声，吸引一个女子打开冰箱，并把人吸了进去。
	2014/美国	《血色孤语》（The Voices）	杰瑞与冰箱里菲奥娜的头对话（菲奥娜凶他，喊她吃药）。

续表 4-1

类型	年代/国家	片名	与冰箱有关的内容
惊悚恐怖类	2014/美国	《冷库》(Freezer)	机械师在冷库中想办法保持体温，找机会逃脱。
奇幻类（含动画片）	1997/美国	《反斗神偷》(The Borrowers)	姐姐阿列埃蒂在冰箱里寻找冰激凌，却被关在了冰箱里。其父将其救出后，告诫儿女不要被人类发现。
	2004/北美	《史酷比2：怪物偷跑》(Scooby Doo 2: Monsters Unleashed)	史酷比打开实验室的冰箱，误食了一块黄色果冻状的物质导致身体发生了变化。沙吉为其寻找解药时，尝了一口，随即变身为女人。
	2005/美国	《宛如天堂》(Just Like Heaven)	大卫想逃离伊丽莎白，打开冰箱发现伊丽莎白居然也存在于冰箱里。
	2006/英、美	《鼠国流浪记》(Flushed Away)	蟾蜍讨厌啮齿类动物，于是将它们冷冻在制冰机中，罗迪和丽塔差一点也被冻成冰块。冰箱制冰原理最后也被用于冻结即将掀起的污水浪潮。
	2007/美、英	《哈利·波特与凤凰社》(Harry Potter and the Order of the Phoenix)	哈利的姨夫（高大魁梧，胖得连脖子也没有）打开冰箱，冰箱里装满了食物，还有一个很大的蛋糕。
	2016/美国	《爱宠大机密》(The Secret Life of Pets)	患有饮食失调症的肥胖猫克洛伊看到冰箱里的烤鸡和蛋糕的表情以及举动。
犯罪、动作类（含悬疑元素）	1996/美国	《蒸发密令》(Eraser)	克鲁格弄倒冰箱，躲在它后面以掩护自己，尽管他并不知道冰箱挡板能躲开枪上安装的X射线瞄准镜。
	1999/美国	《搏击俱乐部》(Fight Club)	泰勒从冰箱里拿出果酱（冰箱里食物很少）。瓦斯炉旁边就是冰箱，让警察一开始误以为它们是导致公寓爆炸的原因。
	2006/美国	《一级戒备》(The Sentinel)	加里森在逃脱缉捕的过程中，用冰箱门阻挡抓捕者的袭击。

续表 4—1

类型	年代/国家	片名	与冰箱有关的内容
犯罪、动作类（含悬疑元素）	2008/美国	《夺宝奇兵4》(Indiana Jones and the Kingdom of the Crystal Skull)	导弹即将爆炸，琼斯博士到处寻找可以躲避的地方，最后他将冰箱里的食物全部清空，躲进了冰箱里，随着一声巨响，冰箱飞了出来，琼斯博士幸免于难。
	2013/美国	《辣手警花》(The Heat)	女警香侬打开冰箱向女特工萨拉展示她存储的枪支武器。
	2019/北美	《小丑》(Joker)	亚瑟在遭受生活的种种打击之后，把冰箱里的东西全部清空，躲进了冰箱里。

表 4—1 按照冰箱符号出现的时间线以及影片类型予以了大致分类。尽管含有冰箱镜头的电影远不止表格中所列出的这些，但仅就所列影片来看便可窥见两大共性。

一是从 20 世纪 50 年代至今，冰箱似乎一直出现在人们的视野之内，即冰箱从生产并走进千家万户之时，也走进了电影的虚构世界。譬如，《回到未来 3》就巧妙地呈现了冰箱的诞生过程——借助时空穿越技术，布朗博士在 1885 年展示了冰箱制冰的原理。人们对冰箱抱有的深刻印象更是直接体现在《回到未来》(Back to the Future Part) 的电影剧本中。剧本中能够穿越时空的机器原本是一个类似冰箱的盒子，但为了防止观看电影的孩子以为现实生活中的冰箱也具有穿越功能，进而躲进冰箱，该剧本最后便用汽车代替冰箱作为穿越的道具。该例不仅说明了冰箱是一种比较容易被想到、被碰触到并被巧妙置入电影的家用电器，同时也反过来暗示了电影中的冰箱符号会给人们带来的潜在影响。

二是冰箱这一物件在不同类型片中所具有的功能各异，即冰箱影像在电影中经历了从使用符号滑向实用符号、艺术符号的过程。具体来说，在个人生活类的影片中，冰箱除了展现日常生活中的使用功效，往往还被赋予了其他可供联想与想象的含义；在动作、犯罪片中，冰箱的坚硬外壳与内部的制冷剂经常被派上用场；在科幻、恐怖、惊悚片中，冰箱被插上了想象的翅膀，其所发挥的作用早已超出了日常生活中所固有的功能。换言之，电影的风格主旨是会影响冰箱符号的性质的，在呈现家庭生活场景的爱情片、家庭伦理片中，冰箱一般是作为一种日常使用物，它需要通过与其他物或人的互动传递某些与人物有关的信息；在科幻片、惊悚恐怖片中，冰箱可以只作为实用符号（即不再强调其存储食物的功能），依照剧情所需营造令人惊恐的氛围；而当冰箱成为故事中的主角时，其使用功能被其人格化作用替代，此时，影片的风格主旨则直接主导着冰箱形象的呈现。

这即是说，影片中的冰箱不仅用于存储食物，冰镇啤酒饮料，存放衣服、物体（如尸体、武器等不寻常的物体），或作为空调、凳子、行李箱、某种武器或纪念物，它还可以成为特殊人群、外星生物、鬼怪突现之处，甚至能化身为人与人类一起冲浪，为人类采购食物。然而，在众多家用电器中为何偏爱选择冰箱？人们对冰箱存有的想象是否有所依凭？这些都是有必要继续探讨的问题。

2. 冰箱的出场可能

冰箱在影片中频频出场，自然有其缘由。社会文化语境、人们对冰箱这一物件所持有的态度、影片的风格类型等因素都会作用于冰箱在虚构世界中的呈现路径和叙述效果。笔者将就上述三个层面，对影像作品中冰箱的出场可能展开分析。

（1）文化模塑：冰箱被选入文本的一个前提条件。在众多家用电器中选出冰箱放入电影文本之中，不论是延续其原有的功能或在此基础上赋予其新的功能和意义，实际上均与不同社群所携带的文化基模有关，它通过符号的双轴运作影响电影文本的编码过程。文化基模是具有明显指向性的，其指向作用类似于约翰·R. 塞尔（John R. Searle）所提出的熟悉性倾向特征（指日常的、非病态的意识知觉的最普遍特征，所有意识的意向性都会有其侧重的一面），在组构电影符号文本时，人们首先会选择他们所熟悉的、常用的、不可或缺的事物，即不同类型片中经常出现的冰箱镜头可以反映出由熟悉性倾向主导的筛选作用。

有意思的是，这些电影多出品于北美或欧洲，它们似乎都较为集中地呈现出西方人对冰箱的密切关注。当然，西方人关注冰箱也不是毫无缘由的。它本身就与西方人追求凉爽口味的传统有关：在冰箱还未诞生时，人们就会切割并存储天然的冰块用来冷却饮料、酒水。可是，大自然赋予的冰块并不是一年四季都有，为了能够妥善储存定期采集来的冰块，冰盒、冰屋、冰窖、冰库这些早期的冰箱雏形便应运而生。西方人对冰块的巨大需求，让严寒地区的人们看到了商机，一些商人或企业家用铁路、货车甚至轮船运送冰块，进行"国家贸易"。这大大推动了冰块由一种理想的消费品变成日常生活中绝对的必需品的进程，尤其是在冰块消费量巨大的美国，其使用冰块的现象就十分常见。安德鲁·温特（Andrew Wynter）在其书中就有这样的记录："美国人在冬季和夏季所消耗的冰量几乎相同，他们吃每顿饭所配备的饮料酒水中，冰块是一个必要的组成部分。在英国，酒店老板会告诉你，三分之二的酒水消费者都会点一杯加了温水的白兰地，而在美国酒店，顾客所点的雪利酒、鸡尾酒或薄荷朱丽普都会要求加一些冰块，好似点了一杯液化水晶。"① 但是，随着人口数量的增多以及气候之多变，仅靠采集天然冰块是远远不够消耗的。当冰块短缺时，依赖冰块的人们又会陷入食物短缺的饥荒之中。这便加速了西方人探索制冷制冰技术和研发冰箱的进程，特别是对于那些冰块需求量巨大的或者缺乏天然冰块的地区——北美、大洋洲和西欧等，制冷研究尤为强劲，其"标志是整个时期申请的与制冷相关的专利过多，在19世纪30年代至20世纪30年代之间有数百台机械制冷机获得了专利"②，其中就包括了以制冰为主的冰箱（或称制冰机），以西贝－哈里森（Siebe-Harrison）的蒸汽压缩制冰机和费迪南德·卡雷（Ferdinand Carré）的制冰机为代表。这些备受瞩目的机器为后期机械制冷公司、制冰公司的工程研发和设备推广奠定了基础。电影《七年之痒》中广告明星将冰箱作为空调使用的举动与理论，在一定程度上暗含了这样的可能。后期受益于冰箱制冷技术的冷库、啤酒厂、溜冰场、冰激凌摊贩、旅馆乃至太平间便是最好的说明。

可以说，西方人对冰块的巨大需求是他们研制冰箱的一个主要动力，其对凉爽口味的渴望也使得他们在广阔的社会文化符号文本中很容易就想到可获取冰块的物品——冰箱，不仅如此，影片中的人物也传递出了热衷于凉爽口味的传统。譬如，在《127小时》中，美国登山青年阿伦·拉斯顿攀岩时被压着手

---

① Andrew Wynter, *Our Social Bees; or, Pictures of Town and Country Life, and Other Papers*, London: Robert Hardwicke, 1865, p. 245.
② MacKenzie Donald & Judy Wajcman, ed. *The Social Shaping of Technology: How the Refrigerator Got Its Hum*. Manchester: Open University Press, 1985, p. 204.

臂、无法动弹时，居然幻想着派对上的啤酒，回忆起冰箱里的各种饮料果汁，这里与冰爽感受有关的幻想和回忆成为支撑他存活的一种动力。《外星人E. T.》中，外星人打开冰箱观察了一圈，最终竟拿起了啤酒，学着人类一边看电视一边喝啤酒；《泰迪熊2》中，约翰打开冰箱时，泰迪熊也迅速跑到了冰箱面前，二人抢起了冰箱里仅剩的一瓶啤酒……这些场景也都指向了西方社会对凉爽口味的偏爱。

另外，西方人的房屋布局以及居家习惯在一定程度上也让冰箱更易于在影片中"出场"。这是因为西方人居家的闲暇时间大部分都围绕着厨房展开，而开放式的厨房格局在无形中又增加了冰箱的曝光率。具体而言，西方家庭的厨房饭厅基本是融为一体的，大多精装公寓会直接在开放式厨房中设置一个可供吃饭或放置更多物品的固定桌台，人们习惯围坐于桌台前，喝上一杯或者与正在做饭、取食的亲友聊天。无疑，开敞式厨房是有助于增进家庭成员的互动交流的，同时，它也让冰箱在更大程度上暴露在人们的视野范围之内。影片中的呈现情况亦是如此：《碟中谍3》（Mission：Impossible Ⅲ）片头便呈现了特工伊森家开派对的场景（伊森家的内景就是以导演家为原型设计的），其未婚妻朱丽亚与亲友围着开放式厨房的桌台边准备小吃，边喝酒聊天。伊森接到电话后将冰箱里存储的冰块倒掉，借着急需购买冰块的理由开车出了门。《国家公敌》（Enemy of the State）中的黑人律师迪恩一回家便穿过客厅直奔厨房，与坐在桌台边看电视的妻子交谈，并从冰箱里取出蔬果。在《外星人E. T.》中，埃利奥特家中的每个成员在开放式厨房里活动的场景就占据了影片的大量镜头，特别是埃利奥特的妈妈，由于她一个人需要照顾三个孩子的日常起居生活，使用厨房或者冰箱的时间自然是比较多的；就连警察来到家中询问埃列奥特"失踪"的具体信息时，所有人也都是围绕在冰箱旁边的。那时，埃利奥特的妈妈也没闲着，她正将刚买来的食物放进冰箱。值得一提的是，埃利奥特的妈妈忙着把采买的食物放入冰箱的行为在影片中出现了不止一回，有一次她打开冰箱门时撞倒了在冰箱一旁的外星人，却丝毫未察觉它的存在，即便在三次转身取食、在厨房走动之际，她仍旧看不到外星人。此处，重复动作的上演除了强调三个孩子缺失父亲照顾的家庭状况，还传递出了影片的一个深层设定——只有小孩才能看到外星人，因为外星人在小孩的想象中是一种永远的存在。这即是说，不论是在现实生活中，还是在电影的虚构世界中，但凡要展现现代人的家庭生活情状，开放式厨房都可以为人们提供一个考察的最佳视角。而其中冰箱的"出场"会是所有家用电器中最合乎常理的一个选择，因为冰箱的外形（包括贴满的便签、照片等）、里面承载的物品、人们使用冰箱的习惯等因素能够较为集中地汇集与该家庭成员身份、状态有关的信息。

（2）使用态度：赋予冰箱艺术功能的一种依凭。纵观含有冰箱镜头的电影，我们会发现在日常生活中人们对冰箱所持有的态度是会影响冰箱在虚构世界中的出场可能的。通过冰箱从诞生至走入大众家中的过程，我们也能看出这一关联：冰箱在诞生初期是十分昂贵的，一般家庭都无法承受其购买费用，更不用说让它由一种有用的额外设备，变成现代厨房中的必备家用电器，所以，在早期的电影中也鲜有冰箱的踪迹。随着电力技术、制冷技术的不断完善，冰箱制造商愈发意识到家用冰箱所具有的潜在市场，于是围绕着打造现代厨房、最大限度减少家庭主妇在家中的工作量为主旨展开广告宣传。露丝·施瓦兹（Ruth Schwartz）就曾生动地描述了通用电器（General Electric）的销售团队推广全钢冰柜（All-Steel G. E.）时的各种宣传手段，其中最有意思的是在他们的橱窗展示了类似于戏剧呈现方式的一组故事，它主要包括三幕：序幕通过呈现婚礼上的大教堂内部，说明主人公是一对新婚夫妇；第二幕则是呈现结婚之后，家庭主妇在没有电力的老式厨房中疲惫不堪的状态；第三幕则呈现通用电器的现代厨房中，一位类似希腊女神似的人物无比欢乐的姿态。[①] 为了更好地吸引女性消费者，美学原理和想象也越来越多地运用在冰箱设计和销售方面。伴随着愈发丰富的冰箱样式（贴近女性心理的颜色、名称等）不断面世，冰箱于20世纪中期开始走进她们的厨房。米卡·潘扎（Mika Pantzar）也曾指出，恰恰是因为广告对冰箱的新颖特征、颜色和风格的强调，它们已经在公众的想象力和公认的日常实践中从玩具变成了有用的工具。[②] 通过冰箱时尚新颖的外观以及打造现代厨房概念等角度出发推广冰箱是取得了一定的效果的，这不仅使得一些年轻夫妻愿意将它列入其家庭生活的心愿单中，还为冰箱进入虚构世界提供了可能。为了让更多的女性充分体验到冰箱可以最大限度解放她

[①] MacKenzie Donald & Judy Wajcman, ed. *The Social Shaping of Technology: How the Refrigerator Got Its Hum*. Manchester: Open University Press, 1985, p. 210.

[②] Mika Pantzar, *Tools or Toys: Inventing the Need for Domestic Appliances in Postwar and Postmodern Finland*, Journal of Advertising, 2003, pp. 83—93.

们的益处，制造商和广告商在宣传冰箱之余还制作了简单且易于操作的冷烹饪食谱（冰箱食谱），举办了全国冷烹饪比赛。各式冷炊具、速冻食品等与之相应的事、物也如同雨后春笋一般出现在人们的日常生活之中，它们一起帮助家庭主妇节省了做饭和采购的时间，让其有了享受以往贵族所拥有的悠闲下午茶时光。这时，冰箱不仅成了时尚、优雅的一种象征，更是拥有温馨、美好家庭时光的一种象征。

即便如此，在20世纪中后期使用冰箱的人还是占少数的。有时候，特殊的族群信仰、冰箱本身所具有的特性或缺陷，会令人们望而却步。它表现在人们对冰箱的制冷、制冰功能抱有抵制、怀疑、恐惧和疑惑的态度。譬如，美国和欧洲的清教徒运动都将科学家们在人工制冰等方面取得的某些技术进步视为"挑衅上帝的运动"。人们抵制和反对的态度一般基于对未知技术的恐慌以及技术进步带来的失业问题上。也有因某些宗教原因或族群惯习令人们一直避免使用冰箱的群体，美国阿米什人社区便是一例。多数阿米什人特别是旧教条派，都认为电力连接着"世俗世界"，使用家用电器会使得他们的生活方式复杂化，引发个人在物质生活上的攀比与竞争，进而摧毁整个社区。当然，他们并非彻底远离电力、抵制科学技术的，只是妥协、接纳与否都取决于他们维持群体秩序的标准。另外，由于冰箱技术的研发本身并不完善，冰箱对温度的控制、启动时发出的嗡嗡声以及它是否能保证其中食物的安全（无菌）等在一开始也让民众对使用冰箱持有担心、恐惧或是模棱两可的态度。海伦·佩维特（Helen Peavitt）就曾提道，在冰箱发出的二十多种声中，"熟悉的嗡嗡声、嘶嘶声和有如东西瞬间裂开的声音已经成为日常生活背景噪音的一部分。它们可以融合到飞机飞行路径的嘈杂城市声景中，城市中狐狸的叫唤声和公寓楼生活的嘈杂声中。在将冰箱放置在一个安静的地方或等待夜深人静之时，冰箱的声音被不断放大，无论是正常的嗡嗡声还是不规律的、意料之外的和无法解释的开裂声，都与夜间心跳声音相互竞争"[①]。而保持冰箱关闭的发明会造成"冰箱死亡"（refrigerator death）的现象，无论是早期在冰箱门外装有的门锁，还是后期设置的嵌入式磁条，终究没有避免儿童因捉迷藏等躲藏游戏造成的被困悲

[①] Helen Peavitt, *Refrigerator: The Story of Cool in the Kitchen*, London: Reaktion Books Ltd, 2017, p. 120.

剧。另一种造成"冰箱死亡"的原因则与冰箱制冷、维持低温的性能有关。冰箱内逸出的有毒的、刺激性的制冷剂导致了罕见的死亡案例，但这种现象仅限于冰箱发展初期。较为普遍的现象集中于由冰箱造成的食物中毒等问题上。由于食物本身可能就携带细菌，在一定温度下反而有利于细菌的保存或繁殖，人们一旦食用不当便会造成令人担心的事件。[①] 尽管冰箱技术仍旧在不断改善之中，但任何新产品在面世之初或多或少都会有些缺点。它使得这些恐惧或担心或是模棱两可的态度，在电影中有了持续性的表现。譬如，《捉鬼敢死队》中达娜·巴雷特家中就有一个发出嗡嗡声的冰箱，它会让厨房里的鸡蛋瞬间炸裂、自熟，当达娜打开冰箱时竟然发现里面有一个巨大的庙宇，其中住着一个长着两只犄角的怪物，这才使得达娜想起了捉鬼敢死队的广告。《梦之安魂曲》中的冰箱同样会发出声音，它甚至会像人一般朝着萨拉移动，并对她高喊"喂我，萨拉！"，尽管冰箱喊出的话语很可能是饱受毒瘾折磨的萨拉所产生的幻觉，却表达了因想要上电视急需减肥的萨拉内心被压抑住的吃的欲望。《猛鬼街5：猛鬼怪胎》中的冰箱不仅会致使食物发霉，还会让恶魔突现——爱丽丝发现冰箱里的食物瞬间长满绿色的、恶心的霉菌，她的朋友突然从冰箱里冒出来呼救，就在爱丽丝试图把她拉出来时，从冰箱里窜出来的弗莱迪将爱丽丝推到一边，并关上了冰箱门。菲律宾、美国、英国均出品了名为《冰箱》的影片，但它们则是分别从冰箱内部空间的可容纳性（引申为可吞噬性）、冰箱发出的噪音（引申为致幻性）、冰箱门封条造成的死亡危险等角度诠释着人们对冰箱所持有的恐惧态度："菲律宾的冰箱"不断发出的呻吟声会让人闻声而来，直到人们打开冰箱，被瞬间吸了进去；"美国的冰箱"则直接让居住于该公寓的夫妻产生可怕的幻觉，尤其是史蒂夫等人在公寓举行派对时，冰箱复活了厨房用具，号令它们宰杀客人；"英国的冰箱"则直接锁住了躲在其中的孩子，此举若不是被路边的流浪汉看到并召集他人一起帮忙打开，就会酿成一场悲剧。冰箱能够引发爆炸、冰箱中藏有奇怪生物等诸如此类的场景还有很多，它们在一定程度上都来源于人们使用冰箱这种家用电器时所持有的态度。

（3）电影类型：触发联想与想象的一种助力。冰箱参与到电影中的大致路

[①] Helen Peavitt, *Refrigerator: The Story of Cool in the Kitchen*, London: Reaktion Books Ltd, 2017, pp. 154-155.

径可以归纳为：想象冰箱所提供的这个空的空间；延伸低温制冷功能；想象冰箱里可能有的食品、物品；想象冰箱的形状、材质；想象冰箱的可陪伴性和智能性；等等。人们联想或想象的路径显然与冰箱本身占据一定的存储空间、隔热制冷等属性有关，但是在不同类型的电影中，人们缘何选择从某一特定角度展开联想与想象也是值得思考的。这一点可从同样呈现了居家场景的不同类型片出发，讨论电影风格类型与想象冰箱之间的关联。

在展现个人生活经历的影片类型中，人物使用冰箱的方式与现实生活中人们使用冰箱的方式并没有太大差异，但是，电影中的冰箱更倾向于作为一种象征符号或指示符号，象征着人物之间的某种特殊关系，或指向与剧中人物有关的诸多信息。即在这类电影中，冰箱的出场多为揭示人物身份、性格、需求、喜好、生活状态而存在。譬如，通过呈现人物对冰箱的不同使用方式，揭示其需求或身份——在《七年之痒》中广告明星将内衣放入冰箱，在敞开的冰箱里放入电扇制造凉气等举动，说明了她对夏季凉爽的需求；《蒂芙尼的早餐》中的霍莉从冰箱里拿出鞋子查看一番的举动，暗示了她保持体面、向往上流社会的需求；《窈窕奶爸》中身在厨房的丹尼尔将冰箱里的奶油蛋糕弄在了脸上，说明他为了能继续待在前妻家中照顾孩子，仍旧需要掩盖其真实身份、不被别人发现的需求。通过呈现冰箱里的食物（包括饮料、酒类）及其数量、状态揭示人物性格喜好、生活状态——在《风流老板俏秘书》中，老板冰箱里只有三堆方形的芝士块（秘书每天要察看冰箱以保证芝士块的数量），暗示老板的某种特殊性格；《古怪的一对》中在奥斯卡·麦迪逊冰箱里发霉了的棕色和绿色的三明治，让观众可以想见麦迪逊离婚后的生活方式；《这个杀手不太冷》(*Leon: The Professional*) 中里昂所居住之处的冰箱里都有"Farmland"这一品牌的牛奶，热衷于喝牛奶的习惯以及他日常生活中的诸多细节（熨烫衣服、照料植物）均说明了他作为杀手却"不太冷"的性格特征；《BJ的单身日记》中女主角食用冰箱里仅剩的发霉芝士块、手忙脚乱地准备生日宴、在食物摆放混乱的冰箱中找不到鱿鱼的场景，交代了她肥胖以及单身的可能原因；《冰块的声音》中的作家夏尔·福尔克、《迫降航班》中的机长明知不能喝酒，但在面对摆满酒的冰箱时却依旧拿起了酒瓶，说明了人物嗜酒如命的习惯。除了强调人物使用冰箱的状态，电影以不同视角呈现人物使用冰箱时的画面也可以投射出人物之间的微妙关系。比如，在《面子》中，镜头便是由冰箱内部向外捕捉到小微妈妈打开冰箱时的表情,她看到啤酒后询问小微的场景瞬间勾勒出典型的中国式母亲形象。《爱你九周半》则是将敞开的冰箱以及冰箱里的灯光、冰箱里的食物作为背景,通过人物在冰箱前的互动——伊丽莎白与约翰坐在敞开的冰箱前,约翰从中拿出食物不断投喂伊丽莎白的举动,暗示曾有过特殊情感经历的男性与女性之间暧昧的情感关系。在整部影片中,灯光的作用是不可或缺的,它或明或暗地投射出人物之间或近或远的微妙关系。冰箱里的灯光也属于其中一种,它协同着冰箱中的食物共同勾勒出伊丽莎白微张红唇、伸出舌头舔食约翰投喂的食物时,那"等待—慢慢拒绝—咀嚼吞咽时汁水溢出"的状态,以极具诱惑和暗示性的画面将两个人的亲密关系推向了另一个阶段。也就是说,在爱情片、家庭伦理片等展现个人生活经历的电影中,冰箱不仅指向个体的身份、喜好、欲望,还是整个家庭关系、家庭氛围的一个表征。

  恐怖惊悚片中的冰箱也容易受影片风格色彩影响,被赋予更多想象。譬如,在《猛鬼街5:猛鬼怪胎》中,冰箱并不单单用于存储食物,它还是连接梦境世界的一个通道。当然,冰箱被赋予的这种功能是基于两个前提条件的:一是因为爱丽丝本身具有进入梦境、透过梦境感知朋友危险的能力;二是因为冰箱是剧中人物能经常碰触到的物品,其可容纳性易于为朋友以及恶魔的出场提供合理的空间,其存储的食物又符合人物好吃的特性(梦境世界中朋友所吃的东西与爱丽丝冰箱中的食物是有关联的)。这两个条件为冰箱增添了神秘惊悚的中介功能——被打开的冰箱呈现的是梦境世界正在发生的事件,它通过与爱丽丝所在的现实世界的冰箱勾连起来,以呈现人物所处的状态。故而,爱丽丝打开冰箱会看到食物瞬间霉变、她的朋友从冰箱里伸出头求救却又被拽回去的场景。随着冰箱门被魔鬼弗莱迪狠狠关上,爱丽丝立马明白她的朋友正遭遇危险。《1408幻影凶间》中的冰箱也为剧中人物提供了一个可沟通外界、尝试离开恐怖房间的途径——恐怖小说家麦克打开冰箱却能看到身处另一个空间的酒店经理,还能与其对话。当得知无法逃离这个令人惊悚的房间时,他开始对着冰箱一通猛灌打砸,火冒三丈地对着冰箱那头的经理喊出"你到底想让我怎么样"等一系列动作,将他在恐怖房间里濒临崩溃的心理状态呈现了出来。除了作为静态的中介物,冰箱还可以是某种活着的、具有诡异性质的"物"。譬如,美国恐怖片《冰箱》中,纽约公寓里那通向地狱的冰箱不仅会令住在公寓里的人陷入神经错乱,还会"复活"其他厨房用品以宰杀客人;菲律宾同名影片中的冰箱亦是如此，它不仅外形诡异，还能通过呻吟声吸引人前来。一旦打开冰箱，站在冰箱面前的人会慢慢被吸入冰箱里，随着冰箱门霎时关上，血液四溅。这里，活态的、未知的、诡异的冰箱显然更易于制造出影片所需的恐怖氛围。

在以科技元素为背景的科幻片中，冰箱有时也被赋予了当代科学技术的一些特殊功能。短片《冰河时代》中那呈现整个迷你人类文明的冰箱便是一例：刚入住的情侣居然在老旧的冰箱里发现了一块冰冻的微型猛犸象，看到了人类由原始时期发展到工业时代乃至超未来时代，感受到了迷你人类世界核爆炸的威力，见证了冰箱里的人类文明再次轮回重生。该老旧冰箱中的迷你人类世界自然不会在日常使用的冰箱中出现，但在科幻片中，这一科幻元素的添设不仅合乎影片的奇妙构想，也强调了人们对人类终极命运的无尽探索和无限遐想。科幻元素的设置还包括直接将冰箱智能化，让其化身为陪伴人类、懂得人类需求的好伙伴。《智能伊夫》便是在此叙述意图之下，呈现出一个智能冰箱陪伴人类、成为人类朋友的故事：智能公司的一次意外"安排"让说唱歌手杰瑞姆初遇名为伊夫的冰箱，刚到杰瑞姆家的伊夫开始为杰瑞姆提供智能化的服务，比如采购一些更富营养、更健康的食物，为杰瑞姆订购音箱试图安慰他，帮他追求其心仪的女生，等等，但是这些智能服务似乎并不符合杰瑞姆的心意，甚至还引发了人机之间的一些冲突。在共同经历了一些波折后，冰箱伊夫逐渐赢得了杰瑞姆的信任，彼此变成了默契的好朋友。尽管现实世界中的智能技术远未达到人们想象出的虚构世界中的智能水平，但是该影片在某种程度上反映了人们对智能家电的期待与需求。而无论是智能化的冰箱，还是呈现人类文明的冰箱，其携带科技元素的功能早已经超出了日常生活中大众对冰箱的传统认知，影片对冰箱形象的设定一方面需要符合电影的风格类型，另一方面也表达了人们对未来世界以及新科技的某种期待与渴望。

小　结

在诸多媒介群中，冰箱可容纳物品的低温空间以及人们对冰箱所持有的模棱两可的态度唤起了人们的主观能动性，让人不断参与到媒介意义的生成过程之中。其中，人们所在的社会文化语境是冰箱能否被选入电影这一符号文本的前提条件，人们对冰箱存有的认知态度、使用体验以及影片风格则会影响冰箱的赋义过程。

参考文献

阿甲，1962. 戏曲表演论集［M］. 上海：上海文艺出版社.

白先勇，2019. 我的寻根记［M］. 桂林：广西师范大学出版社.

鲍德里亚，2014. 消费社会［M］. 刘成富，全志刚，译. 南京：南京大学出版社.

蔡向阳，孙栋，艾家凯，2008. 汉语成语分类大辞典［M］. 武汉：湖北辞书出版社.

陈凡，2019. 疯狂文案［M］. 北京：当代世界出版社.

陈晓亮，赵欣，2018. 品牌形象设计中"去标志化"趋势的案例研究［J］. 美术大观，（04）.

陈旭光，李黎明，2018. 从《头号玩家》看影游深度融合的电影实践及其审美趋势［J］. 中国艺术评论，（07）.

迪克斯，2012. 被展示的文化——当代"可参观性"的生产［M］. 冯悦，译. 北京：北京大学出版社.

费舍尔-李希特，2012. 行为表演美学：有关演出的理论［M］. 余匡复，译. 上海：华东师范大学出版社.

傅璇琮，1998. 中国古代小说珍秘本文库 3［M］. 西安：三秦出版社.

高则诚，2000. 琵琶记［M］. 北京：华夏出版社.

戈德罗，2010. 从文学到影片——叙事体系［M］. 刘云舟，译. 北京：商务印书馆.

广东省立中山图书馆，中山大学图书馆，2007. 清代稿钞本 第三一册［M］. 广州：广东人民出版社.

胡易容，任洪增，2019. 艺术文本中"空符号"与"符号空无"辨析——电影人物影像符号"不在之在"的表意机制[J]. 社会科学,(04).

惠特曼,2008. 草叶集：上册[M]. 赵萝蕤,译. 重庆：重庆出版社.

霍松林,2018. 霍松林古诗今译集[M]. 西安：陕西师范大学出版社.

吉登斯,2016. 现代性与自我认同：晚期现代中的自我与社会[M]. 夏璐,译. 北京：中国人民大学出版社.

加缪,1997. 鼠疫[M]. 顾方济,徐志仁,译. 南京：译林出版社.

金惠敏,2012. "媒介即信息"与庄子的技术观——为纪念麦克卢汉百年诞辰而作[J]. 江西社会科学,(06).

景德镇市文化局,景德镇市戏曲志编纂委员会,2003. 景德镇市戏曲志[Z].

阚荣艳,2019. 老子[M]. 北京：北京时代华文书局.

康德,2002. 判断力批判[M]. 邓晓芒,译. 北京：人民出版社.

考弗臧,1986. 戏剧的十三个符号系统[J]. 李春熹,译. 戏剧艺术,(01).

柯丹丘,等,1998. 五大南戏[M]. 张桂喜,校点. 长沙：岳麓书社.

李翰文,冯涛,2001. 成语词典：第2卷[M]. 北京：九州出版社.

洛德,2004. 故事的歌手[M]. 尹虎彬,译. 北京：中华书局.

明恩溥,2016. 中国的乡村生活：社会学的研究[M]. 陈午晴,唐军,译. 北京：电子工业出版社.

帕林德尔,1992. 世界宗教中的神秘主义[M]. 舒晓炜,徐钧晓,译. 北京：今日中国出版社.

普鲁斯特,1989. 追忆似水年华1——在斯万家那边[M]. 李恒基,徐继曾,译. 南京：译林出版社.

乔治,2006. 戏剧节奏[M]. 张全全,译. 北京：中国戏剧出版社.

桑塔格,2003. 疾病的隐喻[M]. 程巍,译. 上海：上海译文出版社.

邵百鸣,2009. 南昌方言[M]. 南昌：江西人民出版社.

塔拉斯蒂,2012. 表演艺术符号学：一个建议[J]. 段练,陆正兰,译. 符号与传媒,(05).

谭龙曼,2012. 中国典故[M]. 合肥：黄山书社.

汤逸佩,2002. 叙述者的出场——试论中国当代话剧叙事观念的演变[J]. 戏剧艺术,(03).

汪曾祺,2014. 人间滋味[M]. 天津：天津人民出版社.

汪曾祺，2019. 岁朝清供［M］. 北京：生活·读书·新知三联书店.

王国维，1995. 宋元戏曲史［M］. 上海：华东师范大学出版社.

王宁，2009. 从苦行者社会到消费者社会：中国城市消费制度、劳动激励与主体结构转型［M］. 北京：社会科学文献出版社.

于贝斯菲尔德，2004. 戏剧符号学［M］. 宫宝荣，译. 北京：中国戏剧出版社.

余斌，2018. 吃相［M］. 北京：生活·读书·新知三联书店.

张春帆，1999. 九尾龟［M］. 北京：华龄出版社.

张哲永，陈金林，顾炳权，1993. 饮食文化辞典［M］. 长沙：湖南出版社.

章文焕，2004. 万寿宫［M］. 北京：华夏出版社.

赵毅衡，2011. 符号学：原理与推演［M］. 南京：南京大学出版社.

赵毅衡，2013. 广义叙述学［M］. 成都：四川大学出版社.

赵毅衡，2015. 趣味符号学［M］. 重庆：重庆大学出版社.

政协乐平市委员会，2008. 中国乐平古戏台［M］. 南昌：江西人民出版社.

中国民族民间舞蹈集成编辑部，1992. 中国民族民间舞蹈集成：江西·赣南卷［M］. 北京：中国ISBN中心.

中国戏曲志编辑委员会，1998. 中国戏曲志：江西卷［M］. 北京：中国ISBN中心.

周宁，2008. 西方戏剧理论史：下［M］. 厦门：厦门大学出版社.

周松芳，2021. 饮食西游记［M］. 北京：生活·读书·新知三联书店.

周振甫，1999. 唐诗宋词元曲全集：全元散曲第1册［M］. 合肥：黄山书社.

朱狄，2007. 当代西方艺术哲学［M］. 武汉：武汉大学出版社.

朱光潜，2005. 无言之美［M］. 北京：北京大学出版社.

朱良志，2010. 八大山人研究［M］. 合肥：安徽教育出版社.

Donald M & Wajcman J, 1985. The social shaping of technology: how the refrigerator got its hum［M］. Manchester: Open University Press.

Heidegger M, 2001. Poetry language thought［M］. New York: Harper Collins US.

McLuhan M & Fiore Q, 1996. The medium is the massage: an inventory of effects［M］. CA: Gingko.

McLuhan M & McLuhan E, 1988. Laws of media: the new science [M]. Toronto: University of Toronto Press.

Noth W, 1990. Handbook of semiotics [M]. Bloomington: Indiana University Press.

Pantzar M, 2003. Tools or toys: inventing the need for domestic appliances in postwar and postmodern finland [J]. Journal of advertising.

Peavitt H, 2017. Refrigerator: the story of cool in the kitchen [M]. London: Reaktion Books.

Peirce C, 1931－1958. Collected papers [J]. Cambridge Mass: Harvard University Press, vol 4.

Toffler A, 1970. Future shock [M]. New York: Bantam Book.

Whitehead A N, 1928. Symbolism: its meaning and effect [M]. Cambridge: Cambridge University Press.

Wynter A, 1865. Our social bees; or, pictures of town and country life, and other papers [M]. London: Robert Hardwicke.